汽车维护技术

主 编 向 巍
副主编 杨 鹏

北京理工大学出版社
BEIJING INSTITUTE OF TECHNOLOGY PRESS

版权专有　侵权必究

图书在版编目（CIP）数据

汽车维护技术／向巍主编．－－北京：北京理工大学出版社，2023.6
　ISBN 978-7-5763-2540-9

　Ⅰ．①汽…　Ⅱ．①向…　Ⅲ．①汽车-车辆修理　Ⅳ．①U472

中国国家版本馆 CIP 数据核字（2023）第 118721 号

责任编辑：多海鹏	文案编辑：多海鹏
责任校对：周瑞红	责任印制：李志强

出版发行 ／ 北京理工大学出版社有限责任公司
社　　址 ／ 北京市丰台区四合庄路 6 号
邮　　编 ／ 100070
电　　话 ／（010）68914026（教材售后服务热线）
　　　　　 （010）68944437（课件资源服务热线）
网　　址 ／ http：//www.bitpress.com.cn

版 印 次 ／ 2023 年 6 月第 1 版第 1 次印刷
印　　刷 ／ 河北盛世彩捷印刷有限公司
开　　本 ／ 787 mm×1092 mm　1/16
印　　张 ／ 21.5
字　　数 ／ 502 千字
定　　价 ／ 95.00 元

图书出现印装质量问题，请拨打售后服务热线，负责调换

前 言

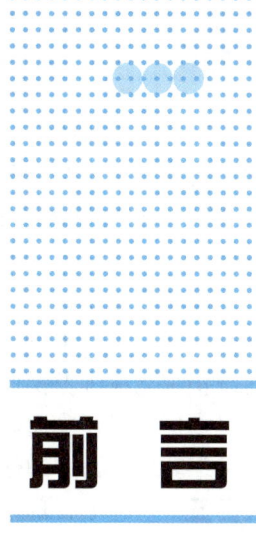

自 2015 年以来，新能源汽车技术进入高速发展期，截止 2023 年 6 月底，全国新能源汽车保有量达 1 620 万辆，占汽车总量的 4.9%。在未来 10 年，国内汽车市场将逐渐形成传统燃油汽车和新能源汽车并存的市场格局。为适应这一新形势的发展需求，贵州交通技术学院联合贵州通源集团、上汽通用校企合作项目组等企业和团队联合编写《汽车维护技术》一书。

党的二十大报告提出"深化教育领域综合改革，加强教材建设和管理"，本书编写团队教师政治素养好、业务技能精，教材内容充分融入二十大报告精神、工匠精神、职业素养等课程思政元素，切实推动"立德树人"职业教育内涵建设。

本书在编写过程中，在以往主要以传统燃油车为主流技术《汽车维护技术》相关教材的基础上，重点引入了新能源汽车高压系统维护等涉及新能源汽车维护的关键内容，从而去适应市场需要。

团队在准备过程中，利用学院与国内外一流汽车主机厂商建立了良好合作关系的基础上，收集和分析了上述厂商的技术规范和维修保养手册，为教材编写提供技术支撑。同时，团队还深度走访了区域企业并与一线维修技师交流，整理、归纳了大量典型工作案例。

在本书的具体编写过程中，团队根据"岗、课、赛、证"一体融通的建设理念，立足于职业院校技能大赛"规范化"要求、岗位作业"标准化"要求、技能证书"可持续"要求，形成了项目化活页式教材，贯通了课堂教学与岗位实践，注重学习者理论知识的掌握和实践能力的养成，从而逐步提高学习者的综合素质。本书图文并茂，并配套了视频、动画等资源，便于在校学生、从业人员及社会读者学习。

本书主要针对汽车动力总成、底盘、电器系统及新能源汽车高压系统等维护作业进行讲解，理论知识丰富，实践项目扎实，有利于提高学习者的学习兴趣，结合必要的实践条件可有效强化学习者的实践能力。其主要内容包括：

模块一 动力总成维护，介绍发动机进气、点火、燃油供给、润滑、冷却、配气等系统以及变速箱维护知识和保养工艺，使学习者充分掌握动力总成各部件维护工艺流程及操作技能要求。

模块二 底盘维护，介绍汽车转向、制动、行驶、传动等系统维护知识和保养工艺，使学习者充分掌握汽车底盘各部件维护工艺流程及操作技能要求。

模块三 电器系统维护，介绍电源、照明与信号、空调、辅助电器等系统维护知识和保养工艺，使学习者充分掌握电器系统各部件维护工艺流程及操作技能要求。

模块四 新能源汽车维护，介绍新能源汽车安全维护操作要求、新能源汽车专项维护、智能网联系统专项维护等知识和工艺，使学习者充分掌握新能源汽车高压部件和智能网联系统维护工艺流程及操作技能要求。

本书由贵州交通职业技术学院向巍担任主编，杨鹏担任副主编，具体编写分工如下：龙通宇编写模块一中的任务一、二，张云波编写模块一中的任务三、四，向巍编写模块一中的任务五、六、七，杨鹏编写模块二中的任务一、二、三，王清扬编写模块二中的任务四和模块三中的任务一、二，马智文编写模块三中的任务三、四，杨娇娇编写模块四中的任务一、二，林雪峰编写模块四中的任务四。在编写本书的过程中参阅了大量国内外技术资料，并得到了贵州通源集团、上汽通用校企合作项目组等企业和团队的支持，在此一并表示感谢。

由于编者水平有限，难免存在错误和不妥之处，恳请读者批评指正。

编 者

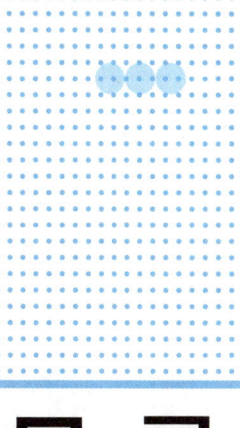

目 录

模块一　动力总成维护

学习任务一　进气系统维护 ·· 3

　　子任务一　空气滤清器的检查与更换 ·· 4
　　子任务二　节气门的清洗 ··· 10
　　子任务三　进气管路检查与清洁 ··· 17

学习任务二　点火系统维护 ··· 23

　　子任务一　火花塞的检查与更换 ··· 24
　　子任务二　点火线圈检查与更换 ··· 32

学习任务三　燃油系统维护 ··· 40

　　子任务一　喷油器清洗 ·· 41
　　子任务二　汽油滤清器更换 ··· 50

学习任务四　润滑系统维护 ··· 55

　　子任务一　更换机油及机油滤清器 ·· 56
　　子任务二　发动机清洗 ·· 65

学习任务五　冷却系统维护 ··· 72

　　子任务一　发动机冷却液的更换 ··· 73
　　子任务二　冷却系统密封性检查 ··· 80

子任务三　冷却系统清洗 …… 88

学习任务六　配气机构维护 …… 95
子任务　正时皮带（链条）更换 …… 96

学习任务七　变速箱维护 …… 103
子任务一　手动变速箱油添加和更换 …… 104
子任务二　自动变速箱油位检测、添加和更换 …… 111

模块二　底盘维护

学习任务一　转向系统维护 …… 123
子任务一　转向助力油更换 …… 124
子任务二　车轮定位及调整 …… 135

学习任务二　制动系统维护 …… 146
子任务一　制动盘、制动片的检测与更换 …… 147
子任务二　制动液更换与制动系统排气 …… 155
子任务三　车轮制动器深度维护 …… 163

学习任务三　行驶系统维护 …… 169
子任务一　车轮轮胎的更换 …… 170
子任务二　轮胎动平衡的检查 …… 178
子任务三　悬架的检修 …… 185

学习任务四　传动系统维护 …… 192
子任务　半轴防尘罩以及万向节检查 …… 193

模块三　电器系统维护

学习任务一　电源系统维护 …… 205
子任务　蓄电池及发电机的检测与更换 …… 206

学习任务二　照明与信号系统维护 …… 217
子任务　照明与信号系统检查与维护 …… 218

学习任务三	空调系统维护	230
子任务一	空调通风管路清洗	231
子任务二	空调滤清器更换	243

学习任务四	辅助电器系统	250
子任务一	车窗、天窗检查及初始化	251
子任务二	中央门锁、刮水器、座椅、信息娱乐系统检查	261

模块四　新能源汽车维护

学习任务一	新能源汽车维护安全操作	273
子任务一	高压电安全防护措施	274
子任务二	高压电安全操作注意事项	283

学习任务二	新能源汽车专项维护	294
子任务一	电机检查维护	295
子任务二	充电接口及电池组检查及维护	303
子任务三	冷却液的更换	311

学习任务三	智能网联系统专项维护	318
子任务	智能网联系统检查与维护	319

| 参考文献 | | 334 |

模块一　动力总成维护

学习任务一

进气系统维护

⚙ 工作情境描述

　　一辆行驶了 20 000 km 的 2016 款 1.5T 威朗，在使用过程中出现发动机怠速不稳、行驶中加速不良、油耗增加等情况，车主很困扰，为此送修。

　　根据车主反馈情况，需要对车辆发动机控制系统进行详细检查，分析具体原因，制定详细的保养计划并开展实际维修操作。

子任务一　空气滤清器的检查与更换

任务描述

车辆行驶 20 000 km 后，汽车发动机进气的空气滤清器会出现大量的粉尘附在表面，造成堵塞后影响发动机的进气量，从而使发动机动力不足、起动困难。

空气滤清器的检查与更换

任务目标

1. 能理解汽车空气滤清器的结构；
2. 能分析空气滤清器堵塞后对发动机造成的影响；
3. 能正确判断空气滤清器需要进行更换的情况；
4. 能正确检查与更换空气滤清器；
5. 培养学生实现高水平科技自立自强、建设科技强国的决心与信心；
6. 树立环保意识和社会责任感，坚定"中国式现代化是人与自然和谐共生的现代化"的理念。

知识准备

一、空气滤清器的结构

现代汽车多采用纸质空气滤清器，图 1-1-1 所示为纸质空气滤清器的结构。纸质滤芯滤清效率高，灰尘的透过率仅有（0.1~0.4）%。使用纸质空气滤清器能减轻气缸和活塞的磨损，延长发动机的使用寿命。空气滤清器在车辆行驶 4 000~8 000 km 后应进行除尘，通常在车辆 20 000~25 000 km 时应更换滤芯和密封圈。

图 1-1-1　纸质空气滤清器的结构
1—空气滤清器盖；2—空气滤清器；3—空气滤清器体

二、空气滤清器的检查

空气滤清器在使用中应按汽车维护规定经常检查或清洁空气滤清器集尘室和滤芯,以免滤芯上粘附灰尘过多而增大进气阻力,降低发动机功率,增加耗油量。按厂家规定的更换周期更换滤芯,如滤芯破损应及时更换,一般 5 000 km 应清洁一次滤芯,20 000 km 应更换滤芯。

三、空气滤清器的选择及识别真伪

一般可从外包装和外观上识别优质与劣质滤芯,也可在安装后检验,如装上新滤芯后(见图 1-1-2)汽车排放的一氧化碳超标,不装滤芯时排放的一氧化碳达标,则表示该滤芯透气性差,是不合格的滤芯。

图 1-1-2　新的空气滤清器滤芯

四、空气滤清器的特点与清洁

空气滤清器的滤芯通常采用微孔滤纸,表面经过树脂处理,在发动机工作时,滤芯周围会附着一层灰尘,清洁时不能用水或油,以防止油、水浸染滤芯。常用的清洁方法有两种:一种是轻拍法,即将滤芯从壳中取出,轻轻拍打纸滤芯端面,使灰尘脱落,但不得敲打滤芯外表面,防止损坏滤纸,降低滤清效果;二是吹洗法,如图 1-1-3 所示。

即用压缩空气从滤芯内部向外吹,将灰尘吹净。但压缩空气压力不得超过 294~600 kPa,以防止损坏滤芯

图 1-1-3　吹洗法

五、空气滤清器的拆卸与安装

检查维护时，滤芯上的密封垫必须正确安装在原位，以防止空气不经滤清器进入气缸。此外，橡胶密封垫圈易脱落、老化变形，空气易从密封垫缝隙流过，把大量灰尘带进气缸。如密封垫老化变形、断裂，则应更换新品。纸滤芯抗压能力低，不能装得过紧，否则易把纸滤芯压坏，影响过滤效果。

空气滤清器总成拆卸步骤（见图1-1-4，安装方法与拆卸相反）：

(1) 蓄电池连接负极断开。
(2) 空气滤清器进气管移除。
(3) 空气滤清器壳体排放软管与空气滤清器壳体断开。
(4) 空气滤清器出口管卡箍2移除。
(5) 空气滤清器出口管3与空气滤清器壳体1移除。
(6) 从空气滤清器壳体总成上拆下空气流量传感器线束固定件4。
(7) 空气滤清器壳体总成移除。
(8) 拆卸空气滤清器上盖壳体螺栓，移除上盖，拿出空气滤清器。

更换空气滤清器的重要性

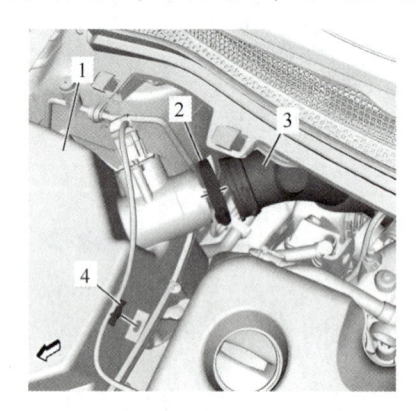

图1-1-4 空气滤清器总成的拆卸
1—壳体；2—卡箍；3—出口管；4—线束固定件

任务实施

一、任务准备

1. 组织方式

1) 场地设施
别克威朗4台，标准保养场地工位4个（气鼓、举升机等）。

2) 作业工具
世达工具4套，一字螺丝刀和十字螺丝刀各一把，吹尘枪一把，新的空气滤清器4个。

3) 学生组织
分组进行，使用实车进行训练。

检查和更换发动机空气滤清器

时间/min	任务	操作对象
0~10	组织学生回顾空气滤清器的选用方法	教师
11~30	空气滤清器拆装与检测操作	学生
31~40	讲师点评和讨论	教师

4）检查实训任务

以单人实操后完成下列工单内容，提交给指导老师，现场完成后老师给予点评作为本次实训的成绩计入学时。

实训工单内容如下：

汽车空气滤清器拆装与检测					
姓名		学号		班级	
指导教师		成绩		考试时间	
车辆信息正确记录：						
发动机型号			发动机排量		
车辆识别代码			行驶里程数		
实训内容						
检查方法		（请写出具体操作步骤）			
更换方法		（请写出具体操作步骤）			
结果分析						

2. 技术参数准备

2016款威朗维修手册及行业维修标准等。

3. 核心技能点准备

1）空气滤清器的使用误区

（1）购买时不求质量。

（2）随意拆除。

（3）保养与更换不从实际出发。

2）空气滤清器的鉴别方法

（1）理论上，空气滤清器的使用寿命及保养间隔应以流过滤芯的气体流率与发动机所需的气体流量之比来衡量。当流率大于流量时，滤清器工作正常；当流率等于流量时，滤清应该正常保养；当流率小于流量时，该滤清器需要更换，不能继续使用，否则发动机工况会越来越差,最后不能工作。

（2）实际工作中,可按下述方法进行鉴别。当空气滤清器的滤芯被悬浮颗粒堵住,以致不能满足发动机故障所需的空气流量时,发动机工作状态即会出现异常,会发闷、加速不良、工作无力、冷却温度相对升高,以及加速时尾气烟度变浓,此时可以判断是空气滤清器堵塞造成,应及时拆下滤清检查后进行保养更换。

4. 作业注意事项

（1）注意蓄电池断电操作流程,以免对车辆电气系统造成损坏。
（2）车辆进入工位后要进行工位周围的安全防护。
（3）拆装部件时应使用正确的工具,尤其是专用工具的使用要得当。
（4）在清洁空气滤清器时一定要防止灰尘进入人体的眼、鼻孔、口等。

二、操作步骤（建议结合维修手册组织开展,适当引入企业岗位规范）

1. 拆卸空气滤清器

拧下空气滤清器盖上部的固定螺丝或卡箍,拆下滤清器盖夹子,取出滤芯。

2. 清洁

使用压缩空气泵从空气滤清器滤芯的发动机侧吹入压缩空气,同时清除空气滤清器盖内污物。

3. 检查

检查空气滤清器滤芯中是否有灰尘、积累微粒或者破裂。若发现滤清很脏、有破损等,则需要更换。

4. 安装

检查空气滤清器滤芯上的橡胶密封是否良好,并且确保其没有裂纹或者其他破损。安装时需注意滤芯的安装方向。

任务评价

序号	评价项目	评价内容	分值	学员互评（40%）	教师评价（60%）
1	专业能力（70）	理解汽车空气滤清器的结构	5		
2		正确分析空气滤清器堵塞后给发动机造成的影响	5		
3		正确判断空气滤清器何时需要更换	5		
4		掌握空气滤清器的选用方法	5		
5		明确空气滤清器的使用误区	5		
6		正确完成准备工作	5		
7		清楚作业注意事项	5		
8		能正确拆卸空气滤清器	10		
9		正确清除空气滤清器盖内污物	5		
10		检查空气滤清器滤芯	5		
11		安装空气滤清器	10		
12		清点、检查、维护工具和耗材，清扫和整理现场	5		
13	职业素养（30分）	严格遵守操作规程，严禁违规作业	5		
14		责任意识，工作态度端正	5		
15		团队合作意识，互相协作良好	5		
16		从业人员的安全意识	5		
17		严谨扎实的工作作风	5		
18		精益求精的工匠精神	5		
		得分	100		
姓名：		学号：	总得分：		评价人：

子任务二 节气门的清洗

任务描述

汽车行驶 40 000 km 后，节气门体会出现大量的积炭，影响车辆的怠速运行，同时会使发动机动力性能下降、发动机加速缓慢、车辆油耗增加。

节气门的清洗

任务目标

1. 能理解发动机节气门体的结构；
2. 能阐述发动机节气门体的工作原理；
3. 能够按照正确的工艺流程拆装发动机节气门体；
4. 能够按照正确的工艺流程清洗节气门体；
5. 能够对节气门体进行初始化学习；
6. 培养学生善于思考、勇于创新的意识；
7. 培养学生积极进取、勇于奋斗的劳动精神。

知识准备

一、节气门体的结构

图 1-1-5 所示为节气门体的结构。

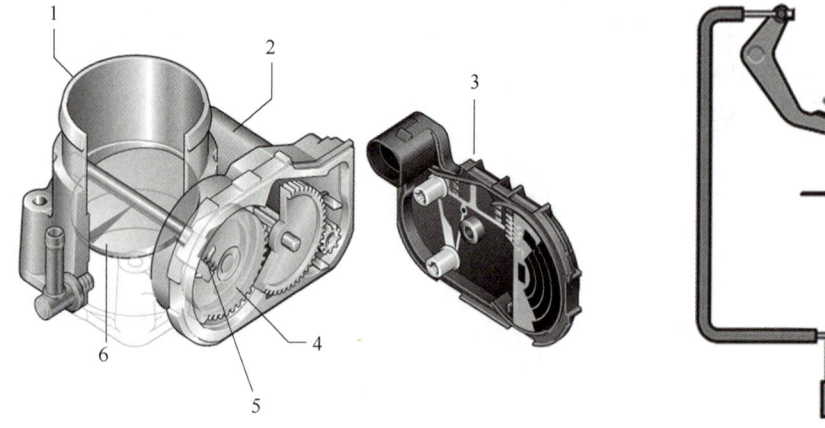

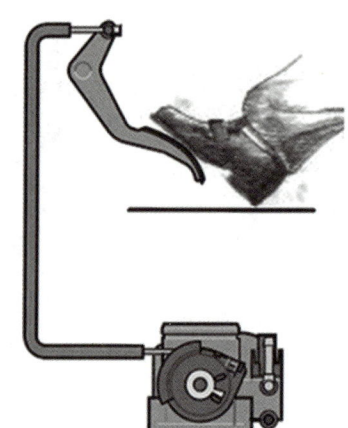

图 1-1-5 节气门体的结构

1—节气门壳体；2—节气门驱动器；3—壳体端盖（集成有电子装置）；4—齿轮（带有弹簧回位系统）；
5—节气门驱动器角度传感器（1+2）；6—节气门

节气门体通过控制节气门开启角度的大小来控制进入气缸的空气量，每 30 000~40 000 km 应清洗一次节气门或怠速稳定阀。电喷汽油发动机使用一定的里程后在节气门或怠速稳定阀的表面会积累很多油泥，出现怠速不稳，特别是在打开空调和前照灯时更加明显，严重时行走过程中可能会出现熄火的现象。

其主要原因是发动机曲轴箱内废气（含有油质）都要经过节气门或怠速稳定阀后才能进入进气歧管，然后进入气缸被燃烧掉；同时，经过空气滤清器后，空气中仍然含有少量的细微颗粒物（以尘土为主），这部分的颗粒物在经过节气门或怠速稳定阀时，极易与曲轴箱来的废气中的蒸气结合，附着在节气门或怠速稳定阀的表面，随着发动机工作时间越长，积累的脏物越来越多，到一定程度就会直接影响到怠速，导致怠速不稳，同时也会增加油耗。

除了出现怠速不稳时需要清洗节气门或怠速稳定阀外，未出现故障前也可以同正常维护一样，进行定期清洗，如果所在的使用环境比较恶劣，尘土较多，建议每 20 000 km 清洗一次；使用环境比较清洁的地区，可以每 30 000~40 000 km 清洗一次。

二、电子节气门的工作原理

电子节气门去掉了加速踏板到节气门之间的拉线，而是由加速踏板位置传感器（APP）把踏板的位置信号给 PCM，PCM 再结合当时发动机负荷、所需扭矩值等把控制信号送给电子节气门电动机，从而控制节气门开度。图 1-1-6 所示为电子节气门的工作原理。

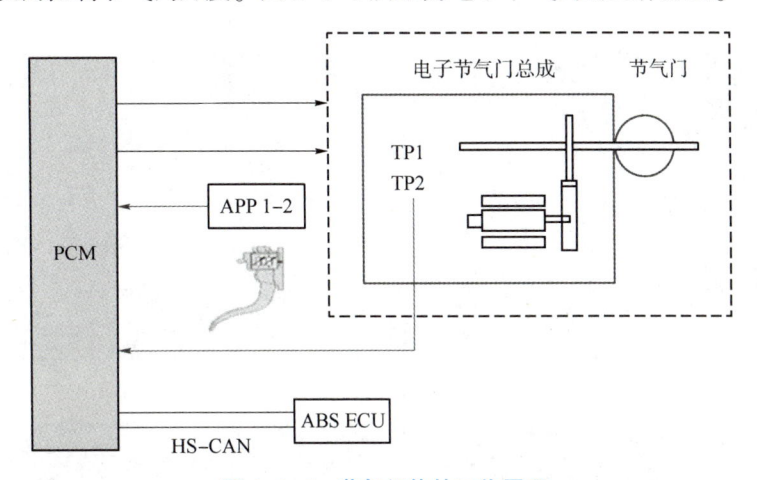

图 1-1-6　节气门体的工作原理

1. 电子节气门 TP 的三种状态

（1）CT（怠速）；

（2）PT（部分开启）；

（3）WOT（全开）。

2. TP 的两个信号

（1）TP1，负斜率信号 0~5 V；

（2）TP2，正斜率信号 0~5 V；

PCM 优先采用 TP1。

三、节气门的检查与清洗

将发动机暖机后熄火,拆卸节气门体,检查节气门体表面有无损伤,如图 1-1-7 所示。

(1) 检查节气门体位置,如图 1-1-7 (a) 所示。
(2) 观察节气门体情况,如图 1-1-7 (b) 所示。
(3) 用化油器清洗剂清洗节气门,如图 1-1-7 (c) 所示。
(4) 用干净的布进行清洁,如图 1-1-7 (d) 所示。
(5) 检查节气门清洗后的情况,如图 1-1-7 (e) 所示。
(6) 清洗后进行节气门匹配,如图 1-1-7 (f) 所示。

拆装与清洗电子节气门

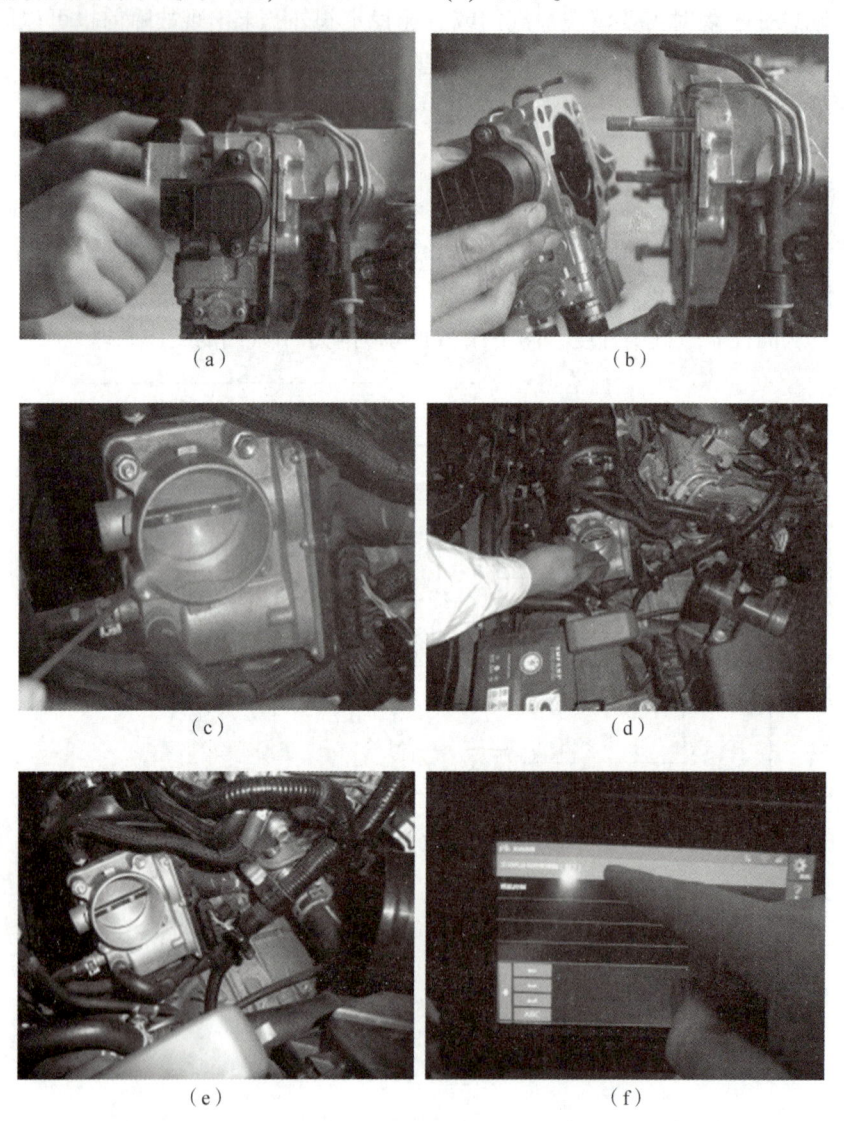

图 1-1-7 节气门的检查

四、电子节气门自学习方法

起动车辆,发动机怠速运转,车辆原地不动,确保发动机水温达到 85 ℃,然后按下列进行操作:

(1) 自动变速器/手动变速器置(N 挡)空挡(10 min)。
(2) 自动变速器/手动变速器置空挡,开空调(2 min)。
(3) 自动变速器在 D 挡(2 min)。
(4) 自动变速器在 D 挡,开空调(2 min)。

任务实施

一、任务准备

1. 组织方式

1)场地设施

别克威朗 4 台、标准保养场地工位 4 个(气鼓、举升机等)。

2)作业工具

世达工具 4 套,一字螺丝刀和十字螺丝刀各一把,吹尘枪一把,节气门清洗剂,电脑诊断仪一台。

3)学生组织

分组进行,使用实车进行训练。

电子节气门基础设定

时间/min	任务	操作对象
0~20	讲师结合电路图讲解电子节气门的控制原理、数据测量方法及故障模式	教师
20~50	分组进行节气门位置传感器数据检测	学生
50~80	电子节气门自学习操作	学生
80~90	讲师点评和讨论	教师

4)检查实训任务

以单人实操后完成下列工单内容,提交给指导老师,现场完成后老师给予点评作为本次实训的成绩计入学时。实训工单内容如下:

节气门的清洗			
姓名		学号		班级	
指导教师		成绩		考试时间	
车辆信息正确记录:			
发动机型号		发动机排量	
车辆识别代码		行驶里程数	

续表

实训内容					
节气门清洗方法	（请写出具体操作步骤）				
节气门自学习方法	（请写出具体操作步骤）				
数据分析	项目	条件	设定值	结果	
	TP1	CT	接近0%		
	TP2	CT	接近0%		
	TP1	加速踏板逐渐被踩下	增加50%		
	TP2	加速踏板逐渐被踩下	增加50%		
	TP1	WOT	接近100%		
	TP2	WOT	接近100%		

2. 技术参数准备

2016款威朗维修手册及行业维修标准。

3. 核心技能点准备

（1）节气门积炭检查与清洗的方法（节气门积炭的形成原因是发动机内部废气严重，导致废气再循环时流回节气门后形成涡流，气体附在节气门体上）。

（2）节气门自适应学习的操作（电脑和人工学习的方法）。

（3）节气门数据参数的分析。

4. 作业注意事项

（1）在拆卸节气门体前需要断电。

（2）在清洗节气门的过程中需要做好防护（防止清洗剂伤到手和眼睛）。

（3）在学习节气门的过程中需要注意安全。

二、操作步骤（建议结合维修手册组织开展，适当引入企业岗位规范）

（1）将发动机暖机熄火后，拆卸节气门体，检查节气门体有无损伤。

（2）堵住节气门体旁通道的进气侧，不要让清洗剂进入到旁通道内。

（3）把节气门体浸泡在清洗剂内 5 min，将进气门体清洗干净。

（4）将节气门体安装到进气歧管。

（5）起动发动机，使发动机怠速状态下运转 1 min。

（6）拆卸空气旁通道口。

（7）安装口气管。

（8）用电脑或人工自适应学习怠速，然后观察怠速是否正常。

任务评价

序号	评价项目	评价内容	分值	学员互评（40%）	教师评价（60%）
1	专业能力（70分）	理解发动机节气门体的结构原理	5		
2		掌握电子节气门的工作原理	5		
3		正确选用工具并清点	5		
4		正确完成准备工作	5		
5		合理分组进行节气门位置传感器的数据检测	10		
6		掌握节气门积炭检查与清洗的方法	5		
7		正确拆装发动机节气门体	10		
8		正确清洗节气门体	10		
9		对节气门体进行初始化学习	5		
10		清点、检查、维护工具和耗材，清扫和整理现场	5		
11		工单填写	5		
12	职业素养（30分）	严格遵守操作规程，严禁违规作业	5		
13		责任意识，工作态度端正	5		
14		团队合作意识，互相协作良好	5		
15		从业人员的安全意识	5		
16		严谨扎实的工作作风	5		
17		精益求精的工匠精神	5		
		得分	100		
姓名：		学号：	总得分：	评价人：	

子任务三　进气管路检查与清洁

任务描述

汽车行驶 20 000 km 后，进气管道内或气门周围及燃烧室内会有积炭附着在表面，影响进气量的计算从而影响发动机的动力。因此需要定期进行清洗。

进气管路检查与清洁

任务目标

1. 能正确识别发动机进气系统的结构；
2. 能分析发动机进气系统发生故障后对发动机性能的影响；
3. 能总结、归纳发动机进气系统的工作原理；
4. 能按照正确的工艺流程完成发动机进气系统的检测；
5. 能按照正确的工艺流程完成发动机进气系统的清洁；
6. 培养学生的敬业精神；
7. 培养学生积极建设美丽中国的意识，并做积极的践行者。

知识准备

一、进气系统的结构组成

发动机进气系统由外部空气、空气滤清器、涡轮增压器、中冷器、电子节气门、进气歧管、气缸组成，图 1-1-8 所示为进气系统的结构组成。

进气管结构

图 1-1-8　进气系统的结构组成

发动机进气管道检查保养

二、进气系统的部件检查与清洗

1. 进气系统部件检查

在发动机控制系统中进气系统的性能是保证发动机能否正常起动或发动机运行过程中动

力性能好坏的一个指标。如果进气系统损坏，即进气系统中有漏气或堵塞，则会导致发动机进气量不充分、不均衡，引起发动机性能下降，因此在对车辆进行维护时需定期检查进气系统中是否存在积炭或其他因素导致发动机进气系统减弱的情况。

1）涡轮增压器机械部件的检查

检查进、排气口侧是否存在堵塞或破裂现象，同时检查废气轮叶片和压气轮叶片是否完好、废气轮与压气轮之间的连接轴是否断裂。除了检查压气轮与废气轮的叶片及连接轴外，还需检查涡轮增压器的润滑和冷却系统是否存在泄漏或堵塞，以及检查旁通阀（废气泄压阀）是否能正常地关闭与开启，如图 1-1-9 所示。

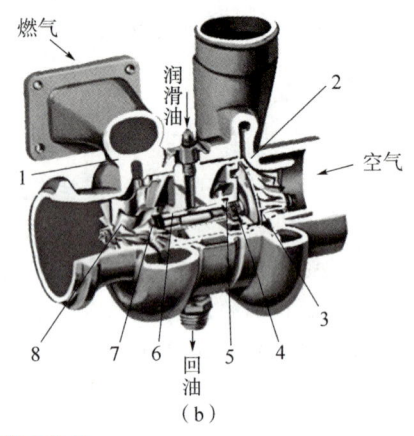

图 1-1-9 涡轮增压器的检查位置

(a) 实物图；
1—阀门执行器；2—排气出口；3—固定环；4—排气口；5—机油进油口；6—增压侧；
(b) 结构图
1—无叶涡轮壳；2—压气机壳；3—压气机和工作轮；4—密封装置；5—止推轴承；6—轴承；7—密封装置；8—涡轮工作轮

2）中冷器和进气歧管的检查

检查中冷器和进气歧管是否存在漏气与堵塞现象，若二者存在漏气与堵塞现象，则会对发动机的性能产生影响。中冷器或进气歧管漏气会导致发动机动力下降、油耗升高、冒黑烟及排气温度略微升高；若增压器不起作用，则会造成增压器压气端窜油；如果中冷器漏气严重，可能会吸入沙粒，加速气缸磨损，造成燃烧不完全，长时间会使气门和缸盖产生大量积炭。

2. 进气管道的清洗（气态和液态清洗）

以气态超声波清洗为例进行介绍，如图 1-1-10 所示。

（1）找到蓄电池位置或接电桩，如图 1-1-10（a）所示。

（2）松开空滤螺栓或卡扣，如图 1-1-10（b）所示。

（3）添加清洗液，如图 1-1-10（c）所示。

（4）起动车辆，怠速运转，如图 1-1-10（d）所示。

（5）将设备电源线的正、负极接到车辆蓄电池，如图 1-1-10（e）所示。

（6）开启设备电源开关，如图 1-1-10（f）所示。

（7）开启设备按钮，温度调到 40 ℃。

(8)将烟雾管道接入发动机进气端。

(a)　　　　　　　　　　(b)

(c)　　　　　　　　　　(d)

(e)　　　　　　　　　　(f)

图1-1-10　进气管道的清洗

三、进气系统的功用

进气系统的功用是将大气中的空气过滤后，按照发动机负荷的不同向发动机提供不同量的清洁空气，负荷越大，所提供的空气越多；反之，负荷越小，所提供的空气也越少。进气系统性能良好是保证发动机正常运行的有效条件，如果进气系统出现阻塞、泄漏等故障，必然引起进气量与发动机负荷的不协调，导致发动机运转不良。

四、进气系统的工作原理

空气经空气滤清器过滤掉杂质后，流过空气流量传感器，经进气道进入进气歧管，与喷油器喷出的汽油混合后形成适当比例的可燃混合气，经进气门送入气缸内燃烧。驾驶员可通过操作加速踏板控制节气门开度来调节进入气缸的空气量，如图1-1-11所示。

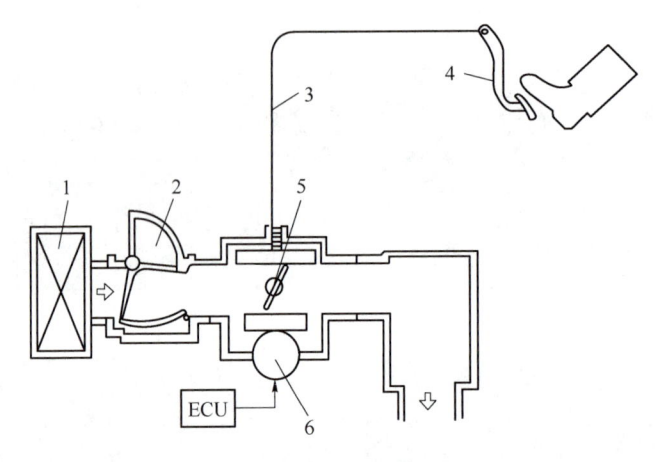

图 1-1-11　进气系统工作原理示意图

1—空气滤清器；2—空气流量计；3—踏板拉索；4—加速踏板；5—节气门；6—怠速空气调整器

任务实施

一、任务准备

1. 组织方式

1）场地设施

别克威朗 4 台，标准保养场地工位 4 个（气鼓、举升机等）。

2）作业工具

世达工具 4 套，一字螺丝刀和十字螺丝刀各一把，气态超声波清洗仪一台，清洗液。

3）学生组织

分组进行，使用实车进行训练。

时间/min	任务	操作对象
0~20	讲师结合实车讲解进气系统的结构组成及各组成的安装位置	教师
20~50	分组进行进气系统机械部件的检查	学生
50~80	分组进行进气管道的清洗	学生
80~90	讲师点评和讨论	教师

4）检查实训任务

由单人实操后完成下列工单内容，提交给指导老师，现场完成后老师给予点评作为本次实训的成绩计入学时。实训工单内容如下。

进气管路检查与清洁					
姓名		学号		班级	
指导教师		成绩		考试时间	
车辆信息正确记录：					

续表

发动机型号		发动机排量	
车辆识别代码		行驶里程数	
实训内容				
进气系统的 检查方法	（请写出具体操作步骤）		
进气管道的 清洗方法	（请写出具体操作步骤）		
结果分析			

2. 技术参数准备

2016 款威朗维修手册及行业维修标准。

3. 核心技能点准备

（1）由于油品质量等多种问题，发动机工作一段时间后进气管道会有大量积炭，如果不及时清洗，情况会越来越重，造成车辆加速无力，汽车起动困难，甚至起动不了，时间长了，还会造成节气门、阻风板的磨损，导致发动机怠速不稳等情况。

（2）进气管道的清洗，是清洗发动机燃烧时产生的积炭和胶质，保护了喷油嘴，也延长了使用寿命，还增加了发动机的动力，降低油耗。

4. 作业注意事项

（1）车辆进入工位后要进行工位周围的安全防护。

（2）清洗进气管路时需要做好防护（防止清洗剂伤到手和眼睛）。

（3）拆装部件时应使用正确的工具，尤其是专用工具的使用要得当。

二、操作步骤（建议结合维修手册组织开展，适当引入企业岗位规范）

（1）拆卸进气管道。

（2）连接电源。

（3）打开气态超声波清洗仪加注盖，加注清洗液。

（3）起动发动机，使之怠速运转。

（4）打开气态超声波清洗仪电源开关进行清洗。

（5）清洗结束后安装进气管道。

任务评价

序号	评价项目	评价内容	分值	学员互评（40%）	教师评价（60%）
1	专业能力（70分）	正确识别发动机进气系统的组成结构	5		
2		分析发动机进气系统发生故障后对发动机性能的影响	10		
3		正确选用工具并清点	5		
4		正确完成准备工作	5		
5		进气系统机械部件的检查	10		
6		进气管道的清洗	10		
7		总结归纳发动机进气系统的工作原理	10		
8		清点、检查、维护工具和耗材，清扫和整理现场	10		
9		工单填写	5		
10	职业素养（30分）	严格遵守操作规程，严禁违规作业	5		
11		责任意识，工作态度端正	5		
12		团队合作意识，互相协作良好	5		
13		从业人员的安全意识	5		
14		严谨扎实工作作风	5		
15		精益求精的工匠精神	5		
		得分	100		
姓名：		学号：	总得分：	评价人：	

学习任务二

点火系统维护

工作情境描述

一辆行驶了 40 000 km 的 2016 款威朗，在行驶过程中出现动力明显减弱、发动机怠速开始抖动的现象，车主很困扰，为此送修。

根据车主反馈情况，需要对车辆点火系统进行详细检查，分析具体原因，制定详细的保养计划并开展实际维修操作。

子任务一 火花塞的检查与更换

任务描述

车辆行驶了 35 000 km，车况一直比较好，但最近出现起动比较困难，经常需要打火好几次才能起动，而且动力不足，没跑多少公里就需要加油，油耗明显比平时增加了很多。经维修技师检测诊断，发现该车点火系统中的火花塞出现故障，需要更换火花塞。

火花塞的检查与更换

任务目标

1. 能准确描述火花塞的作用；
2. 能够准确描述火花塞常见的损伤形式；
3. 能够规范地检查火花塞并分析火花塞的好坏；
4. 能够按照要求规范地更换火花塞；
5. 培养质量意识，树立制造强国和质量强国的意识；
6. 坚持科技是第一生产力、创新是第一动力，激发民族责任感和自信心。

知识准备

一、火花塞的结构与功用

火花塞连接在点火线圈次级绕组末端，主要由绝缘体、壳体、接线柱、中心电极和侧电极等组成，如图 1-2-1 所示。

火花塞结构

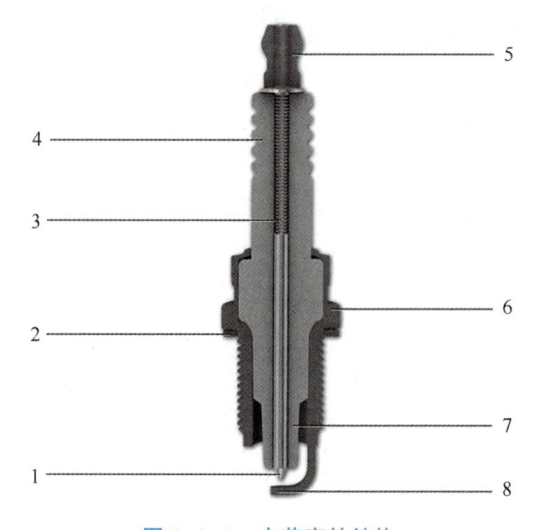

图 1-2-1　火花塞的结构

1—中心电极；2—密封垫圈；3—接线螺杆；4—陶瓷绝缘体；5—接线螺母；6—火花塞壳体；7—绝缘体裙部；8—侧电极

火花塞的功用是：将点火线圈产生的脉冲高电压引入燃烧室，并在其两电极之间产生电火花，以点燃可燃混合气，如图1-2-2所示。火花塞的工作环境十分恶劣，它承受着很大的机械、化学及电的负荷，因此必须能够承受冲击性高电压的作用，能够承受温度的强烈变化，具有良好的热特性和足够的机械强度。

二、火花塞的热特性

火花塞的热特性是指火花塞的温度特性。由于混合气爆燃时的瞬间温度可达3 000 ℃，而火花塞下部的电极和绝缘体身处气缸，环境温度很高，故火花塞吸收的热量有一小部分被进气时的新鲜可燃混合气带走，大部分由壳体传给气缸盖，还有一小部分由中心

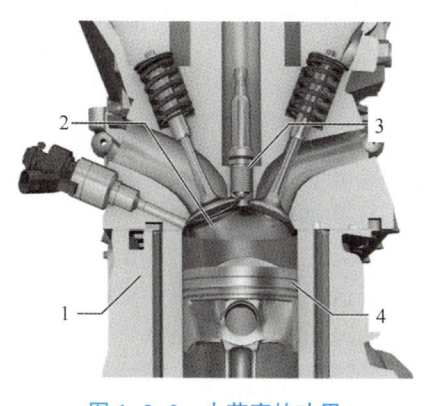

图1-2-2 火花塞的功用
1—气缸壁；2—气缸；3—火花塞；4—活塞

电极传出。火花塞裙部（裙部是指：陶瓷绝缘体暴露在燃烧室内的部分）在工作中的适宜温度为450~950 ℃。火花塞的工作温度主要受发动机功率、转速、压缩比和结构的影响。

火花塞的热特性取决于火花塞裙部的长度，裙部长的火花塞受热面积大，传热的路径长，散热困难，因而工作温度高，称为"热型"火花塞；裙部短的火花塞受热面积小，传热路径短，散热容易，因而工作温度低，称为"冷型"火花塞；介于两者之间的称为"中型"火花塞，如图1-2-3所示。

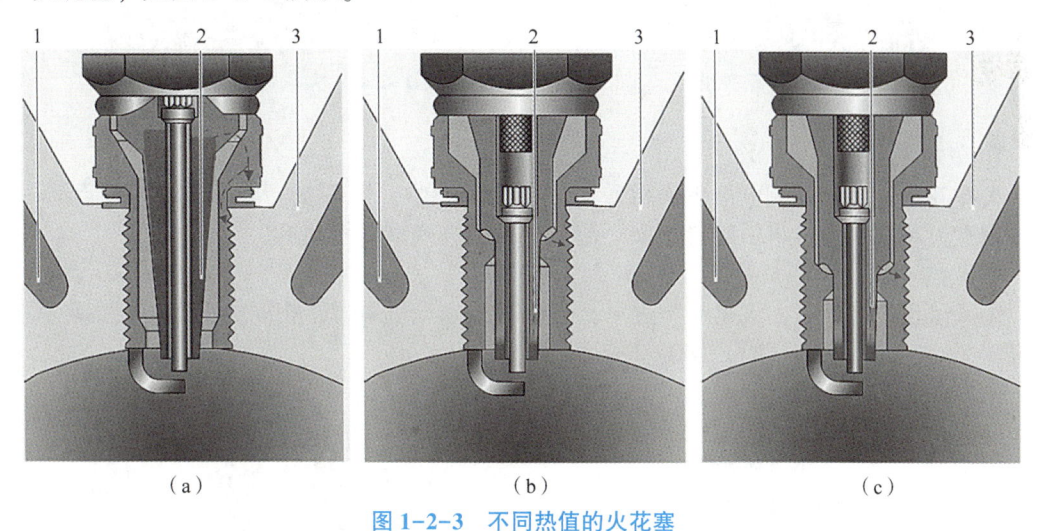

图1-2-3 不同热值的火花塞
(a)"热型"火花塞；(b)"中型"火花塞；(c)"冷型"火花塞
1—水套；2—裙部；3—缸盖

大功率、高压缩比、高转速发动机，由于燃烧时温度高，为使火花塞能与发动机工作特征相匹配，不至于产生炽热的点火，应采用"冷型"火花塞；相反，功率小、转速和压缩比比较低的发动机，为了不至于形成积炭，应使用"热型"火花塞。

三、火花塞常见故障

发动机在运转过程中，火花塞除了承受较大的电负荷外，还与高温、高压燃气直接接触，

且受到燃烧产物的强烈腐蚀。正常情况下，火花塞绝缘体端部呈浅褐（灰）色，表面没有燃油或机油沉积物，说明热值正确且点火正常。因火花塞属于汽车易损件消耗用品，且受燃油品质、自身工艺质量、工作环境等影响，故使用中故障率较高，现列举其中常见的几种故障。

1. 积炭

当火花塞上有松软、乌黑的沉积物时，说明火花塞有积炭，如图1-2-4所示。积炭是可以导电的，可能造成火花塞失火。

2. 机油油污

当火花塞电极和内部出现油性沉积物时，表明机油进入燃烧室内，如图1-2-5所示。当出现这一现象时，机油沉积物覆盖火花塞会使火花塞无法通过间隙跳火，而是通过机油从更短的路径跳火到侧电极。

图1-2-4 火花塞积炭

图1-2-5 火花塞上有油性沉积物

3. 积灰

火花塞中心电极及侧电极表面覆盖有浅褐色沉积物，即积灰，如图1-2-6所示。积灰若出现在火花塞半边，将引起自点火，造成功率损失或损坏发动机。

4. 爆燃

绝缘体顶端破裂时，点火时刻过早，可能导致发动机爆燃，相同的振动也会损坏其他发动机零部件，如活塞和气门，如1-2-7所示。

图1-2-6 火花塞积灰

图1-2-7 火花塞爆燃

5. 瓷件大头爬电

绝缘体上出现垂直于铁壳方向的黑色燃烧痕迹，会导致点火高压沿着瓷体外部闪络接地，从而使发动机失火，如图1-2-8所示。

图1-2-8　瓷件大头爬电

检查与更换火花塞

四、火花塞的检测与更换

1. 拆卸火花塞

（1）打开发动机舱盖，找到发动机，取下发动机罩，找到火花塞位置，如图1-2-9所示。

（2）断开点火线圈线束，取下点火线圈，用火花塞专用套筒旋松，取下火花塞，如图1-2-10所示。

图1-2-9　火花塞安装位置　　　　图1-2-10　取下火花塞

2. 检测火花塞

1）目测

取出火花塞后，通过观察可以判断火花塞的状态，正常的火花塞结构完整，颜色呈浅棕色。如果火花塞电极上有明显的积炭或者黑色的附着物，则说明火花塞出现故障了，这可能是由于"发动机烧机油"或"发动机可燃混合气过浓"等造成的。如果积炭不是很多，可用清洗剂进行清洗再使用；如果积炭太多，则需要更换新的火花塞，以保证其正常使用。

2）火花塞间隙检查与调整

用塞尺检测火花塞电极间隙是否符合标准，如图1-2-11所示。若火花塞间隙过大，则可压下侧面电极；若间隙过小，则可撬起侧面电极加以调整（但绝不可撬动和敲击中央电极，以免损坏绝缘体）。最后用火花塞间隙规进行调整。

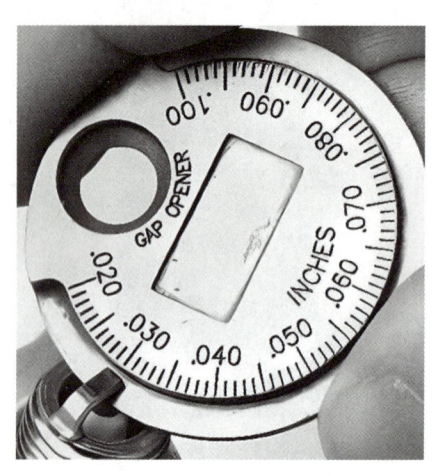

图1-2-11　火花塞间隙检查

3. 安装火花塞

换装符合车型要求的新火花塞，轻轻将火花塞放入火花塞孔，手动旋入几圈，火花塞旋紧后，再用扭力扳手将火花塞力矩拧到规定值。安装点火线圈，用螺母固定并连接点火线圈线束，如图1-2-12所示，装上发动机罩。

图1-2-12　安装点火线圈线束

任务实施

一、任务准备

1. 组织方式

1）场地设施

别克威朗4台，标准保养场地工位4个（气鼓、举升机等）。

2）作业工具

世达工具4套，火花塞间隙规4个，火花塞套筒扳手4个。

3）学生组织

分组进行，使用实车进行训练。

时间/min	任务	操作对象
0~10	回顾火花塞的作用及安装位置	教师
11~30	火花塞的检测与更换	学生
31~40	讲师点评和讨论	教师

4）检查实训任务

以单人实操后完成下列工单内容，提交给指导老师，现场完成后老师给予点评作为本次实训的成绩计入学时。

实训工单内容如下。

火花塞的检测与更换					
姓名		学号		班级	
指导教师		成绩		考试时间	
车辆信息正确记录：						
发动机型号				发动机排量	
车辆识别代码				行驶里程数	
实训内容					
火花塞的检测方法	（请写出具体操作步骤）				
火花塞的更换方法	（请写出具体操作步骤）				
结果分析					

2. 技术参数准备

2016款威朗维修手册及行业维修标准等。

3. 核心技能点准备

（1）由于火花塞品种较多，故在选择火花塞时需要符合原厂设计标准，否则会损坏发动机，同时需要重点关注火花塞型号、紧固扭矩、螺纹直径、螺纹长度、火花塞间隙等参数。

（2）火花塞中心电极与侧电极之间的间隙，称为火花塞间隙。火花塞间隙对火花塞及发动机的工作性能均有很大影响。间隙过小，则火花微弱，且易因积炭而漏电；间隙过大，所需击穿电压增高，发动机不易起动，且在高转速时容易发生失火现象，因此火花塞间隙应适当。目前火花塞间隙一般为 0.6~1.5 mm，详细参数参见维修手册。

4. 作业注意事项

（1）拆火花塞前，必须用吹气枪将火花塞周围灰尘等杂质清理干净。
（2）不得同时将所有火花塞一起拆下，以免粉尘进入气缸。
（3）拆装部件时应使用正确的工具，尤其是专用工具的使用要得当。
（4）禁止在发动机处于热状态时拆卸火花塞，以免损坏气缸盖上的火花塞螺纹孔。

二、操作步骤（建议结合维修手册组织开展，适当引入企业岗位规范）

1. 查找位置

打开发动机舱盖，找到发动机，取下发动机罩，找到火花塞位置。

2. 拆下零件

断开点火线圈连接器闭锁装置，取下点火线圈，用火花塞专用套筒旋松，取下火花塞。

3. 查看状态

目视检查火花塞的状态，用塞尺检测火花塞电极间隙是否符合标准。

4. 装上零件

换装符合车型要求的新火花塞。

任务评价

序号	评价项目	评价内容	分值	学员互评（40%）	教师评价（60%）
1	专业能力（70分）	描述火花塞的作用	5		
2		描述出火花塞常见的损伤形式	5		
3		判断火花塞是需要维修还是更换	5		
4		正确选用工具并清点	5		
5		正确完成准备工作	5		
6		确定火花塞的安装位置	5		
7		拆卸火花塞	10		
8		检测火花塞	10		
9		安装火花塞	10		
10		清点、检查、维护工具和耗材，清扫和整理现场	5		
11		工单填写	5		
12	职业素养（30分）	严格遵守操作规程，严禁违规作业	5		
13		责任意识，工作态度端正	5		
14		团队合作意识，互相协作良好	5		
15		从业人员的安全意识	5		
16		严谨扎实的工作作风	5		
17		精益求精的工匠精神	5		
		得分	100		
姓名：		学号：	总得分：	评价人：	

子任务二　点火线圈检查与更换

任务描述

一辆轿车在起动时，发动机在起动机的带动下着火，随着起动机停转而熄火。现对其进行检修，若诊断出是点火线圈引起的故障，则应对点火线圈进行性能检测，必要时要进行点火线圈的更换。

点火线圈的检测与更换

任务目标

1. 能够阐述点火线圈的作用；
2. 能够正确说出点火线圈的结构与工作原理；
3. 能够按照规范流程正确检测点火线圈；
4. 能够按照规范流程对点火线圈进行更换；
5. 培养学生的创新精神；
6. 培养学生做好7S管理工作，推动绿色发展，促进人与自然和谐共生。

知识准备

一、点火线圈的结构与功用

点火线圈主要由初级线圈、次级线圈以及铁芯等组成。它是产生点火所需高压电的一种变压器，作用是将蓄电池提供的 12 V 低压电转换成点火所需的高压电，使火花塞跳火。按点火线圈磁路结构形式的不同，其可分为开磁路点火线圈和闭磁路点火线圈。

单独点火方式用点火线圈结构　　单独点火方式用点火线圈工作原理

二、点火线圈的类型

1. 开磁路点火线圈

开磁路式点火线圈的结构如图 1-2-13 所示，点火线圈的上端装有胶木盖，其中央凸出部分为高压接线柱，其他的接线柱为低压接线柱。根据低压接线柱的数目不同，点火线圈有二接线柱式和三接线柱式之分。

开磁路式点火线圈工作原理　　开磁路式点火线圈结构

为了减少涡流和磁滞损耗，铁芯由硅钢片叠成，包在硬纸板套内，其上绕有二次绕组，一次绕组绕在二次绕组的外边，以利于散热。绕组绕好后，在真空中浸以石蜡和松香的混合物，以增强绝缘。绕组和外壳之间装有导磁用的钢片，用来加强磁通，外壳的底部有瓷杯，以防高压电击穿二次绕组的绝缘向铁芯和外壳放电。为加强绝缘和防止潮气侵入，在外壳内填满沥青或变压器油，前者称为干式点火线圈，后者称为油浸式点火线圈。

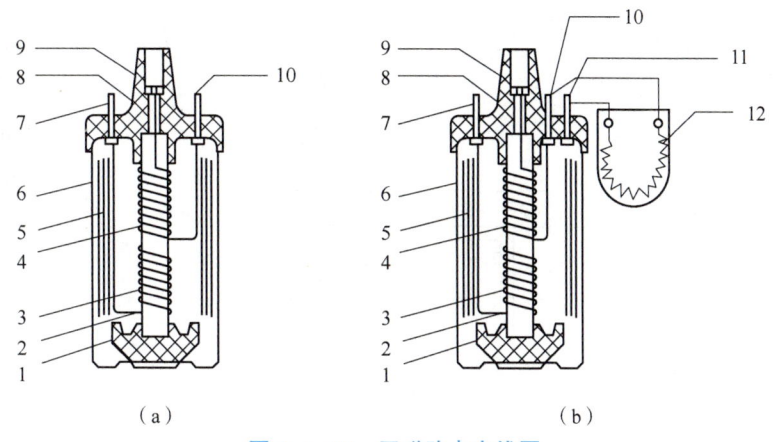

图 1-2-13 开磁路点火线圈
（a）二接线柱式；（b）三接线柱式

1—瓷杯；2—铁芯；3—一次绕组；4—二次绕组；5—钢片；6—外壳；7—"-"接线柱；
8—胶木盖；9—高压接线柱；10—"+"接线柱或开关接线柱；11—"+"接线柱；12—附加电阻

当一次电流流过一次绕组时，使铁芯磁化，其磁路如图 1-2-14 所示。由于磁路的上、下部分都是从空气中通过的，铁芯未构成闭合磁路，所以称其为开磁路点火线圈。两接线柱式点火线圈的低压接线柱上分别标有"+""-"的标记。三接线柱式点火线圈与两接线柱式的主要区别是外壳上装有一个附加电阻，为固定该电阻，又增加了一个低压接线柱。附加电阻就接在标有"开关"和"+"标记的两接线柱上。附加电阻可由低碳钢丝、镍铬丝或纯镍丝制成，具有受热时电阻迅速增大，而冷却时电阻迅速降低的特性。因此，在发动机工作时，可自动调节一次电流，以改善高速时的点火特性。

2. 闭磁路点火线圈

闭磁路式点火线圈的结构如图 1-2-15 所示，在"日"字形铁芯内绕有一次绕组，在一次绕组的外面绕有二次绕组。

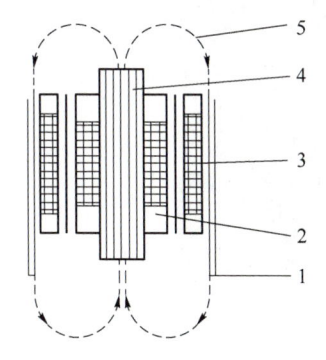

图 1-2-14 开磁路点火线圈的磁路
1—导磁钢片；2—二次绕组；3—一次绕组；
4—铁芯；5—磁感线

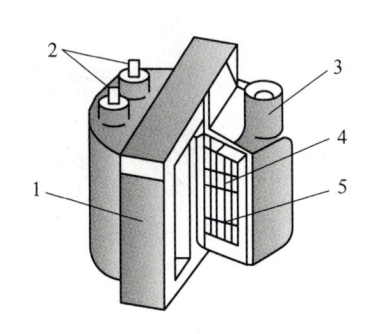

图 1-2-15 闭磁路点火线圈
1—"日"字形铁芯；2—一次绕组接线柱；
3—高压接线柱；4—一次绕组；5—二次绕组

闭磁路点火线圈的磁路如图 1-2-16 所示，即磁感线经铁芯构成闭磁路。闭磁路式点火线圈的优点是漏磁少，磁路的磁阻小，因而能量损失小，能量变换率高，可达 75%（开磁路式点火线圈只有 60%），并且闭磁路点火线圈采用热固性树脂作为绝缘填充物，外壳以热熔性塑料注塑成型，其绝缘性、密封性均优于开磁路点火线圈。

闭磁路点火线圈体积小，可直接装在分电器盖上，不仅结构紧凑，而且省去了点火线圈与分电器之间的高压导线，并可使二次电容减小，所以在电子点火系统中广泛使用。

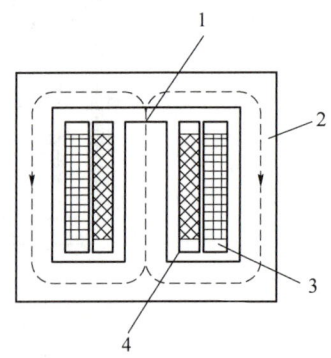

图 1-2-16 闭磁路点火线圈的磁路

1—空气隙；2—"日"字形铁芯；3——次绕组；4—二次绕组

三、点火线圈的检测

1. 检测点火触发信号（IGT）波形

（1）起动发动机，使发动机处于怠速运转状态。

（2）使用示波器测量引针检测 2 号端子与车身搭铁端子间的脉冲波形，如图 1-2-17 所示。

（3）比对正常波形，分析检测波形。

检查与更换点火线圈

图 1-2-17 检测 IGT 波形

2. 检测点火确认信号（IGF）波形

（1）使用示波器双通道检测，将测量引针插入点火线圈 1 号端子与车身搭铁端子之间，检测其脉冲波形。

（2）比对正常波形，分析检测波形。

若点火线圈出现故障，则进行维修。

3. 检测点火线圈初级绕组线圈的电阻

将万用表置于欧姆（Ω）挡，检测 2 号端子与 4 号端子之间的电阻，与标准电阻值进行

比较，如图 1-2-18 所示。

图 1-2-18　测量点火线圈初级绕组线圈的电阻

4. 检测点火线圈次级绕组线圈的电阻

将万用表置于欧姆（Ω）挡，检测 1 号端子与高压中央电极之间的电阻，与标准电阻值比较，如图 1-2-19 所示。

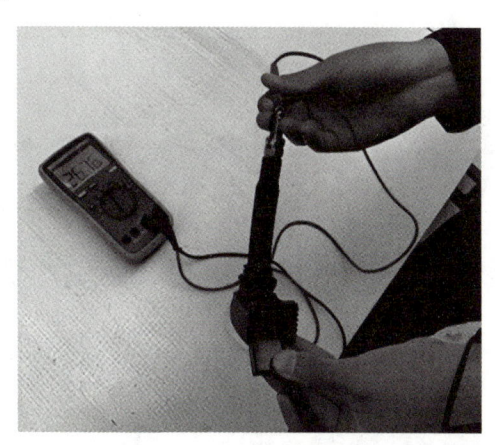

图 1-2-19　测量点火线圈次级绕组线圈的电阻

四、点火线圈的原理

点火线圈是根据电磁感应原理进行工作的。

当初级回路导通后，在初级线圈中产生 2~6 A 的电流，这个电流便会在线圈内产生一个很强的磁场，如图 1-2-20 所示。

当初级回路断开时，初级回路中电流消失的瞬间，磁通量急剧减小，根据电磁感应原理（楞次定律），初级线圈中会产生一个 200~400 V 的自感电动势，次级线圈中则会产生一个 20~40 kV 的小电流（为 20~80 mA）互感高压电动势，这个次级高压电动势会通过高压线到达火花塞，如图 1-2-21 所示。

因为直流电不可以直接变压，所以点火线圈必须由 ECM 控制初级回路电流的通断变化，从而使次级线圈产生高压电动势。为了产生可以击穿火花塞间隙的高电压，一般设

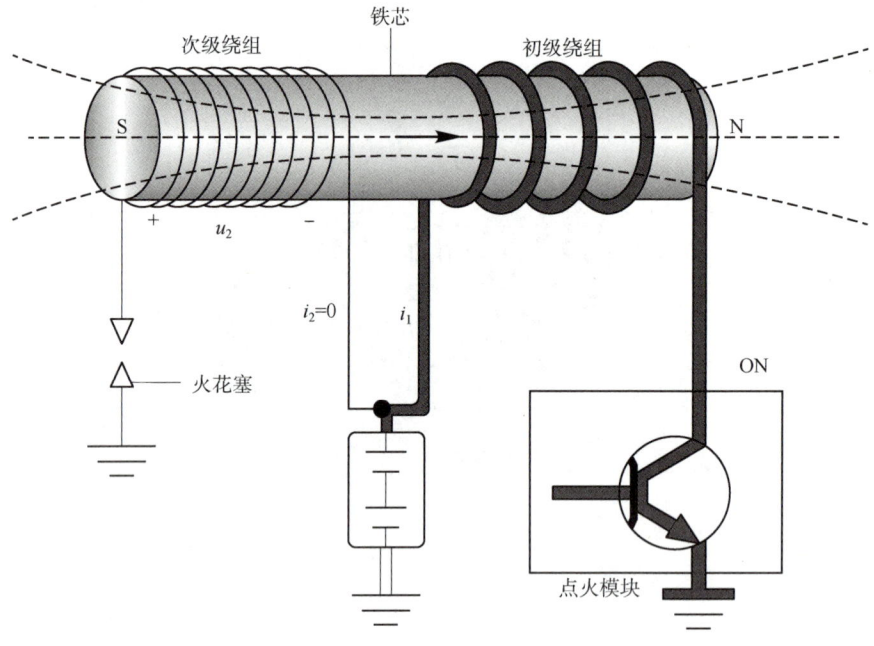

图 1-2-20 初级回路导通

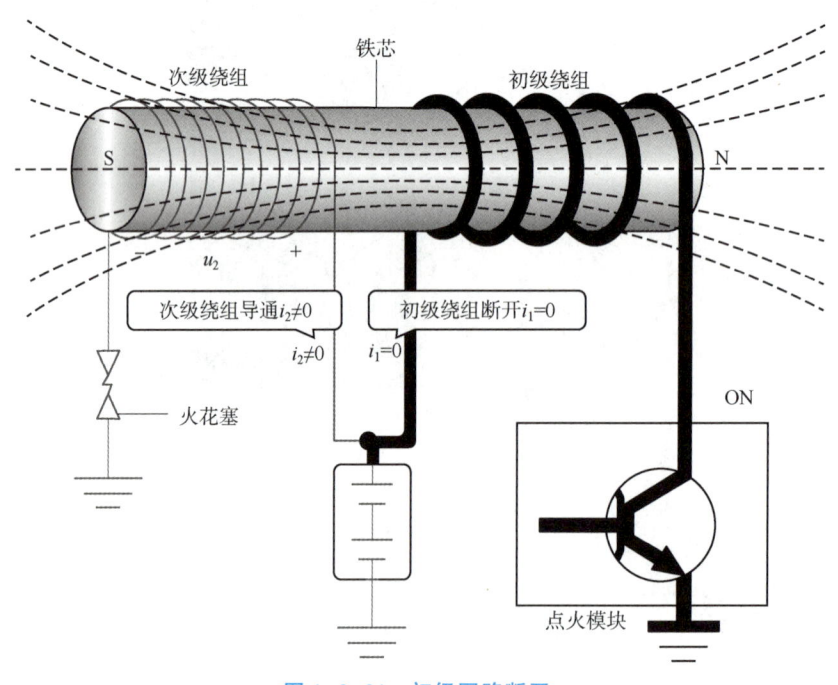

图 1-2-21 初级回路断开

计初级线圈有 240~370 匝，次级线圈约有 22 000 匝，次级线圈的匝数约为初级线圈的 100 倍。

任务实施

一、任务准备

1. 组织方式

1）场地设施

别克威朗 4 台，标准保养场地工位 4 个（气鼓、举升机等）。

2）作业工具

世达工具 4 套，故障诊断仪 4 台，万用表 4 台，示波器 4 台。

3）学生组织

分组进行，使用实车进行训练。

时间/min	任务	操作对象
0~10	讲师结合实训工单讲解点火线圈的检测内容	教师
11~30	分组进行点火线圈的检测与更换	学生
31~40	讲师点评和讨论	教师

4）检查实训任务

以单人实操后完成下列工单内容，提交给指导老师，现场完成后老师给予点评作为本次实训的成绩计入学时。实训工单内容如下。

点火线圈的检测与更换					
姓名		学号		班级	
指导教师		成绩		考试时间	
车辆信息正确记录：					
发动机型号			发动机排量		
车辆识别代码			行驶里程数		
实训内容					
点火线圈的检测方法	（请写出具体操作步骤）				
点火线圈的更换方法	（请写出具体操作步骤）				
结果分析					

2. 技术参数准备

2016 款威朗维修手册及行业维修标准等。

3. 核心技能点准备

（1）正确使用万用表，检测点火线圈并对测量值进行分析判断。

（2）更换点火线圈后，起动发动机，检查发动机是否怠速抖动。
（3）比对正常波形，分析检测波形。

4. 作业注意事项

（1）拆卸点火线圈时，应先将点火线圈插接器卡扣解锁，避免损坏插接器。
（2）检测点火线圈时，应将万用表调整至合适挡位，避免损坏点火线圈。
（3）安装点火线圈时，应将各缸点火线圈安装到位，避免起动后出现怠速抖动现象。

二、操作步骤（建议结合维修手册组织开展，适当引入企业岗位规范）

（1）拆卸点火线圈：使用合适工具拆卸点火线圈固定螺栓，依次拔出4个点火线圈。
（2）检测点火触发信号（IGT）波形。
（3）检测点火确认信号（IGF）波形。
（4）检测点火线圈初级绕组线圈的电阻。
（5）检测点火线圈次级绕组线圈的电阻。
（6）安装新的点火线圈：将点火线圈对应相应气缸安装到位并按压牢固。

任务评价

序号	评价项目	评价内容	分值	学员互评（40%）	教师评价（60%）
1	专业能力（70分）	描述点火线圈的结构	5		
2		描述点火线圈的功用	5		
3		描述点火线圈的原理	5		
4		正确选用工具并清点	5		
5		正确完成准备工作	5		
6		正确检测点火线圈	5		
7		拆卸点火线圈	15		
8		安装点火线圈	15		
9		清点、检查、维护工具和耗材，清扫和整理现场	5		
10		工单填写	5		
11	职业素养（30分）	严格遵守操作规程，严禁违规作业	5		
12		责任意识，工作态度端正	5		
13		团队合作意识，互相协作良好	5		
14		从业人员的安全意识	5		
15		严谨扎实的工作作风	5		
16		精益求精的工匠精神	5		
		得分	100		
姓名：		学号：	总得分：	评价人：	

学习任务三

燃油系统维护

🛠 工作情境描述

一辆行驶了 180 000 km 的 2016 款威朗，在行驶过程中出现发动机抖动、加速无力，且发动机故障指示灯点亮的状况。

根据车主反馈情况，需要对车辆燃油系统进行详细检查，分析具体原因，制定详细的保养计划并开展实际维修操作。

子任务一　喷油器清洗

任务描述

一辆轿车行驶了 40 000 km，最近出现发动机怠速、加速或全负荷工况时工作不良，发动机功率下降，油耗上升，排放污染增加的现象。经维修技师检测诊断，发现该车燃油系统中的喷油器出现严重堵塞，需要清洗喷油器。

喷油器清洗

任务目标

1. 能准确描述喷油器的作用；
2. 能正确区分喷油器的类型；
3. 能正确指出喷油器的安装位置；
4. 能按照要求，规范地选用工具清洗喷油器；
5. 培养学生精益求精的质量意识；
6. 树立环保意识和社会责任感，坚定"中国式现代化是人与自然和谐共生的现代化"的观念。

知识准备

一、进气歧管喷射喷油器

喷油器的结构

1. 喷油器的功用

进气管喷射系统用的喷油器又称为低压喷油器，其功用是根据 ECU 的指令，将压力燃油雾化成较细的颗粒并喷入进气歧管末端，如图 1-3-1 所示。因此，汽车对喷油器这种精密器件的要求非常高：要求它要具有良好的动态流量稳定性；具有较强的抗堵塞、抗污染能力；具有良好的密封性及较好的燃油喷射雾化性。

2. 喷油器的结构

喷油器一般由电磁线圈、回位弹簧、衔铁、针阀和进油滤网等组成。图 1-3-2 所示为轴针式喷油器的结构，其优点是针阀前端的轴针伸入到喷口中，可使燃油以环状喷出，有利于雾化，且由于轴针在喷口中不断运动，故喷孔不易堵塞；缺点是燃油雾化质量稍差，且由于针阀质量较大，因而动态响应性较差。

3. 喷油器的类型

(1) 喷油器按结构不同分为轴阀式、球阀式和片阀式 3 种。
(2) 喷油器按喷油嘴结构不同分为轴针式、多孔式和单孔式 3 种。

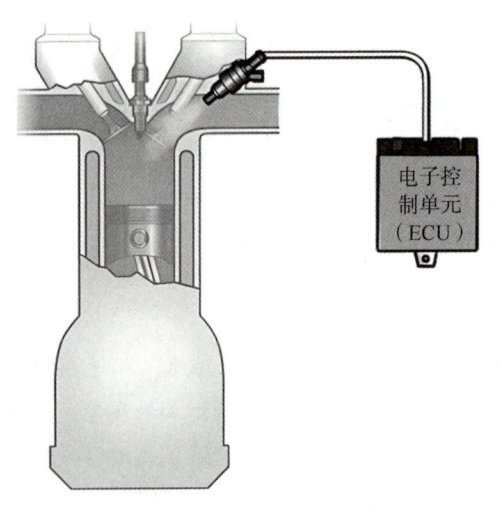

图 1-3-1 低压喷油器的功用

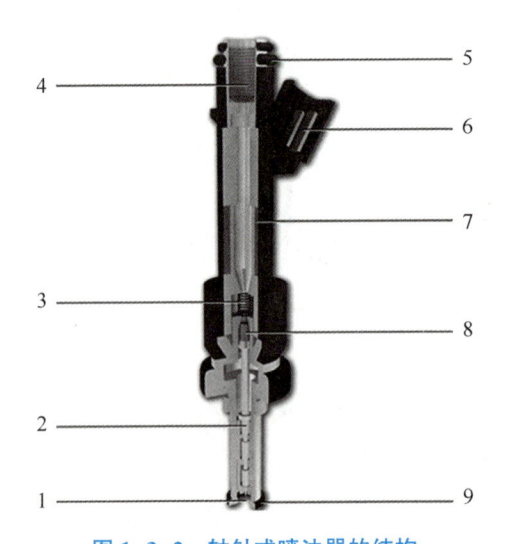

图 1-3-2 轴针式喷油器的结构
1—喷口；2—针阀；3—回位弹簧；4—进油滤网；5, 9—密封圈；
6—连接器；7—电磁线圈；8—衔铁

（3）喷油器按其线圈电阻值的高低可分为高阻和低阻两种类型，如图 1-3-3 所示。

高阻喷油器常采用电压驱动方式，低阻喷油器可采用电压、电流驱动方式。电流驱动的特点是无附加电阻，电路阻抗小，针阀开启速度快，喷油器喷油迟滞时间缩短，响应性好。电压驱动的特点是喷油滞后时间较长。

低阻抗型喷油器是用 5~6 V 的电压驱动，电磁线圈的电阻较小，为 3~4 Ω，不能直接与 12 V 电源连接，否则会烧坏电磁线圈；高阻抗型喷油器是用 12 V 的电压驱动，电磁线圈电阻较大，为 12~16 Ω，在检修时可直接与 12 V 电源连接。

4. 喷油器的工作原理

喷油器实际上是一个电磁阀，针阀与衔铁制成一体并随衔铁一起移动。当电磁线圈通电

（a）   （b）

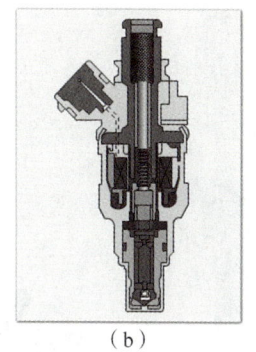

图1-3-3　喷油器类型——按喷油器电磁线圈电阻值大小

（a）低电阻喷油器；（b）高电阻喷油器

后，衔铁被吸起（针阀升程约为0.1 mm），高压汽油便从喷孔喷射出去，如图1-3-4所示。当电磁线圈断电后磁力消失，针阀被弹簧压紧在阀座上，汽油因此被密封在油腔内。其喷油量取决于ECU给喷油器通电的时间。

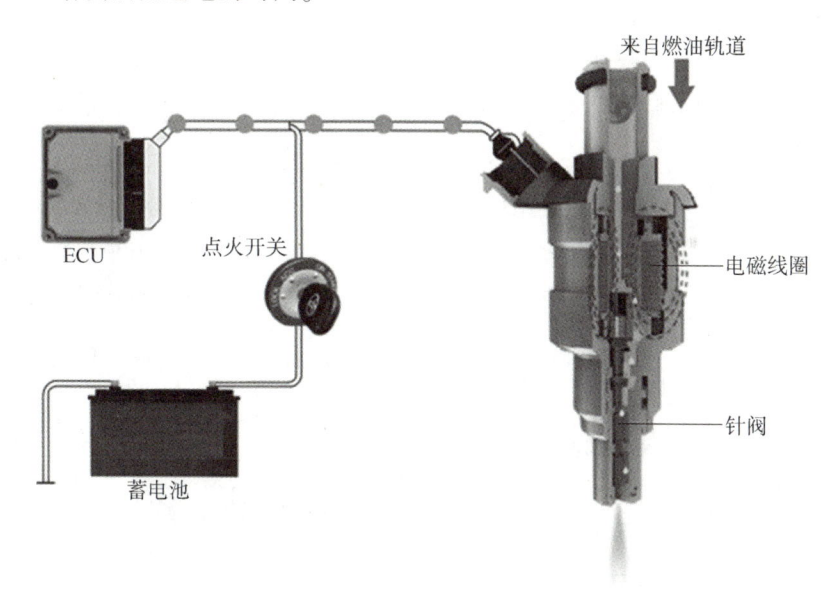

图1-3-4　喷油器的工作原理

二、缸内直喷喷油器

高压喷油器安插在缸盖内，它们将高压燃油直接喷入气缸。如图1-3-5所示，喷油器上端用支承环压靠在高压油轨上，下端有径向定位装置，以保证喷油器与安装座的均匀接触。喷油器有一长而细的端头，这种结构可以使高压燃油得到冷却。它的末端加工有六个精密的喷孔，以保证喷射后的燃油呈圆锥形的雾状。缸内直喷喷油器的最高工作电压可达到60~90 V。

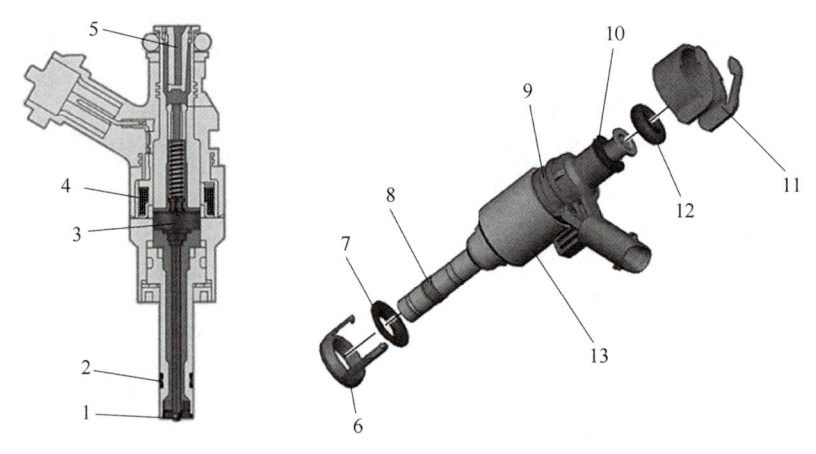

图 1-3-5　高压喷油器的结构

1—出油孔；2—密封圈；3—带有针阀的衔铁；4—电磁线圈；5—细滤网；6—径向保持工具；
7，10—垫片；8—燃烧室密封圈；9—凹槽（用于拉拔器）；11—支承环；12—O 形圈；13—喷油器

三、喷油器的常见故障及影响

喷油器的常见故障及影响见表 1-3-1。

表 1-3-1　喷油器的常见故障及影响

故障部位	对燃油供给系统的影响	对发动机的影响
电磁喷油器胶结、电磁喷油器堵塞	电磁喷油器不喷油或喷油量少，喷油雾化不良	发动机动力下降、加速迟缓、怠速不稳定、容易熄火、不能工作或不稳定
电磁线圈或内部线路连接处断路	电磁喷油器不喷油	发动机工作不稳定或不工作
电磁喷油器密封不严	电磁喷油器漏油	油耗上升，排气管放炮，发动机起动困难、冒黑烟
电磁喷油器阀口积污	电磁喷油器喷油量减少	发动机工作不稳定、进气管回火、动力性差、加速差

四、喷油器的清洗

1. 免拆清洗喷油器

1）吊瓶清洗喷油器

（1）按规定比例将清洁剂与汽油混合，然后倒入清洗机的油箱内，或按说明书要求直接在清洗机内配制混合液。

（2）拆下发动机上的进油管接头，用合适的管接头将供油管与发动机供油系统（进入发动机端）相连；将回油管与发动机回油系统（进入油箱端）相连。

（3）将发动机汽油泵的继电器拆下或将保险盒内的保险丝摘除，并堵住发动机上的回油管。

喷油器的清洗与测试

（4）使泄油阀处于关闭状态，定时器定时 30 min 以上，压力调节器调到零位，打开流量调节阀。

（5）起动发动机使其运转，直到原供油系统所有残余燃油消耗完。

（6）开启清洗机电源开关，通过调压器与流量计慢慢调节压力和流量，起动发动机，使清洁剂混合液在发动机中均匀、平稳地燃烧。

（7）观察混合液面，在最后几分钟内关闭清洗机回油管阀门，使之对燃油系统进行最后的高压清洗。

（8）定时器回零报警后关闭发动机，关闭清洗机电源，拆下电源线，先打开泄压阀后再拆下各管体。

（9）拆下供油管和回油管，重新连接供油系统，起动发动机检查有无泄漏。

2）燃油宝清洗喷油器

(1) 将燃油宝加入即将空箱的油箱中，再加入汽油。

注意：如果油箱容量大于 60 L，则需要添加两瓶燃油宝（常用规格 60 mL/瓶）。

(2) 起动车辆，使已加入的燃油宝迅速在燃油的冲击及涡流的搅拌下充分溶解，使燃油宝与燃油混合更加均匀。

(3) 在车辆行驶过程中，含有燃油宝的车用汽油在燃油进气系统中自动对进气系统进行清洗。

2. 清洗机清洗喷油器

1）拆卸喷油器

(1) 拆下高压燃油供油中间管。

(2) 断开燃油喷射燃油导轨线束。

(3) 从燃油喷射器气缸的导轨侧拆下燃油喷射器螺栓。

检查与更换喷油器

(4) 从燃油喷射器气缸上拆下燃油喷射器螺栓。

(5) 将 4 个燃油导轨螺栓完全从气缸盖上松开，但不拆下螺栓，使用滑锤依次拉出四缸喷油器。

2）检查喷油器

(1) 检查喷油器电阻。

①打开万用表至欧姆挡，正、负表笔对接检查万用表是否正常，如图 1-3-6 所示。

②用万用表测量喷油器连接端子 1 号和 2 号之间的电阻值，如果结果不符合规定，则更换喷油器。

(2) 将喷油器安装到检测清洗机上。

①用手旋松两根固定螺栓。

②从喷油器检测清洗机上拆下喷油器安装总成支架，将 4 个喷油器依次安装到总成支架上。

③紧固两根固定螺栓，依次将 4 个喷油器测试连接线与喷油器连接，如图 1-3-7 所示。

④安装喷油器清洗机连接管。

图 1-3-6　检查喷油器电阻　　　　　　　图 1-3-7　连接喷油器与测试连接线

(3) 喷油器怠速测试。
①打开喷油器清洗机电源开关。
②调节怠速测试时间以及调节燃油压力，并将其调到标准范围内。
③开始怠速测试，如图 1-3-8 所示。
④依次对各喷油器测试 2~3 次，如果喷油量不符合规定，则更换喷油器。
(4) 检查喷油器是否泄漏。
①调节检漏测试时间。
②进行检漏测试，如图 1-3-9 所示，检查喷油器是否有燃油泄漏，同时将燃油压力调到标准范围内。
③检查完成后关闭电源开关。

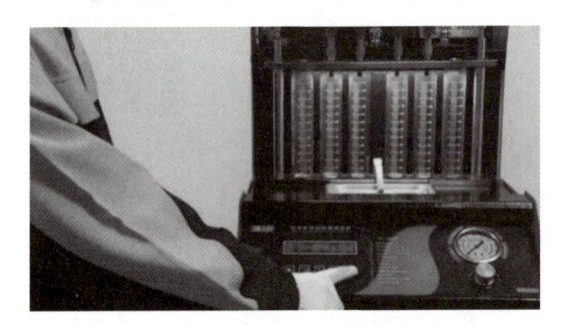

图 1-3-8　喷油器怠速测试　　　　　　　图 1-3-9　喷油器检漏测试

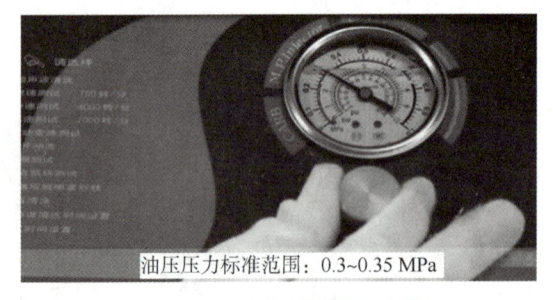

(5) 从检测清洗机上拆下喷油器。
①拆卸喷油器清洗机连接管，依次断开 4 个喷油器测试连接线。
②用手旋松两个螺栓，从喷油器检测清洗机上拆下喷油器安装总成支架。
③依次从喷油器安装总成支架上拆下 4 个喷油器，如图 1-3-10 所示。
④将总成支架安装到检测清洗机上，然后右手紧固两根固定螺栓。

3. 安装喷油器

按相反顺序安装喷油器。

图 1-3-10　拆下喷油器

任务实施

一、任务准备

1. 组织方式

1）场地设施

别克威朗 4 台，标准保养场地工位 4 个（气鼓、举升机等）。

2）作业工具

世达工具 4 套，免拆清洗机，清洗剂，燃油宝，鲤鱼钳 4 个，喷油器检测清洗机 4 台。

3）学生组织

分组进行，使用实车进行训练。

时间/min	任务	操作对象
0~10	回顾喷油器的作用及安装位置	教师
11~30	免拆清洗喷油器	学生
31~70	清洗机清洗喷油器	学生
71~80	讲师点评和讨论	教师

4）检查实训任务

以单人实操后完成下列工单内容，提交给指导老师，现场完成后老师给予点评作为本次实训的成绩计入学时。

实训工单内容如下：

喷油器清洗				
姓名		学号		班级	
指导教师		成绩		考试时间	
车辆信息正确记录：				
发动机型号		发动机排量		
车辆识别代码		行驶里程数		
实训内容				
免拆清洗喷油器的方法	（请写出具体操作步骤）			
清洗机清洗喷油器的方法	（请写出具体操作步骤）			
结果分析				

2. 技术参数准备

2016 款威朗维修手册及行业维修标准等。

3. 核心技能点准备

（1）积炭或胶质易造成喷油器堵塞，导致急速不稳，容易熄火；劣质燃油含水分，易使针阀锈蚀，导致喷油器卡滞；在车上用喷油器清洗仪清洗喷油器或拆下喷油器用喷油器清洗机清洗，能恢复喷油器良好的性能。

（2）喷油器机械故障表现为喷油器由于黏滞、堵塞、泄漏而引起机械动作失效，造成发动机的运转出现损坏性工况，这会严重影响汽车的正常使用。

4. 作业注意事项

1）免拆清洗喷油器注意事项

（1）使用正规的燃油宝。

（2）使用燃油宝时，需按照推荐比例先把燃油宝加入汽车油箱中，然后再加油。

2）清洗机清洗喷油器注意事项

（1）将喷油器安装到检测清洗机上时，要确保喷油器与量筒盖上的孔对准，防止泄漏。

（2）进行喷油器检漏时的设定必须大于等于 12 min，以确保检查正常进行。

（3）从检测清洗机上拆下喷油器时要小心，拔不出可边转动边拔。

二、操作步骤（建议结合维修手册组织开展，适当引入企业岗位规范）

1. 免拆清洗喷油器

（1）吊瓶清洗喷油器。

（2）燃油宝清洗喷油器。

2. 清洗机清洗喷油器

（1）拆卸喷油器。

（2）检查并清洗喷油器。

（3）安装喷油器。

任务评价

序号	评价项目	评价内容	分值	学员互评（40%）	教师评价（60%）
1	专业能力（70分）	了解进气歧管喷射喷油器	5		
2		掌握喷油器的作用	5		
3		区分喷油器的类型	10		
4		喷油器的常见故障及影响	10		
5		正确选用工具并清点	5		
6		正确完成准备工作	5		
7		操作免拆清洗喷油器	10		
8		利用清洗机清洗喷油器	10		
9		清点、检查、维护工具和耗材，清扫和整理现场	5		
10		工单填写	5		
11	职业素养（30分）	严格遵守操作规程，严禁违规作业	5		
12		责任意识，工作态度端正	5		
13		团队合作意识，互相协作良好	5		
14		从业人员的安全意识	5		
15		严谨扎实的工作作风	5		
16		精益求精的工匠精神	5		
		得分	100		

姓名：	学号：	总得分：	评价人：

子任务二 汽油滤清器更换

任务描述

一辆轿车最近出现了加速无力且伴随着偶然熄火的现象。经过4S店维修技师检测，发现汽油滤清器堵塞严重。为了使燃料供给系统正常工作，需要更换汽油滤清器。

汽油滤清器更换

任务目标

1. 能够阐述汽油滤清器的作用；
2. 能够正确说出汽油滤清器的工作原理；
3. 能够依据汽车维修操作要求，正确完成汽油滤清器的更换；
4. 能够根据汽车维修操作要求，正确进行汽油滤清器的维修与保养；
5. 培养学生善于思考、勇于创新的意识；
6. 培养学生的劳动精神、工匠精神。

知识准备

一、汽油滤清器的结构与功用

汽油滤清器主要是由壳体、油管、滤芯、滤网等组成的，如图1-3-11所示。滤芯采用菊花形结构，这种结构的特点是单位体积内过滤面积大。滤清器内经常承受 200~300 kPa 的燃油压力，因此，要求滤清器壳体及油管的耐压强度应在 500 kPa 以上。

图 1-3-11 汽油滤清器的结构
1—进油管；2—内孔管；3—座圈；4—出油管；5—滤芯

汽油滤清器的作用是清除燃油中的粉尘、铁锈等固体杂质，防止供油系统阻塞，减少机械磨损，提高发动机工作的可靠性。

二、汽油滤清器的类型

根据安装位置，汽油滤清器可分为外置汽油滤清器和内置汽油滤清器，如图1-3-12所示。外置汽油滤清器一般装配在油箱外面燃油管路的中间，其位置多数在底盘油箱的附近或者是发动机舱内，这是由生产商决定的；内置汽油滤清器是指汽油滤清器装在油箱的内部，滤清器和汽油泵组装在一起组成汽油泵总成。

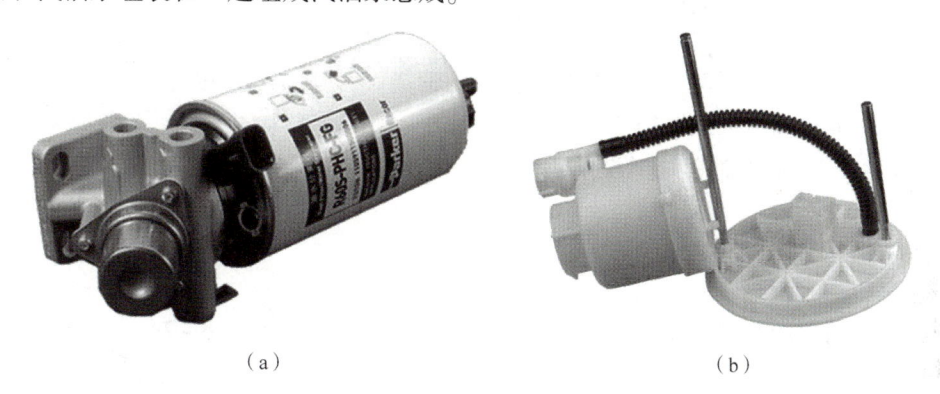

（a）　　　　　　　　　　　　（b）

图1-3-12　滤清器类型
（a）外置式滤清器；（b）内置式滤清器

汽油滤清器工作原理

三、汽油滤清器的工作原理

汽油滤清器的工作原理如图1-3-13所示，发动机工作时，燃油在汽油泵的作用下，经过进油管进入滤清器的沉淀杯中。由于此时容积变大、流速变小，比油重的水及杂质颗粒便沉淀于杯的底部，轻的杂质随燃油流向滤芯，而清洁的燃油则从滤芯的微孔渗入滤芯的内部，然后经油管流出。

汽油滤清器外壳上一般标有指示汽油流向的箭头，在安装时箭头应朝向燃油分配管一侧。有些汽车的汽油滤清器的两个管口分别标有"IN"和"OUT"，在安装时"IN"管口应与电动燃油泵一侧连接，"OUT"管口应与燃油分配管一侧连接。错误安装后会导致系统油压过低并损坏滤清器和喷油器。

四、汽油滤清器的维护与保养

汽油滤清器滤芯堵塞后，燃油数量减少，导致车辆故障发生，需要及时更换。汽车汽油滤清器的更换周期一般为10 000 km左右，具体最佳的更换时机可以参考车辆使用手册上的说明。

图1-3-13　汽油滤清器的工作原理

一般情况下，汽油滤清器、空气滤清器与机油滤清器应同时更换，这也就是我们日常所说的"三滤"。定期更换"三滤"是保养发动机的关键途径，对减少发动机磨损、保证发动机使用寿命有着极其重要的意义。

五、汽油滤清器更换

1. 拆卸汽油滤清器

（1）关闭点火开关，断开蓄电池负极电缆。
（2）举升车辆并锁止举升机。
（3）拆下汽油滤清器两根燃油管塑料挡圈快速接头。
（4）使用专用螺栓堵住两根燃油管。
（5）转动汽油滤清器直到卡夹从边缘完全松开，如图 1-3-14 所示。
（6）取出汽油滤清器。

2. 安装汽油滤清器

（1）将汽油滤清器定位到卡夹所需位置上。
（2）转动汽油滤清器直到卡夹位于边缘上。
（3）拆下两根燃油管上的专用螺栓。
（4）安装汽油滤清器两根燃油管塑料挡圈快速接头。
（5）降下车辆。
（6）连接蓄电池负极电缆。

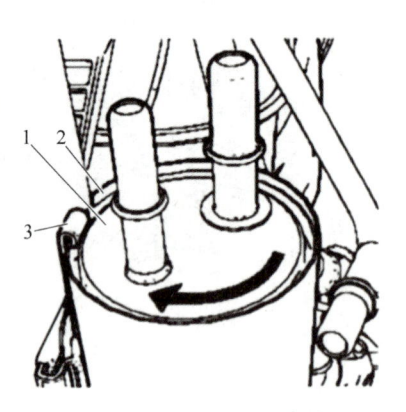

拆装燃油滤清器

图 1-3-14　转动汽油滤清器

1—汽油滤清器；2—边缘；3—卡扣

任务实施

一、任务准备

1. 组织方式

1）场地设施
别克威朗4台，标准保养场地工位4个（气鼓、举升机等）。
2）作业工具
世达工具4套，与原车配套新汽油滤清器4个，专用螺栓，常用拆装工具。
3）学生组织
分组进行，使用实车进行训练。

时间/min	任务	操作对象
0~10	讲师结合实训工单讲解汽油滤清器更换的注意事项	教师
11~30	分组进行汽油滤清器更换	学生
31~40	讲师点评和讨论	教师

4）检查实训任务
以单人实操后完成下列工单内容，提交给指导老师，现场完成后老师给予点评作为本次实训的成绩计入学时。实训工单内容如下。

汽油滤清器更换					
姓名		学号		班级	
指导教师		成绩		考试时间	
车辆信息正确记录：						
发动机型号			发动机排量		
车辆识别代码			行驶里程数		
实训内容					
汽油滤清器更换前的准备工作	（请写出具体操作步骤）				
汽油滤清器的更换方法	（请写出具体操作步骤）				
结果分析					

2. 技术参数准备

2016 款威朗维修手册及行业维修标准。

3. 核心技能点准备

（1）在更换汽油滤清器之前要先选好适合原车型号的汽油滤清器及使用的工具。

（2）更换好汽油滤清器后，需要起动汽车并怠速行驶一段时间，观察汽油滤清器接口部位有无漏油等现象，若无则表明安装良好，便可以上路行驶了。

4. 作业注意事项

（1）对燃油系统进行操作时，严禁吸烟或靠近明火。

（2）更换新的滤清器时需要注意滤清器的正反。

二、操作步骤（建议结合维修手册组织开展，适当引入企业岗位规范）

1. 拆卸汽油滤清器

（1）关闭点火开关，断开蓄电池负极电缆。

（2）举升车辆并锁止举升机。

（3）拆下汽油滤清器两根燃油管塑料挡圈快速接头。

（4）使用专用螺栓堵住两根燃油管。

（5）转动汽油滤清器直到卡夹从边缘完全松开。

（6）取出汽油滤清器。

2. 安装汽油滤清器

（1）将汽油滤清器定位到卡夹所需位置上。

（2）转动汽油滤清器直到卡夹位于边缘上。

（3）拆下两根燃油管上的专用螺栓。

（4）安装汽油滤清器两根燃油管塑料挡圈快速接头。

（5）降下车辆。

（6）连接蓄电池负极电缆。

任务评价

序号	评价项目	评价内容	分值	学员互评（40%）	教师评价（60%）
1	专业能力（70分）	了解汽油滤清器的作用	5		
2		掌握汽油滤清器的工作原理	5		
3		区分汽油滤清器的类型	5		
4		了解汽油滤清器的维护与保养	5		
5		正确选用工具并清点	5		
6		正确完成准备工作	5		
7		拆卸汽油滤清器	15		
8		安装汽油滤清器	15		
9		清点、检查、维护工具和耗材，清扫和整理现场	5		
10		工单填写	5		
11	职业素养（30分）	严格遵守操作规程，严禁违规作业	5		
12		责任意识，工作态度端正	5		
13		团队合作意识，互相协作良好	5		
14		从业人员的安全意识	5		
15		严谨扎实的工作作风	5		
16		精益求精的工匠精神	5		
		得分	100		
姓名：		学号：	总得分：		评价人：

学习任务四

润滑系统维护

工作情境描述

一辆行驶了 56 000 km 的 2016 款威朗轿车,在修理厂做完保养后不久,行驶中出现仪表红色机油报警灯报警。

根据车主反馈情况,需要对车辆润滑系统进行详细检查,分析具体原因,制定详细的保养计划并开展实际维修操作。

子任务一　更换机油及机油滤清器

任务描述

一辆1.5T的别克威朗轿车，已经行驶了5 000 km，在4S店进行首次维护保养，维修技师列出的保养项目中有更换发动机机油和机油滤清器。你能根据维修手册，独立完成机油及机油滤清器的更换任务吗？

更换机油及机油滤清器

任务目标

1. 能准确描述机油的选用原则；
2. 能准确描述机油滤清器的作用；
3. 能正确并熟练更换发动机机油及机油滤清器；
4. 能描述更换发动机机油及机油滤清器的注意要点；
5. 培养学生的劳动精神、奋斗精神和奉献精神；
6. 贯彻自信果敢、自强不息的精神风貌，保持勇于创新的工作态度。

知识准备

一、发动机机油

1. 发动机机油的功用

机油，即发动机润滑油，被誉为汽车的"血液"，能对发动机起到润滑、清洁、冷却、密封、防锈等作用，如图1-4-1所示。发动机内有许多相互摩擦运动的金属表面，这些部件运动速度快、环境差，工作温度可达400~600 ℃。在这样恶劣的工况下，只有合格的机油才可降低发动机零件的磨损，延长使用寿命。

图1-4-1　机油的功用

2. 发动机机油更换周期

发动机机油使用后会变质，或者即使没有使用也会变质。如果不更换发动机机油，则发动机的使用性能会下降，情况严重的会使发动机磨损甚至需要大修，因此需要定期更换发动机机油。

但是，一般很难从视觉上去判断机油的消耗情况，因此需要依据行驶距离或时间更换机油，其更换间隔期随车型、使用状况而不同，我国实行的是 5 000 km 或 6 个月更换。

3. 发动机机油的选用原则

（1）根据气候选择机油。环境温度较低时，选用黏度较小的机油；温度较高时，选用黏度较大的机油。

（2）根据车况选择机油。车况较好的发动机可选用黏度较小的机油，车况较差的发动机可选用黏度较大的机油。

同时，应根据所在地区的气温来选定机油的黏度，冬季应选用复式黏度的机油，保证机油的低温流动性能，我国南方地区可选用 SAE20 W/50 黏度的机油，北方地区可选用 SAE 5 W/30 或 SAE 10 W/30 黏度的机油。

目前，国际上广泛采用的机油黏度分级是 SAE（美国汽车工程师协会）的分级标准，如图 1-4-2 所示。其中 SAE20 W/50 中的"20"是指机油低温流动性，数字越小，机油低温流动性越好，意味着环境温度越低，冷起动保护越好；"W"表示冬季使用；"50"是机油耐高温性能指标，数值越大，说明机油在高温下的保护性能越好。

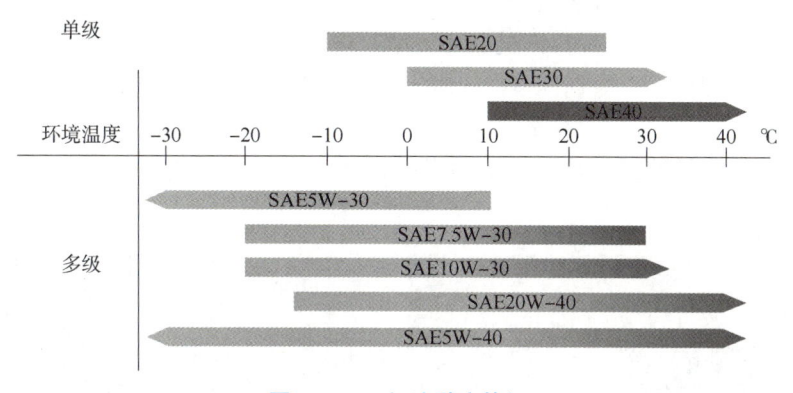

图 1-4-2 机油黏度等级

二、机油滤清器

1. 机油滤清器的功用

发动机机油滤清器是清除机油中的碳、油污和金属颗粒的部件。如果机油滤清器没有按时更换而出现滤清器阻塞，机油就不能流过滤清器，此时，机油滤清器上的释放阀就会开启，将脏的机油直接送入发动机，这些杂质会同机油一起进入润滑系统，将加剧发动机零件的磨损，还可能堵塞油管和油道，如图 1-4-3 所示。

因此，需要定期更换发动机机油滤清器。在更换发动机机油滤清器时通常会将发动机机油同时更换。

图 1-4-3　机油滤清器阻塞

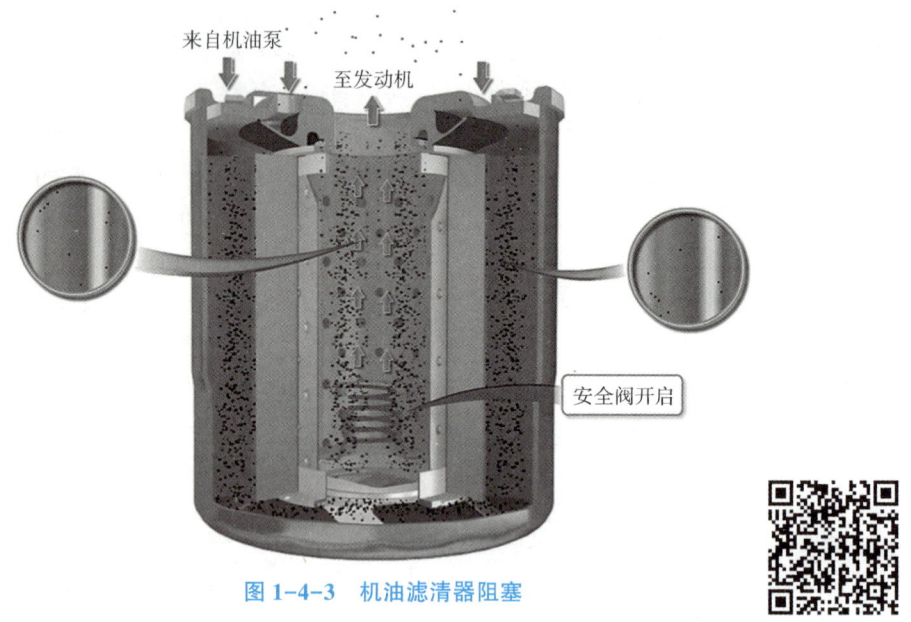

更换机油与机油滤清器

2. 机油及机油滤清器的更换

1）检查机油油位及品质

（1）机油油位检查，如图 1-4-4 所示。

①暖机后熄火等待 5 min，拔出机油尺，用布清洁干净，然后再插入机油尺孔中。

②再次拔出机油尺进行检查，在检查时，机油尺沿水平向下 45°方向左右，且顶端放在纱布上面。

③水平目视检查机油液位是否在机油尺的低油位和高油位之间，然后再插入到机油尺孔中。

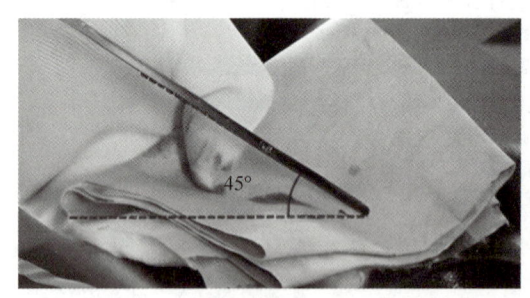

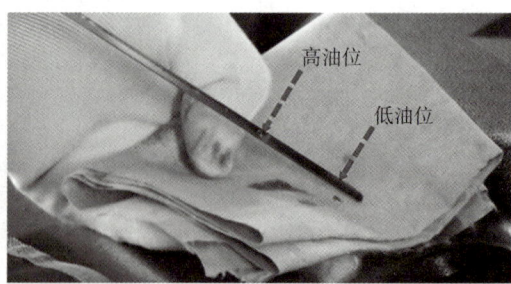

图 1-4-4　检查机油油位

（2）机油品质检查。

检查机油是否变质、变色或变稀，以及油中有无杂物，如图 1-4-5 所示。

2）排放机油

（1）用手拧开发动机机油加注口盖，拧开后将其放在加注机油口上。

（2）按下举升机举升按钮，举升车辆至操作的合适高度，停止举升并锁止。

（3）拆下放油螺塞，排放机油。

①选用套筒、棘轮扳手，将放油螺塞拧松。

是否变质、变色或变稀，以及油中有无杂物

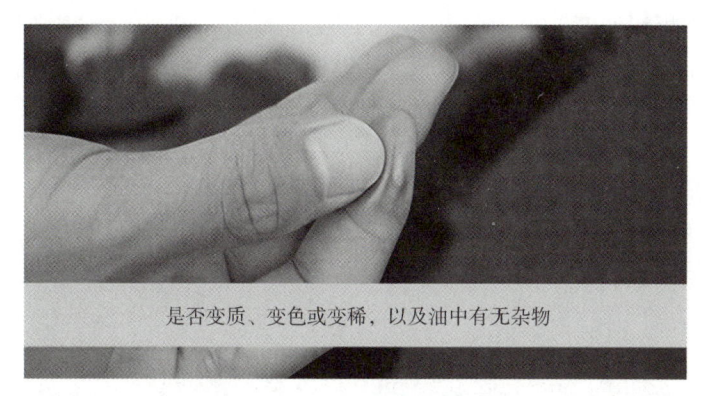

图 1-4-5　检查机油品质

②将机油收集桶推到发动机油底壳放油螺塞正下方。

③用手压紧放油螺塞，并缓慢将放油螺塞旋到螺纹口处，然后迅速拿出来，如图 1-4-6 所示。

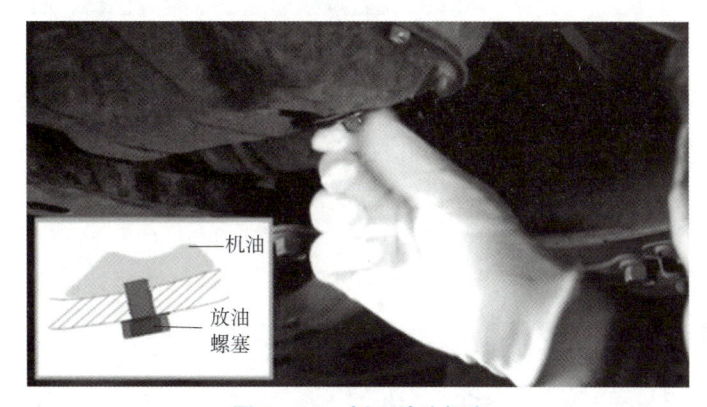

图 1-4-6　拆下放油螺塞

（4）安装发动机油底壳放油螺塞，如图 1-4-7 所示。

①先用布清洁放油螺塞，并在放油螺塞上套上新的密封垫圈。由于已经使用过的密封垫圈可能会产生磨损或老化，所以必须更换新的密封垫圈。

②对好放油孔螺纹，用手将放油螺塞拧紧。

③使用扭力扳手和套筒，紧固发动机油底壳放油螺塞。

图 1-4-7　安装放油螺塞

（5）清洁放油螺塞处的油污，选用干净的布，清洁发动机油底壳放油螺塞处的油污。

3）拆卸机油滤清器

把机油收集桶移至机油滤清器正下方。选用机油滤清器专用工具，配合棘轮拧松机油滤清器，松动后取下工具，然后用手将机油滤清器旋出来，并放置于专用环保桶里。

4）安装机油滤清器

（1）用干净的布清洁底座上的油污，如图1-4-8所示。

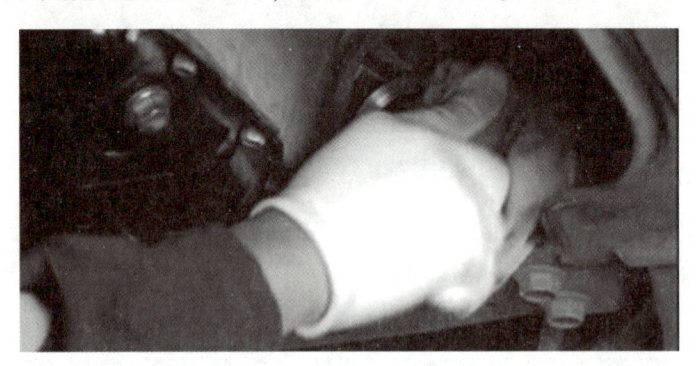

图1-4-8　清洁机油滤清器底座

（2）取来同一型号的机油滤清器，检查密封圈是否有损伤、变形，并在新的机油滤清器衬垫上涂抹一层干净的发动机机油。

（3）将新的机油滤清器安装到机油滤清器底座上。安装时，要对好螺纹并轻轻地旋入，直到衬垫开始接触机油滤清器底座为止。

（4）用机油滤清器专用工具配合扭力扳手，紧固机油滤清器，如图1-4-9所示。

图1-4-9　紧固机油滤清器

（5）选用干净的布清洁机油滤清器安装位置处的油污。

（6）把机油收集桶推放到原先工位，注意将废弃的机油进行环保处理。

（7）确保车辆四周无人员，按下举升机下降按钮，降下车辆。

5）加注发动机机油

根据车辆行驶的环境，选择合适黏度及等级的机油，加注新的发动机机油。机油加注完成后，旋紧机油加注口盖。

6）检查发动机机油液位，如图1-4-10所示。

拔出机油尺，用布清洁干净；然后再插入到机油尺孔中，接着再次拔出机油尺进行油位检查。检查完后，把机油尺插回机油尺孔中。

图 1-4-10　检查发动机机油液位

7）检查机油是否泄漏

（1）起动发动机，保持低速、中速运行一段时间，然后关闭发动机。

（2）确保车辆四周无人员，按下举升机举升按钮，举升车辆至操作的合适高度，停止举升并锁止。

（3）目视并选用干净的布检查油底壳放油螺塞接合处及机油滤清器与底座接合处有无机油泄漏。

（4）确保车辆四周无人员，按下举升机下降按钮，降下车辆。

8）复查发动机机油液位

熄火等待 5 min 左右，拔出机油尺，用布清洁干净；然后再插入机油尺孔中，接着再次拔出机油尺进行油位检查。检查完后，把机油尺插回机油尺孔中。

3. 机油滤清器的结构

机油滤清器安装在发动机侧面，主要由上盖、壳体、滤芯、内孔管、安全阀等组成，如图 1-4-11 所示。

检查润滑系统渗漏情况

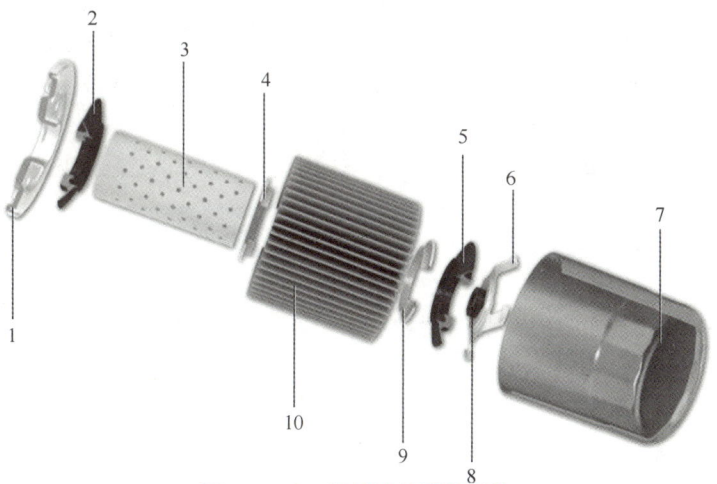

图 1-4-11　机油滤清器的结构

1—上盖；2，5—密封圈；3—内孔管；4，9—密封垫；6—弹簧支座；7—壳体；8—安全阀；10—滤芯

4. 机油滤清器的工作原理

机油从纸滤芯的外围进入滤清器中心，然后经过出油口流进机体主油道。机油流过滤芯时杂质被截留在滤芯上。当滤芯严重堵塞时，旁通阀开启，机油不经过滤芯过滤直接进入主油道，以防止机油断供现象的发生，如图 1-4-12 所示。

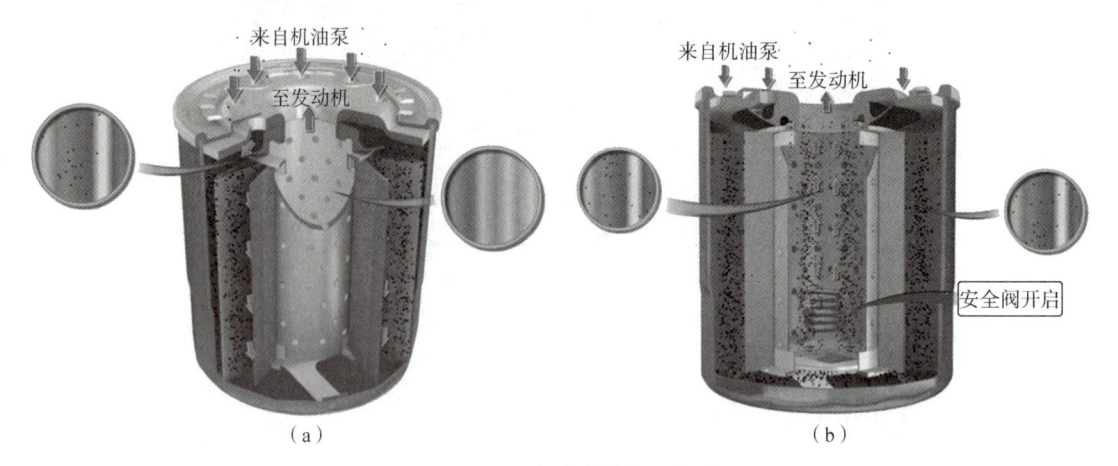

图 1-4-12 机油滤清器的工作原理

（a）正常过滤；（b）滤芯堵塞

任务实施

一、任务准备

1. 组织方式

1）场地设施

别克威朗 4 台，标准保养场地工位 4 个（气鼓、举升机等）。

2）作业工具

世达工具 4 套，可调式扭力扳手 4 个，一字螺丝刀 4 个，翼子板和前格栅布，新机油 4 L，新机油滤芯，新油底壳放油螺栓，清洁布。

3）学生组织

分组进行，使用实车进行训练。

时间/min	任务	操作对象
0~10	组织学生识别不同型号的机油	教师
11~30	更换机油及机油滤清器	学生
31~40	讲师点评和讨论	教师

4）检查实训任务

以单人实操后完成下列工单内容，提交给指导老师，现场完成后老师给予点评作为本次实训的成绩计入学时。

实训工单内容如下。

更换机油及机油滤清器				
姓名		学号		班级
指导教师		成绩		考试时间
车辆信息正确记录：				
发动机型号			发动机排量	
车辆识别代码			行驶里程数	
实训内容				
更换机油的方法	（请写出具体操作步骤）			
更换机油滤清器的方法	（请写出具体操作步骤）			
结果分析				

2. 技术参数准备

2016 款威朗维修手册及行业维修标准等。

3. 核心技能点准备

（1）检查机油液位时，如果机油液位太低，则需检查是否漏油并加注机油至标尺最高油位标记处，注意加注不要超过最高油位标记处。

（2）拆卸机油滤清器时，必须佩戴防护手套。操作时，注意机油不要流到手上，以免烫伤。

（3）安装好机油滤清器之后，要注意清洁其表面，要对机油收集容器中的机油进行环保处理。

4. 作业注意事项

（1）旋出放油螺塞时需检查密封垫圈是否也取下来了，如果没有取下来，则检查是否还粘在螺纹孔处，若有则取下来。

（2）排放机油时，注意机油不要流到手上，以免烫伤手。

（3）安装机滤时应在密封圈上涂抹机油。

（4）加注机油时，要根据不同车型加注不同数量的机油。

二、操作步骤（建议结合维修手册组织开展，适当引入企业岗位规范）

（1）检查机油油位及品质。

（2）排放机油。

（3）拆卸机油滤清器。

（4）安装机油滤清器。

（5）加注发动机机油。

（6）检查发动机机油液位。

（7）检查机油是否泄漏。

（8）复查发动机机油液位。

任务评价

序号	评价项目	评价内容	分值	学员互评（40%）	教师评价（60%）
1	专业能力（70分）	了解机油的选用原则	5		
2		掌握机油滤清器的作用	5		
3		识别不同型号的机油	5		
4		掌握更换发动机机油及机油滤清器的注意要点	5		
5		正确选用工具并清点	5		
6		正确完成准备工作	5		
7		检查和更换机油	15		
8		更换机油滤清器	15		
9		清点、检查、维护工具和耗材，清扫和整理现场	5		
10		工单填写	5		
11	职业素养（30分）	严格遵守操作规程，严禁违规作业	5		
12		责任意识，工作态度端正	5		
13		团队合作意识，互相协作良好	5		
14		从业人员的安全意识	5		
15		严谨扎实的工作作风	5		
16		精益求精的工匠精神	5		
		得分	100		
姓名：		学号：	总得分：	评价人：	

子任务二　发动机清洗

任务描述

一辆轿车最近出现了发动机动力下降、油耗增加的现象。经过 4S 店维修技师检测,发现发动机内部积炭严重,需要清洗发动机。

发动机清洗

任务目标

1. 能够阐述发动机的作用;
2. 能够正确辨别发动机清洗的各种类型;
3. 能够正确完成发动机的内部清洗;
4. 能够正确完成发动机的外部清洗;
5. 培养学生勇于创新、善于思考的精神;
6. 培养勇担"交通强国"的使命,强化质量意识。

知识准备

一、汽车发动机的功用

汽车动力来自发动机,它是汽车的心脏。现代汽车的发动机是将燃料在机体内燃烧释放的热能转换为机械能的内燃机。内燃机是燃料在机器内部燃烧,首先将化学能转变成热能,进而将热能再转化为机械能的发动机。目前汽车上应用最广泛的是往复活塞式内燃机,如图 1-4-13 所示。

二、发动机类型

1. 按燃料种类分类

按燃料种类的不同,汽车用内燃机可分为汽油机、柴油机和其他燃料发动机。

2. 按点火方式分类

按点火方式不同,汽车用内燃机可分为点燃式和压燃式两种,如图 1-4-14 所示。

图 1-4-13　发动机外形结构

（a）　　　　　　　　　　　　（b）

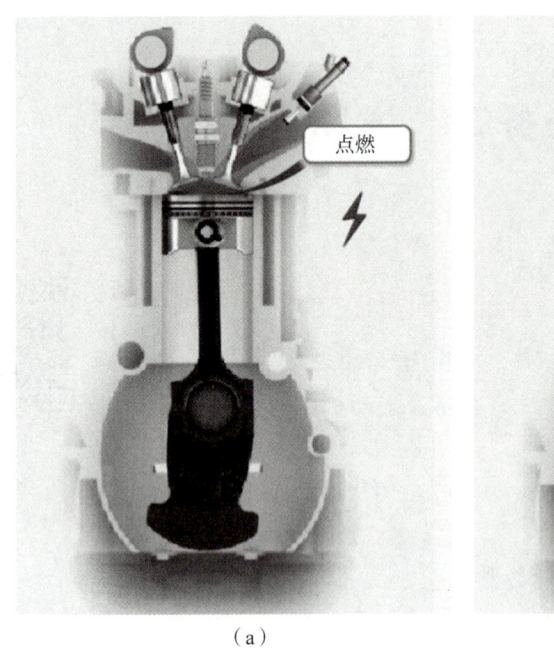

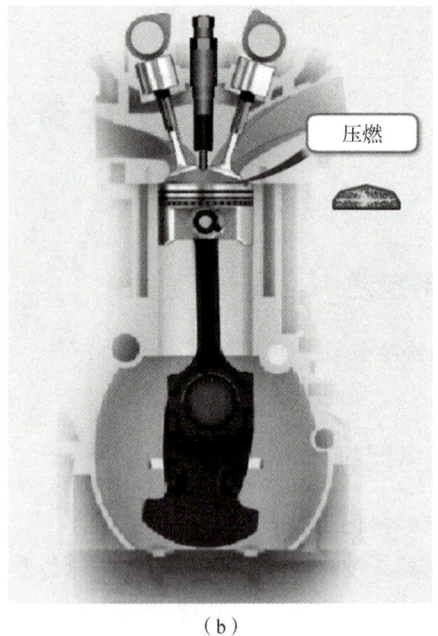

图 1-4-14　按点火方式分类

(a) 点燃式；(b) 压燃式

3. 按活塞运动方式分类

按活塞运动方式的不同，汽车用内燃机可分为往复活塞式发动机和旋转活塞式发动机。

4. 按冷却方式分类

按冷却方式的不同，汽车用内燃机可分为水冷式发动机和风冷式发动机，如图 1-4-15 所示。

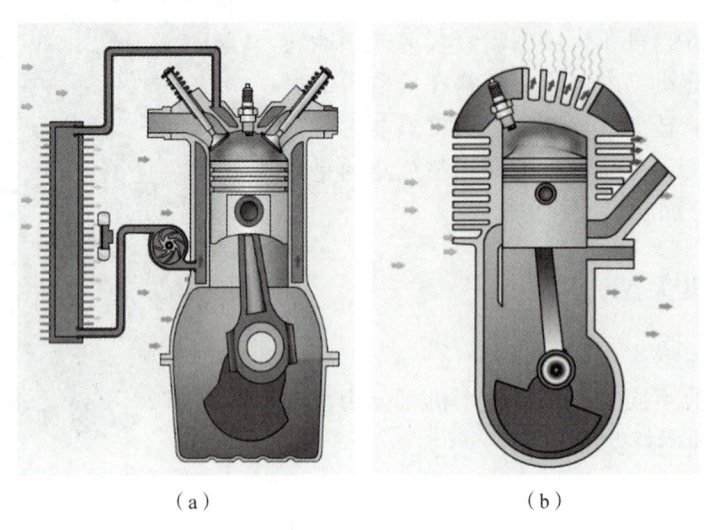

（a）　　　　　　　　　　　　（b）

图 1-4-15　按冷却方式分类

(a) 水冷式；(b) 风冷式

5. 按气缸布置方式分类

按气缸布置方式的不同，汽车用内燃机可分为直列式发动机、水平对置式发动机、V型发动机、W型发动机以及星型发动机，如图1-4-16所示。

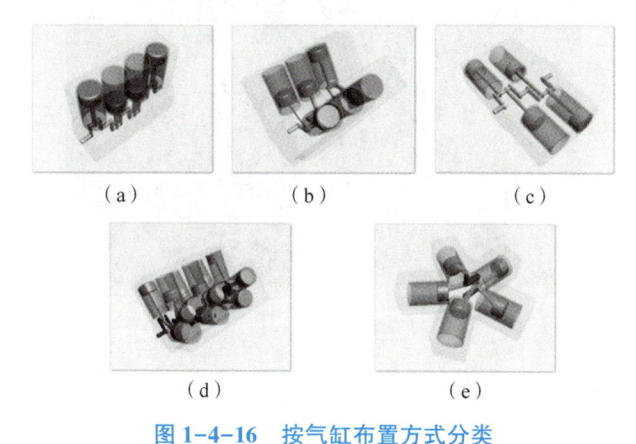

图 1-4-16　按气缸布置方式分类
(a) 直列式；(b) V型；(c) 水平对置式；(d) W型；(e) 星型

三、发动机的维护与保养

定期清洗发动机内部是汽车常规养护不可或缺的项目之一。发动机工作于高温环境下，机油在高温下会生成积炭、胶质，从而影响机油的流动性，降低机油对发动机的保护，加剧发动机的磨损，增加发动机大修的概率，缩短发动机的使用寿命。

发动机舱清洁护理流程　　发动机舱清洁细节

最常见的问题就是在行驶 80 000~100 000 km 后，发动机出现烧机油现象。造成这种问题的主要原因就是发动机内部积炭过多，造成活塞环卡死，以及酸性物质腐蚀油封等橡胶件，从而导致发动机密封不严、机油缺失，严重的会出现冷起动或急加速时冒蓝烟，此时只能拆解发动机进行维修。

四、发动机的清洁类型

1. 添加剂清洗

将清洗剂直接加注至燃油箱内与燃油混合，待车辆起动后，清洗剂便会随着燃油一同进入燃烧室。随着燃油的流动，它不但能清洗掉汽车油箱内、汽油泵滤网上的胶质和喷油嘴上的胶质与积炭，还可以在发动机正常工作时自动清洗掉气门上和发动机气缸的积炭。

2. 吊瓶清洗

吊瓶清洗也叫免拆清洗。该方式通过吊瓶的形式进行清洗，吊瓶里面装的是经过加压雾化的清洗剂，清洗剂会被打进进气道，与节气门、喷油嘴等部件中的积炭接触，让其发生"溶剂溶解"反应，然后利用发动机的高转速将清理掉的积炭吹出发动机外。该方法虽然会把积炭排出，但积炭非常严重的话会导致三元催化系统堵塞或者损坏。

五、发动机清洗

1. 外部清洗

（1）发动机清洁前应先冷却，使其低于 30 ℃后再施工。

（2）将前翼子板、中网、电脑板、高压盒、火花塞、进气口、线路接头等部位进行遮蔽，遮蔽时注意接头和裸露在外的线，不要遗漏保险盒和空气进气口，如图1-4-17所示。

图1-4-17　发动机遮蔽

（3）使用毛刷工具搭配发动机舱清洁剂对发动机表面进行彻底清洁，在清洗时先清洗发动机盖，再清洗发动机表面和机舱，如图1-4-18所示。

图1-4-18　清洁发动机

（4）使用软水冲洗时注意水量大小和深度，避免大水量和长时间停留。最后清洁时不要遗忘包裹住的部位，如图1-4-19所示。

图1-4-19　软水冲洗

（5）使用烘干机或干吹枪将发动机表面水分吹干，再使用干净毛巾将发动机舱表面水分彻底清洁干净。

（6）使用发动机表面护理剂搭配上蜡海绵或镀膜喷枪，对发动机舱均匀涂抹或喷洒，注意喷洒或涂抹一定要均匀。

（7）在护理剂完全渗透后，使用干净的干毛巾擦干。

2. 内部清洗

在旧机油中加入清洗剂，起动汽车，通过活塞的往复运动清洗发动机。一段时间后，关闭发动机并更换机油。排空机油后，使用具有吹气功能的机器接近机油室接口，并吹出剩余的机油。

任务实施

一、任务准备

1. 组织方式

1）场地设施

别克威朗4台，标准保养场地工位4个（气鼓、举升机等）。

2）作业工具

世达工具4套，毛刷工具4把、泡沫枪4把、喷蜡枪4把、蒸汽洗车机4台以及发动机清洗剂4瓶。

3）学生组织

分组进行，使用实车进行训练。

时间/min	任务	操作对象
0~20	讲师讲解常见的清洁类型	教师
21~50	分组进行发动机外部清洗	学生
51~70	分组进行发动机内部清洗	学生
71~90	讲师点评和讨论	教师

4）检查实训任务

以单人实操后完成下列工单内容，提交给指导老师，现场完成后老师给予点评作为本次实训的成绩计入学时。

实训工单内容如下。

发动机清洗					
姓名		学号		班级	
指导教师		成绩		考试时间	
车辆信息正确记录：						
发动机型号			发动机排量		
车辆识别代码			行驶里程数		

续表

实训内容	
发动机外部清洗的方法	（请写出具体操作步骤）
发动机内部清洗的方法	（请写出具体操作步骤）
结果分析	

2. 技术参数准备

2016款威朗维修手册及行业维修标准等。

3. 核心技能点准备

（1）根据服务项目准备施工作业所需工具设备和耗材，避免在项目施工时因设备异常、清洗用品不足而降低项目施工效率。

（2）在清洗发动机前需要先将发动机冷却至30 ℃以下。

（3）使用发动机表面护理剂时，需在使用过程中均匀喷洒或涂抹。

4. 作业注意事项

（1）在发动机处于高温的状况下，要防止发动机烫伤手。

（2）关闭发动机舱盖时要注意力度，不能太重。

（3）发动机部分零件一定要注意防水。

二、操作步骤（建议结合维修手册组织开展，适当引入企业岗位规范）

1. 发动机外部清洗

（1）穿戴好防护用品。

（2）对发动机某些部位进行遮蔽。

（3）对发动机表面进行彻底清洁。

（4）使用软水冲洗，注意水量大小和深度。

（5）将发动机表面水分吹干。

（6）喷洒或涂抹护理剂。

（7）在护理剂完全渗透后，使用干净的干毛巾擦干。

2. 发动机内部清洗

在旧机油中加入清洗剂，起动汽车，通过活塞的往复运动清洗发动机。

任务评价

序号	评价项目	评价内容	分值	学员互评（40%）	教师评价（60%）
1	专业能力（70分）	掌握发动机的作用	5		
2		辨别发动机清洗的各种类型	5		
3		了解发动机的维护与保养	5		
4		掌握发动机的清洁类型和清洁步骤	5		
5		正确选用工具并清点	5		
6		正确完成准备工作	5		
7		发动机外部清洗	15		
8		发动机内部清洗	15		
9		清点、检查、维护工具和耗材，清扫和整理现场	5		
10		工单填写	5		
11	职业素养（30分）	严格遵守操作规程，严禁违规作业	5		
12		责任意识，工作态度端正	5		
13		团队合作意识，互相协作良好	5		
14		从业人员的安全意识	5		
15		严谨扎实的工作作风	5		
16		精益求精的工匠精神	5		
		得分	100		
姓名：		学号：	总得分：	评价人：	

学习任务五

冷却系统维护

工作情境描述

一辆行驶了 147 000 km 的威朗轿车，在行驶过程中出现冷却液温度表指示偏高的现象，且风扇运转不停，直到冷却液温度警告灯亮起。

根据车主反馈情况，需要对车辆冷却系统进行详细检查，分析具体原因，制定详细的保养计划并开展实际维修操作。

子任务一 发动机冷却液的更换

任务描述

一辆 1.5T 的别克威朗轿车,在行驶时出现冷却液警示灯亮起的现象,经检查发现是冷却液低于"min"标识,需要添加冷却液。你能根据维修手册,独立完成发动机冷却液的添加任务吗?

发动机冷却液的更换

任务目标

1. 能描述冷却液的作用;
2. 能描述冷却液的类型;
3. 能根据维修手册正确更换冷却液;
4. 能为客户提供汽车冷却液日常正确使用和维护的建议;
5. 培养学生爱岗敬业的劳动精神和劳模精神;
6. 培养学生善于思考、勇于创新的意识。

知识准备

一、冷却液的作用

冷却液的功用主要是在发动机冷却系统中循环流动,将发动机工作中产生的多余热能带走,使发动机能以正常工作温度运转,起到防冻、防沸、防锈、防腐蚀等效果,大多冷却液的颜色为红色或绿色,以便于观察是否泄漏,如图 1-5-1 所示。

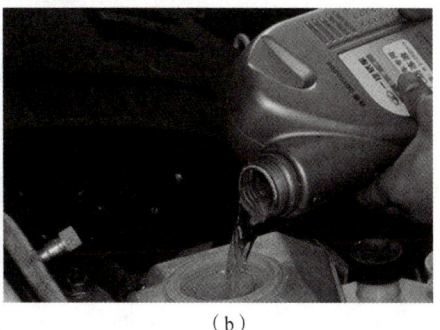

（a） （b）

图 1-5-1 不同颜色的冷却液
(a) 绿色冷却液;(b) 红色冷却液

1. 防冻

用乙二醇配制的冷却液最低可在 -70 ℃环境下使用。市场上销售的冷却液,乙二醇浓度一般保持在33%~50%，也就是冰点在-20~-45 ℃，往往根据不同地域的实际需要合理选择，以满足使用要求，如图1-5-2所示。

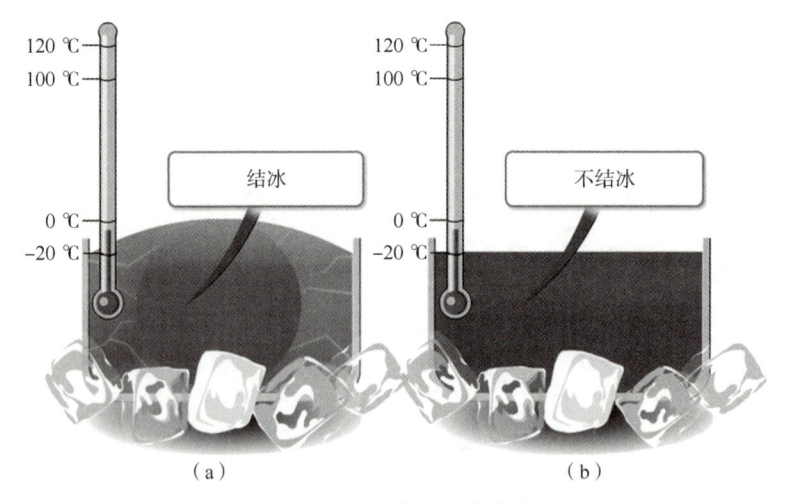

图1-5-2 冷却液防冻作用
(a) 水；(b) 冷却液

2. 防沸

加到水中的乙二醇会改变冷却液的沸点。乙二醇浓度越高，冷却液的沸点也就越高，-20 ℃时冷却液的沸点为104.5 ℃，而-50 ℃时沸点达到108.5 ℃。如果冷却系统采用压力盖，冷却液的实际沸点会更高，即使在炎热的夏天也能有效地防止冷却液"开锅"，如图1-5-3所示。

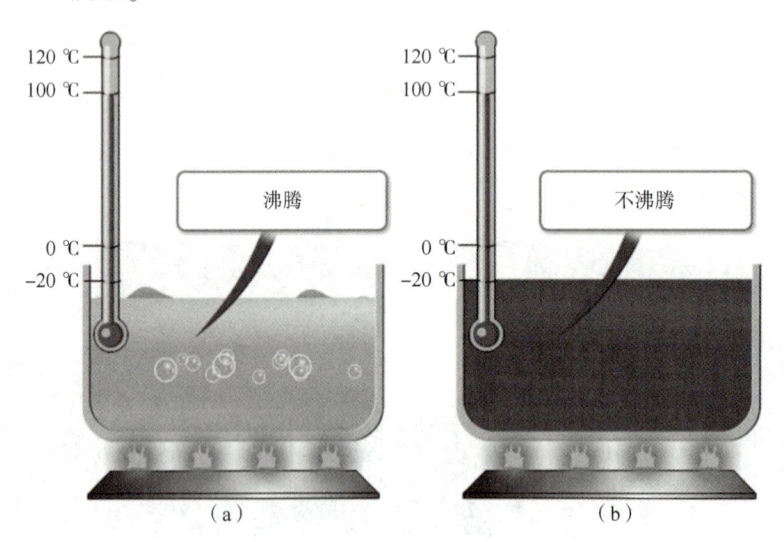

图1-5-3 冷却液防沸作用
(a) 水；(b) 冷却液

3. 防腐蚀

冷却液最主要的功能是防腐蚀。腐蚀是一种化学、电化学和侵蚀作用，即逐步破坏冷却系统内的金属表面，严重时可使冷却系统的壁穿孔，引起冷却液漏失，导致发动机损坏。使用去离子水及适当的添加剂能防止各种腐蚀的出现，如图 1-5-4 所示。

图 1-5-4　冷却液防腐作用
(a) 水；(b) 冷却液

4. 防锈

水源中所含的各种杂质，其中包括金属离子、无机盐等，决定了结垢和沉淀的形成，会大大地降低冷却系统的导热效率，在许多情况下会对发动机造成严重损害。冷却液所使用的去离子水，可以避免结垢和沉淀的形成，从而保护发动机，如图 1-5-5 所示。

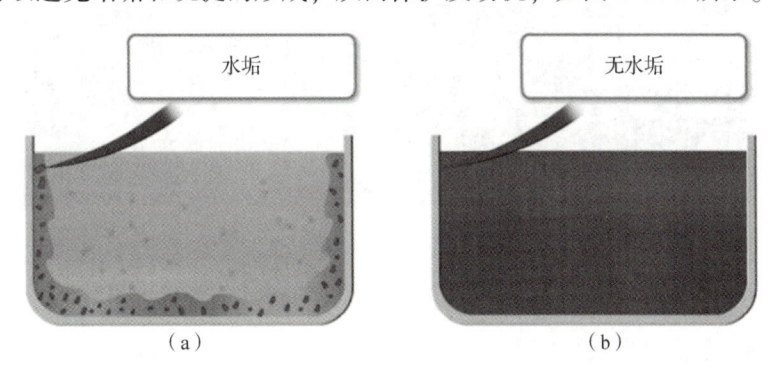

图 1-5-5　冷却液防垢作用
(a) 水；(b) 冷却液

二、冷却液的选用原则

一般使用的冷却液冰点应比当地最低气温低 5~10 ℃。我国各地推荐使用冷却液的冰点见表 1-5-1。

表 1-5-1　我国各地推荐使用冷却液的冰点

级别	冰点/℃	适用范围
−25 号	≤−25	长江以北、华北环境最低气温在 −15 ℃ 以上的地区
−35 号	≤−35	东北、西北大部分地区及华北环境最低气温在 −25 ℃ 以上的寒冷地区

冷却液由液态凝结成固态的温度称为冷却液的凝点，又称为冷却液的冰点。冷却液中防冻剂的比例不同，其冰点与沸点也不同。

冬季冷却液的量一定要合适，不同地区和不同车型应注意冷却液的冰点度及型号，使用两年以上的冷却液应予更换，混合冷却液一年必须更换。注意不同品牌、不同型号的产品不要混用。

三、冷却液的更换

1. 检查冷却液

（1）打开发动机舱盖，铺设翼子板垫。

（2）使用干净的抹布清洁冰点测试仪，用纯净水对冰点测试仪进行校零，并检查零位是否正常。

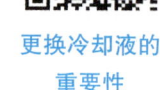

（3）清洁冰点测试仪镜头，打开冷却液补偿罐盖，检查冷却液，如图1-5-6所示。

图1-5-6　检查冷却液

（4）蘸取少许冷却液至检测棱镜。

注意：根据冷却液补偿罐标注数值G12，用冰点仪读取G12数值。

（5）读取冷却液冰点值为-10 ℃，而维修手册规定标准值为-25 ℃，因此需要更换冷却液，如图1-5-7所示。

（6）清洁、整理冰点测试仪。

2. 排放冷却液

（1）拧开冷却液储液罐盖。

（2）举升并顶起车辆。

（3）拆下前保险杠蒙皮下侧加长件。

（4）打开散热器上的排放螺钉以排空冷却液。

（5）排放冷却液后，闭合散热器上的排放螺钉。

（6）安装前保险杠蒙皮下侧加长件。

（7）降低车辆。

3. 加注冷却液

（1）拆下空气滤清器进气管道。

（2）拧松散热器上的通风螺钉。

（3）加注冷却液。

图 1-5-7　读取冷却液冰点值

（4）安装后进气管。
（5）安装空气滤清器进气管道。
（6）当冷却液停止下降时，加注冷却液至冷却液储液罐上方的 MAX 位置。
（7）起动发动机使其怠速运转。注意：使发动机达到正常工作温度，并检查冷却液风扇是否工作正常。
（8）关闭发动机，并检查冷却液液位是否正常。

任务实施

一、任务准备

1. 组织方式

1）场地设施

别克威朗 4 台，标准保养场地工位 4 个（气鼓、举升机等）。

2）作业工具

世达工具 4 套，可调式扭力扳手 4 个，一字螺丝刀 4 个，防冻液密度计 4 台，冷却系统泄漏检测仪 4 台，同类型冷却液 4 瓶，清洁布。

3）学生组织

分组进行，使用实车进行训练。

时间/min	任务	操作对象
0~10	组织学生识别不同型号的冷却液	教师
11~30	更换冷却液	学生
31~40	讲师点评和讨论	教师

4）检查实训任务

以单人实操后完成下列工单内容，提交给指导老师，现场完成后老师给予点评作为本次实训的成绩计入学时。

实训工单内容如下。

发动机冷却液的更换					
姓名		学号		班级	
指导教师		成绩		考试时间	
车辆信息正确记录：					
发动机型号			发动机排量		
车辆识别代码			行驶里程数		
实训内容					
检查冷却液的方法	（请写出具体操作步骤）				
更换冷却液的方法	（请写出具体操作步骤）				
结果分析					

2. 技术参数准备

2016 款威朗维修手册及行业维修标准等。

3. 核心技能点准备

（1）如果已更换散热器、气缸盖或气缸盖密封件，则不能再使用旧的冷却液。

（2）不同牌号的冷却液相互混用容易发生化学反应，引起沉淀、结垢和腐蚀等危害，从而影响发动机的使用寿命。如果确实需要换用其他型号的冷却液，则一定要将原冷却液彻底排放干净，并对冷却系统进行彻底清洗。

4. 作业注意事项

（1）热车检查冷却系统时，即使点火开关置于"OFF"，电动风扇也可能突然转动。热车打开加液口盖时要防止冷却液因压力过高而溢出伤人。

（2）不要使用纯水代替发动机冷却液。

（3）在发动机长时间运转后，冷却系统处于过压状态，应将冷却液补偿罐盖小心地打开，消除过压。

二、操作步骤（建议结合维修手册组织开展，适当引入企业岗位规范）

（1）检查冷却液冰点值。

（2）排放冷却液。

（3）加注冷却液。

任务评价

序号	评价项目	评价内容	分值	学员互评（40%）	教师评价（60%）
1	专业能力（70分）	掌握冷却液的作用	5		
2		了解冷却液的类型	5		
3		了解冷却液的选用原则	5		
4		掌握冷却液的更换步骤和注意事项	5		
5		正确选用工具并清点	5		
6		正确完成准备工作	5		
7		检查冷却液冰点值	15		
8		更换冷却液	15		
9		清点、检查、维护工具和耗材，清扫和整理现场	5		
10		工单填写	5		
11	职业素养（30分）	严格遵守操作规程，严禁违规作业	5		
12		责任意识，工作态度端正	5		
13		团队合作意识，互相协作良好	5		
14		从业人员的安全意识	5		
15		严谨扎实的工作作风	5		
16		精益求精的工匠精神	5		
		得分	100		
姓名：		学号：	总得分：	评价人：	

子任务二　冷却系统密封性检查

任务描述

一辆轿车在行驶过程中出现冷却液温度表指针接近红区，发动机过热，冷却液沸腾产生蒸汽，表现为明显的高温故障。车主多次到修理厂维修，期间更换过冷却液、节温器、水泵、冷却液温度传感器，但故障依旧存在，结合原因分析，逐一对冷却系统的可疑部件进行排查，发现是冷却系统密封不良造成的。

冷却系统密封性检查

任务目标

1. 能够阐述冷却系统的组成；
2. 能够正确说出冷却系统各组成的作用；
3. 能够正确指出发动机冷却系统的位置；
4. 能够根据汽车维修操作要求，正确完成冷却系统密封性的检查；
5. 树立精益求精的工作态度；
6. 培养创新思维活跃、敢闯"无人区"的青年才俊。

知识准备

冷却系统的原理和常见故障　　冷却系统工作原理

一、冷却系统的安装位置

发动机冷却系统是对工作中的发动机进行适当的冷却，保证发动机在正常工作温度下持续运行的系统，其在车上的安装位置如图 1-5-8 所示。

图 1-5-8　冷却系统的安装位置
1—发动机；2—散热器；3—补偿水桶

二、冷却系统的组成

发动机的冷却系统一般有风冷式与水冷式两种形式，汽车发动机大多采用水冷式。水冷却系统以冷却液为冷却介质，结构如图1-5-9所示，其主要由散热器、水泵、节温器、电子风扇、补偿水桶、发动机机体和气缸盖中的水套以及其他附属装置等组成。

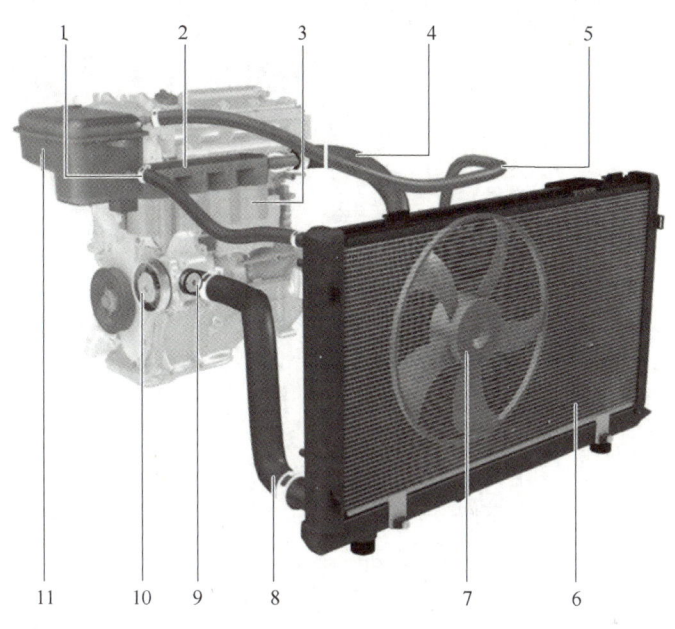

图1-5-9 冷却系统的结构

1—补偿水管；2—气缸盖水套；3—气缸体水套；4—散热器进水软管；5—溢流管；6—散热器；
7—冷却风扇；8—散热器出水软管；9—节温器；10—水泵；11—膨胀水箱

三、冷却系统的安装位置

1. 散热器

发动机水冷系统中的散热器由进水室、出水室及散热器芯等三部分构成，有些散热器还有散热器盖，其结构如图1-5-10所示。冷却液在散热器芯内流动，空气在散热器芯外通过。热的冷却液由于向空气散热而变冷，冷空气则因为吸收冷却液散出的热量而升温，所以散热器是一个热交换器。

图1-5-10 散热器的结构

1—进水室；2—散热器芯；3—出水室

2. 水泵

水泵的功用是对冷却液加压，加速冷却液的循环流动，保证冷却可靠。车用发动机上多采用离心式水泵。离心式水泵具有结构简单、尺寸小、排水量大和维修方便等优点。

水泵主要由泵壳、泵盖、叶轮、水泵轴、轴承和水封等组成，如图1-5-11所示。

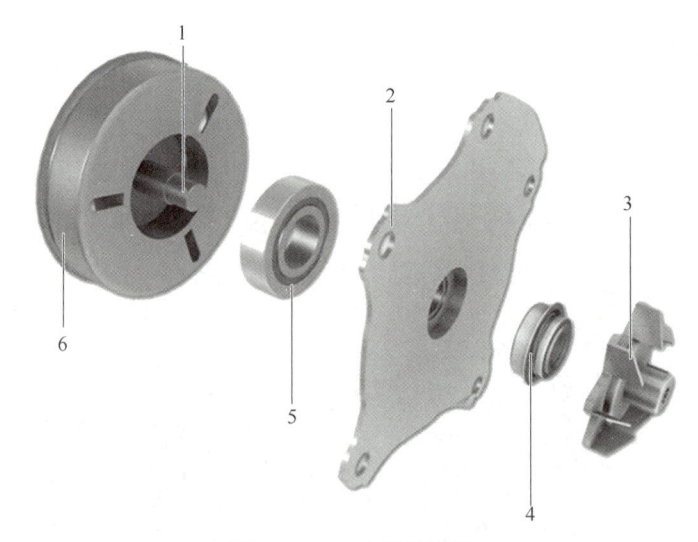

图 1-5-11 水泵的结构

1—水泵轴；2—水泵盖；3—水泵叶轮；4—密封组件；5—水泵轴承；6—水泵皮带轮

当水泵叶轮旋转时，水泵中的冷却液被叶轮带动一起旋转，并在离心力的作用下被甩向水泵壳体的边缘，同时产生一定的压力，然后从出水管流出，如图 1-5-12 所示。在叶轮的中心处由于冷却液被甩出而压力下降，散热器中的冷却液在水泵进口与叶轮中心的压差作用下经进水管流入叶轮中心。叶轮由铸铁或塑料制造，其上通常有 6~8 个径向直叶片或后弯叶片。水泵壳体由铸铁或铝铸制，进、出水管与水泵壳体铸成一体。

图 1-5-12 水泵的工作原理

3. 节温器

节温器是控制冷却液流动路径的阀门，常见的蜡式节温器的结构如图 1-5-13 所示。

节温器可以控制冷却液的流动路径，并能根据发动机冷却液温度的高低，打开或关闭冷却液通向散热器的通道，使冷却液在散热器和水套之间进行大循环或小循环，调节冷却强度，保证发动机在最适宜的温度下工作。

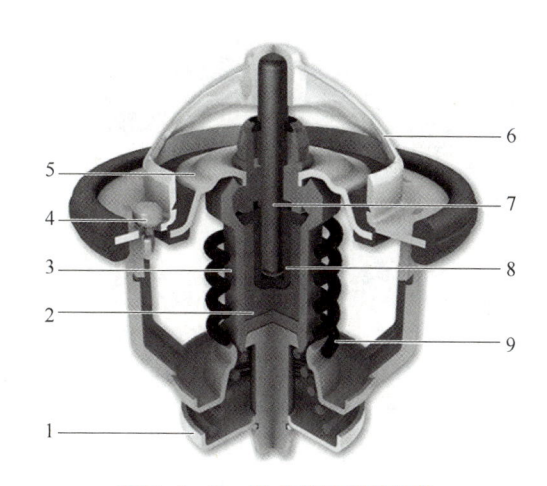

图 1-5-13　蜡式节温器的结构

1—副阀门；2—石蜡；3—蜡管；4—通气孔摆锤；5—主阀门；6—支架；7—推杆；8—胶管；9—弹簧

4. 电动风扇

很多轿车发动机的水冷系统采用电动风扇，如图 1-5-14 所示。电动风扇由风扇电动机驱动并由蓄电池供电，所以风扇转速与发动机转速无关。在有些电控系统中，电动风扇由计算机控制。冷却液温度传感器向计算机传输与冷却液温度相关的信号，当冷却液温度达到规定值时，计算机使风扇继电器搭铁，继电器触点闭合并向风扇电动机供电，风扇进入工作。电动风扇的优点是结构简单，布置方便，不消耗发动机功率，使燃油经济性得到改善。此外，采用电动风扇不需要检查、调整或更换风扇传动带，因而减少了维修的工作量。

5. 补偿水桶

补偿水桶由塑料制造，并用软管与散热器加冷却液口上的溢流管连接，如图 1-5-15 所示。当冷却液受热膨胀时，部分冷却液流入补偿水桶；而当冷却液降温时，部分冷却液又被吸回散热器，这样可以保证冷却液不会溢失，同时补偿水桶还可消除水冷系统中的所有气泡。补偿水桶内的液面有时升高，有时降低，而散热器却总是为冷却液所充满。在补偿水桶的外表面上刻有两条标记线："低"线和"高"线，补偿水桶内的液面应位于两条标记线之间。若液面低于"低"线，则应向桶内补充冷却液。在向桶内添加冷却液时，液面不应超过"高"线。

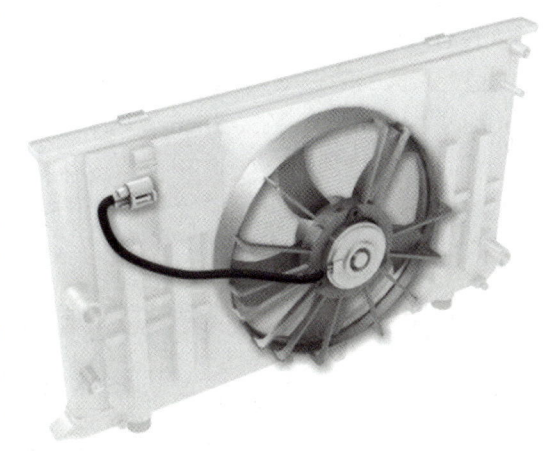

图 1-5-14　电动风扇

四、冷却系统密封性的重要作用

现代大多数汽车都将发动机冷却系统设计成具有一定压力的密闭系统，一方面可以防止冷却液蒸汽排放到空气中造成污染；另一方面增加了系统内部的压力，使冷却液的沸点提高，从而减少发动机高温的倾向。因此，当发动机出现高温故障时，非常有必要对冷却系统

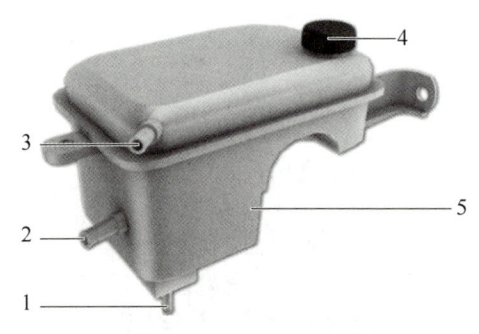

图 1-5-15 补偿水桶结构

1—安装定位销；2—补偿管接口；3—溢流管接口；4—膨胀水箱盖；5—壳体

的密封性进行检测。

五、冷却系统密封性的检查

1. 外观检查

发动机冷却系统密封性不良，通常都伴随着冷却液泄漏。直观检查该车冷却系统各部件，尤其是冷却水管的接口处，检查是否有泄漏痕迹。

2. 压力试验

（1）打开冷却液膨胀罐盖，将冷却系统检测设备连同冷却系统检测设备的适配接头安装在冷却液膨胀罐上，如图 1-5-16 所示，用检测设备的手动泵产生一个约 1.0 bar① 的压力。观察 3~5 min，如果压力下降，则应查找泄漏点并将故障排除。

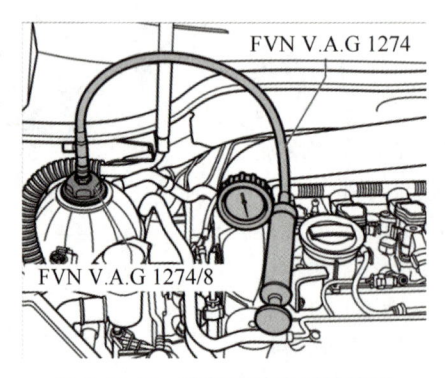

图 1-5-16 冷却系统密封性检测

（2）检查膨胀罐盖中的安全阀。将冷却系统检测设备连同冷却系统检测设备的适配接头安装在冷却液膨胀罐盖上，按动手动泵，膨胀罐盖中的安全阀开启正压力为 1.4~1.6 bar。当冷却系统检测设备上的手动泵将压力提高到不超过 1.4 bar 时，安全阀不得开启，如果安全阀一直打开，则更换膨胀罐盖；当将压力提高到 1.6 bar 以上时，安全阀必须开启，如果安全阀不打开，则更换膨胀罐盖。

---

① 1 bar=0.1 MPa。

任务实施

一、任务准备

1. 组织方式

1）场地设施

别克威朗4台，标准保养场地工位4个（气鼓、举升机等）。

2）作业工具

世达工具4套，冷却系统检测设备4个，适配接头4个。

3）学生组织

分组进行，使用实车进行训练。

时间/min	任务	操作对象
0~10	讲师结合生活实例讲解冷却系统出现密封性不良的危害	教师
11~30	分组进行冷却系统密封性检查	学生
31~40	讲师点评和讨论	教师

（4）检查实训任务

以单人实操后完成下列工单内容，提交给指导老师，现场完成后老师给予点评作为本次实训的成绩计入学时。

实训工单内容如下。

冷却系统密封性检查					
姓名		学号		班级	
指导教师		成绩		考试时间	
车辆信息正确记录：						
发动机型号		发动机排量			
车辆识别代码		行驶里程数			
实训内容						
目视检查冷却系统密封性的方法	（请写出具体操作步骤）				
压力试验冷却系统密封性的方法	（请写出具体操作步骤）				
结果分析					

2. 技术参数准备

2016款威朗维修手册及行业维修标准等。

3. 核心技能点准备

（1）当发动机热时，禁止直接拧开散热器或膨胀水箱盖，否则会导致冷却液沸腾并飞溅出来，造成严重烫伤。

（2）发动机冷却系统密封性不良，通常都伴随着冷却液泄漏。直观检查该车冷却系统各部件，尤其是冷却水管的接口处，没有发现泄漏痕迹。

4. 作业注意事项

（1）检查时应防止检查部位附近的线束和部件被无意损坏。

（2）确认渗漏、泄漏点，并加以记录。

（3）若存在渗漏现象但不明显，应先清洁被检查部位表面，然后起动发动机并提高转速，运行一定时间后熄火。用干净的纸巾擦拭待检查部位的表面，如纸巾上有水渍，则确认该部位存在渗漏。

二、操作步骤（建议结合维修手册组织开展，适当引入企业岗位规范）

（1）目视检查冷却系统各部件，尤其是冷却水管的接口处是否有泄漏痕迹。

（2）检查冷却液膨胀罐是否泄漏。

（3）检查膨胀罐盖中的安全阀是否有泄漏点。

任务评价

序号	评价项目	评价内容	分值	学员互评（40%）	教师评价（60%）
1	专业能力（70分）	了解冷却系统的组成	5		
2		掌握冷却系统各组成的作用	5		
3		明确冷却系统的安装位置	5		
4		掌握冷却系统密封性的检查步骤和注意事项	5		
5		正确选用工具并清点	5		
6		正确完成准备工作	5		
7		目视检查冷却系统密封性	15		
8		压力试验冷却系统密封性	15		
9		清点、检查、维护工具和耗材，清扫和整理现场	5		
10		工单填写	5		
11	职业素养（30分）	严格遵守操作规程，严禁违规作业	5		
12		责任意识，工作态度端正	5		
13		团队合作意识，互相协作良好	5		
14		从业人员的安全意识	5		
15		严谨扎实的工作作风	5		
16		精益求精的工匠精神	5		
		得分	100		
姓名：		学号：	总得分：	评价人：	

子任务三　冷却系统清洗

任务描述

一辆轿车在行驶过程中出现冷却液温度超过 115 ℃甚至沸腾的现象。车主将车开到 4S 店后，经维修技师检查，发现冷却系统各部件功能正常且无泄漏现象，进一步检查后发现冷却系统中水垢过多，需要对冷却系统进行清洗。

冷却系统清洗

任务目标

1. 能够阐述冷却系统的功用；
2. 能够正确说出冷却系统的类型；
3. 能够辨别冷却系统需要清洗的情形；
4. 能够依据汽车维修操作要求，正确完成冷却系统的清洗；
5. 培养团队合作意识；
6. 培养担当民族复兴大任的大国工匠精神。

知识准备

一、冷却系统的功用

冷却系统的功用是使发动机在所有工况下都保持于最适当的温度范围内。冷却系统既要防止发动机过热，也要防止发动机过冷。通常气缸盖冷却水温度在 80~90 ℃为宜，水温过高或过低都会造成发动机动力下降、油耗增加、使用寿命降低的不良后果。在发动机冷起动之后，冷却系统还要保证发动机迅速升温，尽快达到正常的工作温度。冷却系统的安装位置如图 1-5-17 所示。

图 1-5-17　冷却系统的安装位置

二、冷却系统的类型

发动机冷却系统按照冷却介质不同可以分为风冷式冷却系统和水冷式冷却系统两种，如图 1-5-18 所示。

我们通常把发动机中高温零件的热量直接散入大气而进行冷却的装置称为风冷系统，它以空气为冷却介质。

把热量先传给冷却水，然后再散入大气而进行冷却的装置称为水冷系统，其以冷却液为冷却介质。由于水冷系统冷却均匀，效果好，而且发动机运转噪声小，故目前在汽车发动机上广泛采用。

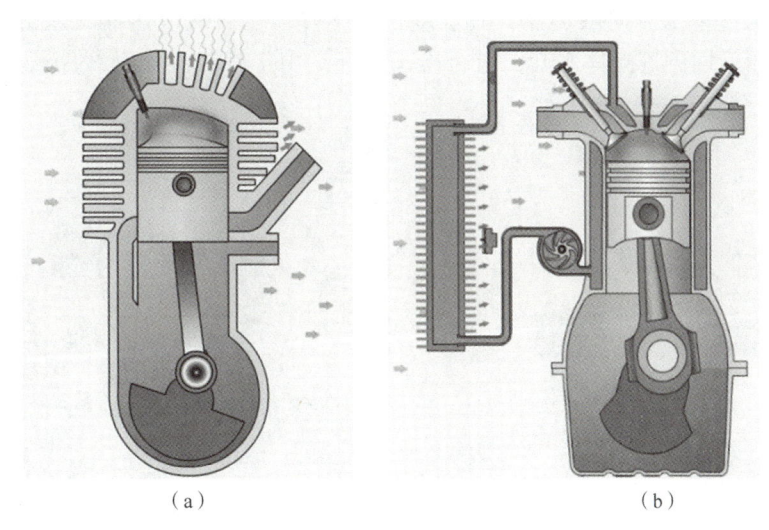

图 1-5-18　冷却系统的类型
(a) 风冷系统；(b) 水冷系统

三、水冷却系统的循环路线

汽车发动机冷却系统为强制循环水冷系统，即利用水泵提高冷却液的压力，强制冷却液在发动机中循环流动。冷却液的循环路径受节温器的控制，通常根据发动机工作温度由低到高的变化，冷却液的循环路径分为小循环和大循环。

1. 小循环

冷却液温度较低时，节温器主阀门关闭、旁通阀打开，气缸盖中的冷却液从旁通阀、旁通管路流入水泵进水口，经水泵加压后流回气缸体水套。此时冷却液不经过散热器，只在气缸盖水套和气缸体水套之间进行小循环。在冷却液小循环过程中，冷却强度较低，可使发动机水温迅速上升，保证发动机各个部件迅速升温，达到其正常的工作温度，如图 1-5-19 所示。

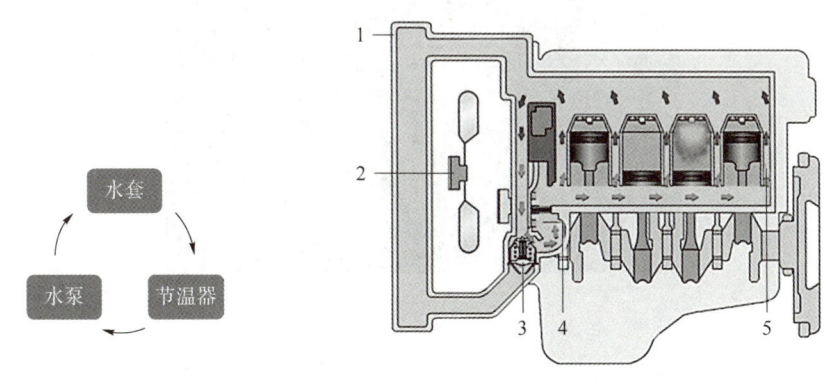

图 1-5-19　小循环路径
1—散热器；2—冷却风扇；3—节温器；4—水泵；5—水套

2. 大循环

当冷却液温度升高到一定值时，节温器主阀门全开、旁通阀关闭，气缸盖水套中的冷却液经散热器上水管全部流向散热器，其温度快速下降，然后从散热器下水管进入水泵进水口，经水泵加压后回到气缸体水套，进行冷却循环。由于冷却液流动线路长、冷却强度大，故称为大循环，如图 1-5-20 所示。

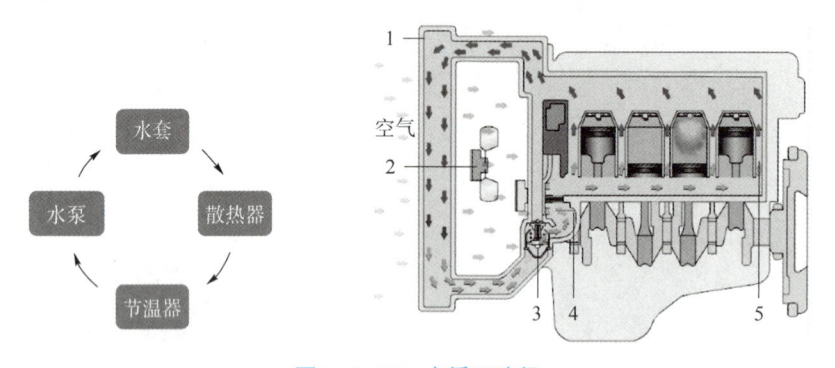

图 1-5-20　大循环路径

1—散热器；2—冷却风扇；3—节温器；4—水泵；5—水套

3. 混合循环

节温器的主阀门和旁通阀均处于部分开启状态，冷却液的小循环和大循环同时存在，此时冷却液的循环称为混合循环。在发动机实际工作中，冷却液处于混合循环的时间不会很长。

四、冷却系统清洗的必要性

在发动机冷却系统中循环的冷却液主要有冷却水或防冻液。通常加注的冷却水大多没有经过软化处理，其中不同程度地含有钙、镁等盐类物质，这些盐类物质大多是不溶或微溶于水的，它们会以沉淀的形式积附在冷却系统的内表面，形成主要成分为硫酸钙、碳酸钙等的物质，如图 1-5-21 所示，导致冷却系统内的容积减少、冷却效果降低。

图 1-5-21　产生的水垢

另外，冷却水和防冻液中均含有硅酸盐，当冷却温度从高至低发生变化时，硅酸盐容易产生"分化"现象，在冷却液中形成一条条青苔状的絮状物，此物质的形成会降低冷却液的流速，从而导致散热功能的减退。由于冷却系统的积垢、沉积物的分化等都将影响发动机的冷却能力，使发动机过热、机油变质，从而破坏正常的燃烧，并导致发动机运动摩擦副的摩擦阻力增大、发热，直至卡死。因此，必须定期对冷却系统进行清洁护理，以保证冷却系统正常工作。

五、冷却系统的清洗

用专用清洗剂可对冷却系统进行免拆清洗，并能去除铁锈沉淀和油脂残余，提高冷却系统的效率。其无毒、无酸，故对所有冷却系统的金属物都是安全的，且使用方便、快速、高效。

（1）关闭发动机，待发动机冷却后拧开散热器盖，打开排水开关，将冷却液排干，然后关好排水开关。

（2）向散热器内加入冷却系统清洗剂，如图 1-5-22 所示，然后加满水，盖好散热器盖并拧紧。

（3）调节加热器至最高温度，当到达正常操作温度时，运转发动机 10 min。

（4）关闭发动机，待冷却后拧开散热器盖子，排干冷却液，然后关好排水开关。

图 1-5-22　添加清洗剂

（5）加入清水，盖好散热器盖子，重复第（3）步骤，如图 1-5-23 所示。

（6）关闭发动机，待冷却后拧开散热器盖子，排干之前加入的清水，然后关好排水开关。

（7）加入冷却液至 50%~70% 的刻度，如图 1-5-24 所示，再加入清水，然后盖好散热器盖子，拧紧。

图 1-5-23　添加清水

图 1-5-24　添加冷却液

（8）运转发动机 20 min，使冷却液与清水充分混合。

（9）如果使用不加压的冷却储存器，则冲洗排水口，重新加入 50%～70% 的冷却液水溶剂。

任务实施

一、任务准备

1. 组织方式

1）场地设施

别克威朗 4 台，标准保养场地工位 4 个（气鼓、举升机等）。

2）作业工具

世达工具 4 套，冷却系统清洗剂 4 瓶，冷却液 4 瓶。

3）学生组织

分组进行，使用实车进行训练。

时间/min	任务	操作对象
0～10	讲师结合生活实例讲解冷却系统出现水垢的危害	教师
11～30	分组进行冷却系统的清洗	学生
31～40	讲师点评和讨论	教师

4）检查实训任务

以单人实操后完成下列工单内容，提交给指导老师，现场完成后老师给予点评作为本次实训的成绩计入学时。

实训工单内容如下。

冷却系统清洗					
姓名		学号		班级	
指导教师		成绩		考试时间	
车辆信息正确记录：					
发动机型号			发动机排量		
车辆识别代码			行驶里程数		
实训内容					
简单清洗冷却系统的方法	（请写出具体操作步骤）				
彻底清洗冷却系统的方法	（请写出具体操作步骤）				
结果分析					

2. 技术参数准备

2016款威朗维修手册及行业维修标准等。

3. 核心技能点准备

（1）在清洗冷却系统时，如果发动机是热的状态，不要直接打开散热器盖，以防热水喷出烫伤。须等待发动机冷却后，再用抹布裹着打开散热器盖，如果散热器内还有残余压力，则打开时会听到排气的声音，应注意防护。

（2）如果冷却液不足，应补充蒸馏水或纯净水到溢出为止，尽量避免加生水。如果冷却液变得污浊或充满水垢，则应将冷却液全部放掉，并清洗冷却系统。

4. 作业注意事项

（1）冷却液及其添加剂均为有毒物质，切勿接触，需置于安全场所。

（2）应严格按有关法规处理废弃的冷却液。

（3）若发现冷却液大量损耗，则必须待发动机处于冷态时方可添加冷却液，以免损坏发动机。

二、操作步骤（建议结合维修手册组织开展，适当引入企业岗位规范）

（1）目视检查冷却系统，待发动机冷却后再打开散热器盖。

（2）放净旧冷却液，将混有清洗剂的清洗液加入冷却系统中，起动发动机，运转到正常温度后停止发动机，放出清洗液。

（3）用清洁的水冲洗冷却系统至规定时间后，将发动机内注满清洁的水，再起动发动机使其运转 10 min 后放出即可。如果排出的液体较脏，则应继续用清水反复清洗直到放出清水为止。

任务评价

序号	评价项目	评价内容	分值	学员互评（40%）	教师评价（60%）
1	专业能力（70分）	了解冷却系统的功用	5		
2		掌握冷却系统的类型	5		
3		掌握水冷却系统的循环路线	5		
4		掌握冷却系统清洗的步骤和注意事项	5		
5		正确选用工具并清点	5		
6		正确完成准备工作	5		
7		简单清洗冷却系统	15		
8		彻底清洗冷却系统	15		
9		清点、检查、维护工具和耗材，清扫和整理现场	5		
10		工单填写	5		
11	职业素养（30分）	严格遵守操作规程，严禁违规作业	5		
12		责任意识，工作态度端正	5		
13		团队合作意识，互相协作良好	5		
14		从业人员的安全意识	5		
15		严谨扎实的工作作风	5		
16		精益求精的工匠精神	5		
		得分	100		
姓名：		学号：	总得分：	评价人：	

学习任务六

配气机构维护

工作情境描述

一辆行驶了 9 500 km 的威朗轿车,在怠速时气缸盖中部发出"嗒、嗒、嗒"异响,声音随着速度的增加频率加快。停车仔细听,发现"哒哒"声来自发动机。此故障可能是由于进排气凸轮轴损坏、气门杆与气门导管配合间隙过大、气门弹簧损坏、气门与气门座配合不好等原因引起的。

根据车主反馈情况,需要对车辆配气机构进行详细检查,分析具体原因,制定详细的保养计划并开展实际维修操作。

子任务　正时皮带（链条）更换

任务描述

一辆轿车行驶约 60 000 km 后，出现起动困难的现象，随即到4S店进行检查。经维修人员检查证明是因配气正时不准确导致的。当进一步检查后发现，正时皮带齿条磨损严重，需立即更换正时皮带。你能根据维修手册，独立完成正时皮带的更换任务吗？

正时皮带（链条）更换

任务目标

1. 能正确描述正时皮带的作用；
2. 能正确描述正时链条张紧器的作用；
3. 能判断正时皮带的损坏现象；
4. 能根据维修手册正确更换正时链条；
5. 严格遵守相关规章制度，坚持落细、落小、落实；
6. 培养精益求精的工匠精神。

知识准备

更换传动皮带的重要性

正时皮带拆装（科鲁兹1.6LDE发动机）

一、正时皮带

1. 正时皮带的功用

正时皮带的功用是将曲轴正时齿轮的动力传递给凸轮轴正时齿轮，并保证曲轴正时齿轮与凸轮轴正时齿轮正确的相对位置，使发动机的进、排气门在适当的时间开启或关闭，以保证发动机的气缸能正常的吸气和排气，如图1-6-1所示。在有的车型中正时皮带还负责驱动水泵。

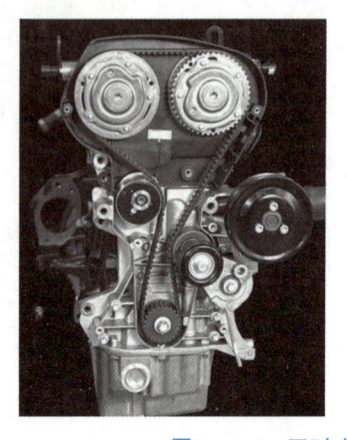

图1-6-1　正时皮带的功用

正时皮带的内侧有许多橡胶齿，正时皮带就利用这些橡胶齿和相应旋转部件（凸轮轴、水泵等）顶端上的凹槽配合，使发动机曲轴能够拉动其他运转部件，并保持所驱动部件同步运转。通常可以把正时皮带形象地看成是软齿轮。

2. 正时皮带常见的损坏因素

正时皮带属于橡胶部件，随着发动机工作时间的增加，正时皮带和正时皮带的附件时常会出现各种故障。

1）正常的磨损

一般来说，经过几年的使用，正时皮带发生了百万次的扭曲和扭转变形，这样的变形很容易使正时皮带发生严重的磨损。制造厂商在建议更换皮带的更换周期时，都会考虑到这样的消耗、磨损，因此理论上正常磨损导致的损坏应该不会发生在推荐的更换周期内，如图1-6-2所示。

2）对正不准确

发动机工作时，每根正时皮带都绕着其轨迹以每分钟数千转的速度运动，这样面面接触的开合运动产生的巨大摩擦力将会导致皮带的提前损坏。因此，在安装正时皮带的前后，我们都要对正时系统各部件安装的位置进行仔细检查，查看是否准确对正，这样就可以尽量避免因为安装位置不准给正时皮带带来的损坏。正时皮带的安装位置如图1-6-3所示。

图1-6-2 正时皮带的磨损　　　　图1-6-3 正时皮带的安装位置

3）外部污染或损坏

与正时皮带相接触的任何东西都可能损坏正时皮带，这就是正时皮带工作时整个系统被覆盖的原因。然而即使正时皮带的绝大部分被保护起来，仍会有少量发动机内的油液，例如机油、冷却液等影响到正时皮带，使其打滑或发生化学腐蚀。另外，小石子、小金属屑或其他碎屑也可以通过各自的途径钻到正时皮带区域，这些也可能损害皮带。

二、正时链条

1. 正时链条的功用

正时链条的功用是将曲轴正时齿轮的动力传递给凸轮轴正时齿轮，并且保证了曲轴正时齿轮与凸轮轴正时齿轮正确的相对位置。

2. 正时链条张紧器

配气机构采用链条式驱动时，为使链条在工作中具有一定的张力而不致脱链，在正时链条上装有张紧器和导轨（张紧滑轨）。正时链条张紧器主要由张紧器壳体、单向阀、减容器、导向销、柱塞和张紧滑轨等组成。

3. 正时链条的特点

与传统的皮带驱动相比，正时链条的优点是使用寿命长、故障率低且不易发生由于正时传动故障而导致汽车抛锚的现象，链条驱动方式的传动可靠、耐久性好并且还可节省空间；整个系统由齿轮、链条和张紧装置等部件组成，其中液压张紧器可自动调节张紧力，使链条张力始终如一，轻松应对车辆急加速，并且终身免维护，这就使其与发动机同寿命，不但安全，且可靠性得到了一定提升，还将发动机的使用、维护成本降低了不少，可谓一举两得，给汽车最终用户增添了新的使用价值，日益显示出其广阔的市场应用前景，是当下高端车型的主流配置。

但其同样不可避免地存在一些缺点，如链条转动噪声大、传动阻力大、传动惯性大，从一定角度来说增加了油耗，性能也有所降低。

三、正时链条的更换

1. 拆下正时链条

（1）拆下气门室盖。

（2）将发动机调整到气缸 1 燃烧行程的上止点（TDC）位置，如图 1-6-4 所示。朝发动机旋转方向转动曲轴，直到标记 1 和 2 在一条线上，其通常在曲轴扭转减震器螺栓处转动。

（3）安装 EN-51367 固定工具。

（4）拆下发动机前盖。

（5）拆下张紧器。

（6）拆下正时链条上导板。

（7）拆下正时链条张紧器蹄片螺栓。

（8）拆下正时链条张紧器蹄片。

（9）拆下正时链条张紧器螺栓。

（10）拆下正时链条张紧器。

（11）拆下并报废衬垫。

（12）拆下正时链条，如图 1-6-5 所示。

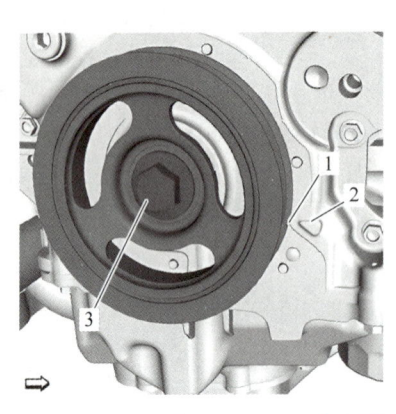

图 1-6-4 调整气缸 1 到上止点位置
1—气缸；2，3—标记

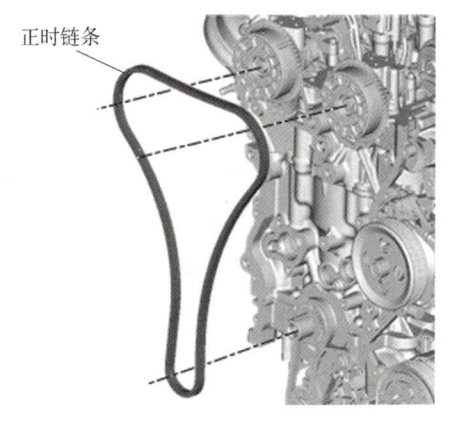

图 1-6-5 拆下正时链条

2. 安装正时链条

（1）安装正时链条。

（2）确保彩色链节3正对于曲轴链轮上的箭头；确保彩色链节1和2正对于凸轮轴位置调节器执行器上的标记，如图1-6-6所示。

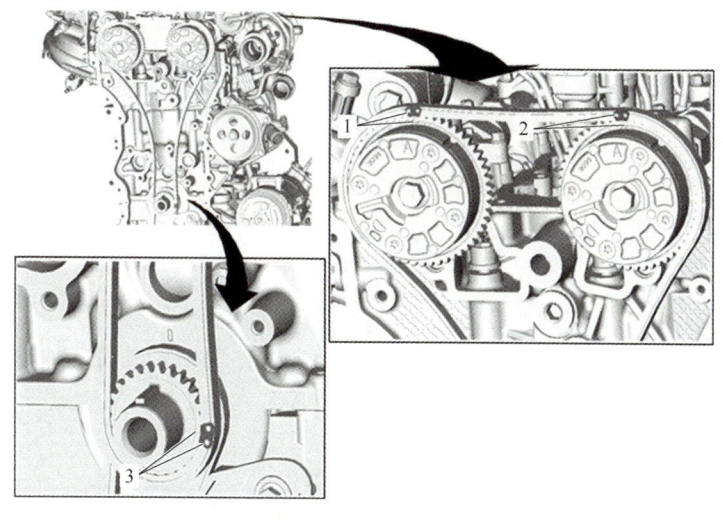

图 1-6-6　调整彩色链节位置

1，2，3—彩色链节

（3）安装新衬垫。

（4）安装正时链条张紧器。

（5）使用合适工具安装正时链条张紧器螺栓并紧固至 25 N·m。

（6）安装正时链条张紧器蹄片。

（7）拆下 EN-51367 固定工具。

（8）安装正时链条上导板。

（9）检查曲轴、凸轮轴和凸轮轴位置执行器调节器的位置。

（10）安装 EN-51367 固定工具，如图1-6-7所示。如果可以安装 EN-51367 固定工具，则表明发动机正时调整正确。

（11）拆下 EN-51367 固定工具。

（12）拆下发动机前盖和曲轴扭转减震器。

（13）安装发动机舱前盖。

（14）安装气门室盖。

图 1-6-7　安装 EN-51367 固定工具

1—EN-51367 固定工具

任务实施

一、任务准备

1. 组织方式

1）场地设施

别克威朗4台，标准保养场地工位4个（气鼓、举升机等）。

2）作业工具

世达工具4套，指针式扭力扳手4个，威朗正时工具组6套，EN-51367凸轮轴定位器，记号笔6支，清洁布。

3）学生组织

分组进行，使用实车进行训练。

时间/min	任务	操作对象
0~10	组织学生观察正时链条的安装位置	教师
11~30	更换正时链条	学生
31~40	讲师点评和讨论	教师

4）检查实训任务

以单人实操后完成下列工单内容，提交给指导老师，现场完成后老师给予点评作为本次实训的成绩计入学时。

实训工单内容如下。

正时皮带（链条）更换					
姓名		学号		班级	
指导教师		成绩		考试时间	
车辆信息正确记录：						
发动机型号			发动机排量		
车辆识别代码			行驶里程数		
实训内容						
拆下正时链条的方法		（请写出具体操作步骤）			
安装正时链条的方法		（请写出具体操作步骤）			
结果分析					

2. 技术参数准备

2016款威朗维修手册及行业维修标准等。

3. 核心技能点准备

（1）正时链条安装是否正确，直接影响着整个发动机修理质量。如果在工作中稍有疏忽，将导致发动机起动困难，甚至无法起动。

（2）别克威朗采用的是正时链条，免维护，损坏后应进行更换。

4. 作业注意事项

（1）拆卸正时链条时，需要使第1缸活塞处于压缩上止点位置。

（2）发动机上的正时链条会有几个明显的标志，用来保证精确度的同时降低一些安装难度。

二、操作步骤（建议结合维修手册组织开展，适当引入企业岗位规范）

1. 拆下正时链条

（1）拆下气门室盖。

（2）将发动机调整到气缸1燃烧行程的上止点（TDC）位置。朝发动机旋转方向转动曲轴，直到标记（1、2）在一条线上。通常在曲轴扭转减震器螺栓处转动。

（3）安装 EN-51367 固定工具。

（4）拆下发动机前盖。

（5）拆下张紧器。

（6）拆下正时链条上导板。

（7）拆下正时链条张紧器蹄片螺栓。

（8）拆下正时链条张紧器蹄片。

（9）拆下正时链条张紧器螺栓。

（10）拆下正时链条张紧器。

（11）拆下并报废衬垫。

（12）拆下正时链条。

2. 安装正时链条

（1）安装正时链条。

（2）确保彩色链节1正对于曲轴链轮上的箭头；确保彩色链节2和3正对于凸轮轴位置调节器执行器上的标记，如图1-6-6所示。

（3）安装新衬垫。

（4）安装正时链条张紧器。

（5）使用合适工具安装正时链条张紧器螺栓并紧固至 25 N·m。

（6）安装正时链条张紧器蹄片。

（7）拆下 EN-51367 固定工具。

（8）安装正时链条上导板。

（9）检查曲轴、凸轮轴和凸轮轴位置执行器调节器的位置。

（10）安装 EN-51367 固定工具。如果可以安装 EN-51367 固定工具，则表明发动机正时调整正确。

（11）拆下 EN-51367 固定工具。

（12）拆下发动机前盖和曲轴扭转减震器。

（13）安装发动机舱前盖。

（14）安装气门室盖。

任务评价

序号	评价项目	评价内容	分值	学员互评（40%）	教师评价（60%）
1	专业能力（70分）	了解正时皮带的作用	5		
2		掌握正时链条张紧器的作用	5		
3		观察正时链条的安装位置	5		
4		掌握拆装正时链条的步骤和注意事项	5		
5		正确选用工具并清点	5		
6		正确完成准备工作	5		
7		拆下正时链条	15		
8		安装正时链条	15		
9		清点、检查、维护工具和耗材，清扫和整理现场	5		
10		工单填写	5		
11	职业素养（30分）	严格遵守操作规程，严禁违规作业	5		
12		责任意识，工作态度端正	5		
13		团队合作意识，互相协作良好	5		
14		从业人员的安全意识	5		
15		严谨扎实的工作作风	5		
16		精益求精的工匠精神	5		
		得分	100		
姓名：		学号：		总得分：	评价人：

学习任务七

变速箱维护

工作情境描述

一辆行驶了 150 000 km 的威朗手动挡轿车,在车辆起步时出现换挡困难现象,随后行驶时出现噪声过大的情况,并发出"嗡嗡嗡"声。

根据车主反馈情况,需要对车辆变速箱进行详细检查,分析具体原因,制定详细的保养计划并开展实际维修操作。

子任务一　手动变速箱油添加和更换

任务描述

一辆威朗轿车，已行驶 50 000 km，来维修店做保养，需要对手动变速箱油液进行检查和更换。维修人员需要按要求在规定时间内完成手动变速箱油的检查与更换作业。你能根据维修手册，独立完成手动变速箱油的检查与更换任务吗？

手动变速箱油添加和更换

任务目标

1. 能描述手动变速箱的作用；
2. 能描述手动变速箱的组成；
3. 能根据维修手册正确添加和更换手动变速箱油；
4. 在更换手动变速箱油时能做好各种应急处理；
5. 培养严谨扎实的工作作风；
6. 做好废旧垃圾处理和回收工作，践行绿色环保理念。

知识准备

一、手动变速器的功用

现代汽车广泛采用活塞式内燃机作为动力源，其转矩和转速变化范围较小，而复杂的使用条件则要求汽车的驱动力和车速能在相当大的范围内变化。为解决这一矛盾，在传动系统中设置了变速器。变速器的功用如下：

手动变速器概述

1. 变速、变矩

通过不同齿数的齿轮啮合来改变传动比，以满足汽车在不同行驶条件下对转矩和汽车行驶速度的变化要求。一般来说，主要是通过变速器进行降速来增加发动机的转矩，以保证汽车足够的牵引力，并通过降低发动机转速使得汽车具有适当的车速，同时通过不同的传动比（挡位）可以使汽车适应不同的行驶条件。

2. 变向

利用变速器的倒挡可以保证在发动机旋转方向不变的情况下实现车辆的倒向行驶。

3. 中断动力传递

中断发动机与驱动轮的动力传递，使发动机能够起动和怠速运转，满足汽车起步或滑行的需要。

4. 驱动其他装置

变速器还可以作为动力输出装置驱动其他机构，例如驱动自卸车的液压举升装置。

二、手动变速箱的结构

手动变速器由变速传动机构和变速操纵机构两部分组成，如图 1-7-1 所示。其中，变

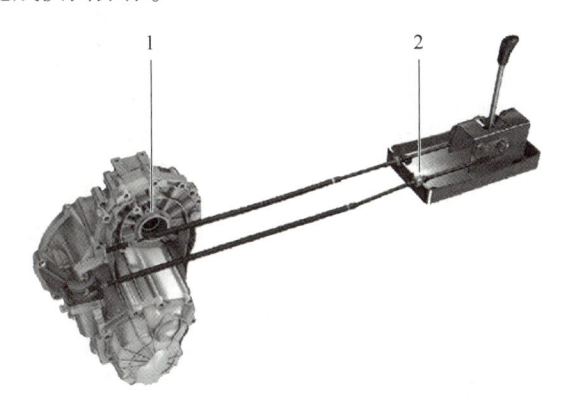

速传动机构主要由输入轴、输出轴、倒挡轴、各挡齿轮、同步器、轴承及壳体等组成，有的还有中间轴，其作用是改变扭矩和转速及方向；变速操纵机构主要由操纵装置、锁止装置及盖等组成，其作用是完成换挡操作。

图 1-7-1 手动变速箱的结构

1—传动机构；2—操纵机构

三、手动变速箱的基本要求

变速器的设计要求如下：
（1）保证汽车有必要的动力性和经济性。
（2）变速器应有较高的工作效率。
（3）变速器的工作噪声小。
（4）换挡迅速、省力。
（5）工作可靠。汽车在行驶过程中，变速器不得有跳挡和乱挡等现象发生。
（6）变速器质量小、制造成本低和维修方便等。
（7）设置动力输出装置，需要时进行动力输出。
（8）设置倒挡，使汽车能倒退行驶。
（9）设置空挡，用来切断发动机动力向驱动轮的传输。

四、变速器润滑油的分类

目前世界上广泛采用美国汽车工程学会（SAE）的车辆齿轮油黏度分类法和美国石油学会（API）的车辆齿轮油使用性能分类法对车辆齿轮油进行分类。

1. SAE 车辆齿轮油黏度分类

该标准采用含有尾缀字母 W 和不含尾缀字母 W 两种黏度等级系列。黏度等级代号由一组数字和字母 W（70W、75W、80W、85W）或一组数字（90、140、250）组成，共 7 种。含有尾缀字母 W 的是冬季用齿轮油，是根据齿轮油黏度达到 150 Pa·s 的最高温度和 100 ℃时的最小运动黏度划分的；不带尾缀 W 的是夏季用齿轮油，是以 100 ℃的运动黏度范围划分的。

车用齿轮油黏度对照表如表 1-7-1。

表1-7-1 车用齿轮油黏度对照表

SAE 黏度级别（最低值）	150 100 厘泊时的最高温度（最高值）/℃	100 ℃时的黏度/厘斯 最低值	100 ℃时的黏度/厘斯 最高值
70 W	−55	4.1	—
75 W	−40	4.1	—
80 W	−26	7.0	—
85 W	−12	11.0	—
90	—	13.5	<24.0
140	—	24.0	<41.0
250	—	41.0	—

2. API 车辆齿轮油使用性能分类

世界上广泛采用美国石油学会（API）的车辆齿轮油使用性能分类法，即根据齿轮的形式和负载情况对车辆齿轮油进行质量等级分类，该分类将车辆齿轮油分为 GL-1、GL-2、GL-3、GL-4、GL-5、GL-6 六级，数字越大，品质越高。

3. 我国车辆齿轮油的分类（见表 1-7-2）

表1-7-2 我国车辆齿轮油的分类

代号	组成、特性和使用说明	使用部位
CLC	由精制矿物油加抗氧剂、防锈剂、抗泡剂和少量极压剂等制成，适用于中等速度及负荷比较苛刻的手动变速器和弧齿锥齿轮驱动桥	手动变速器和弧齿锥齿轮驱动桥
CLD	由精制矿物油加抗氧剂、防锈剂、抗泡剂和极压剂等制成，适用于低速高转矩和高速低转矩下操作的各种齿轮，特别是客车和其他各种车辆用的准双曲面齿轮	手动变速器、弧齿锥齿轮驱动桥和使用条件不太苛刻的准双曲面齿轮驱动桥
CLE	由精制矿物油加抗氧剂、防锈剂、抗泡剂和极压剂等制成，适用于在高速冲击载荷、低速高转矩和高速低转矩下操作的各种齿轮，特别是客车和其他各种车辆用的准双曲面齿轮	操作条件缓和或苛刻的准双曲面齿轮及其他各种齿轮的驱动桥，也可用于手动变速器

五、手动变速箱油添加与更换

（1）汽车进入工位前，将工位清理干净，准备好相关的器材。
①将汽车停驻在举升机中央位置。
②拉紧驻车制动器操纵杆，并将变速杆置于空挡位置。
③套上转向盘护套、变速杆手柄套和座位套，铺设脚垫。
（2）手动变速器润滑油的检查。
①检查润滑油液面高度，以油面与加油口下缘对齐为准。油面过低可能会造成润滑不良而烧坏轴承和齿轮，油面过高则会引起过热和漏油。

检查手动变速箱内的齿轮油油位

②检查和清洗排气塞。如果排气塞堵塞，则会造成箱体内气压过高而漏油。
③检查润滑油质量，若有稀释、结胶、过脏等现象，则应更换润滑油。
（3）手动变速器润滑油的更换。
①将汽车举升到适当高度，如图 1-7-2 所示。
②拆下变速器加油螺栓。
③拆下变速器放油螺栓。
④放掉变速器润滑油，如图 1-7-3 所示。

图 1-7-2　举升车辆

图 1-7-3　排放变速器油

⑤放油完毕后，用规定的力矩拧紧变速器放油螺栓。
⑥将变速器润滑油倒入漏斗。
⑦用漏斗加注变速器润滑油，加至有变速器润滑油从加油口流出为止，此时为正确的变速器润滑油液面高度，如图 1-7-4 所示。

图 1-7-4　加注变速器油

⑧装上加油口螺栓，并用规定的力矩拧紧变速器加油螺栓。

任务实施

一、任务准备

1. 组织方式

1）场地设施
别克威朗 4 台，标准保养场地工位 4 个（气鼓、举升机等）。

2）作业工具

世达工具 4 套，可调式扭力扳手 4 个，指针式扭力扳手 4 个，车外三件套四套，接油机 4 台，漏斗 4 个，原车手动变速箱油 4 瓶，清洁布。

3）学生组织

分组进行，使用实车进行训练。

时间/min	任务	操作对象
0~10	组织学生认识不同类型的手动变速箱油	教师
11~30	添加与更换手动变速箱油	学生
31~40	讲师点评和讨论	教师

4）检查实训任务

以单人实操后完成下列工单内容，提交给指导老师，现场完成后老师给予点评作为本次实训的成绩计入学时。

实训工单内容如下。

手动变速箱油添加和更换				
姓名		学号		班级	
指导教师		成绩		考试时间	
车辆信息正确记录：				
发动机型号			发动机排量		
车辆识别代码			行驶里程数		
实训内容				
检查手动变速箱油的方法	（请写出具体操作步骤）			
更换手动变速箱油的方法	（请写出具体操作步骤）			
结果分析	

2. 技术参数准备

2016 款威朗维修手册及行业维修标准等。

3. 核心技能点准备

（1）齿轮油会对水形成污染，不允许排入地表水域或下水道，作业时只能在防渗的地面上。

（2）正确选用齿轮油必须做到以下两点：
①根据齿轮的类型和工作条件确定油品的质量档次；
②根据最低使用环境温度和齿轮传动装置运行的最高温度来确定黏度等级（牌号）。

4. 作业注意事项

（1）齿轮油是易燃品，存放和作业必须远离火源。
（2）废弃的齿轮油要单独盛装，并妥善保管和回收利用。
（3）沾上齿轮油的抹布或物品，不得作为生活垃圾进行处理。
（4）皮肤上撒上齿轮油，应立即用水和肥皂清洗，勿用汽油或溶剂作为清洁器。

二、操作步骤（建议结合维修手册组织开展，适当引入企业岗位规范）

（1）清理工位，安装车辆防护套。
（2）检查手动变速器润滑油。
①检查润滑油液面高度。
②检查和清洗排气塞。
③检查润滑油质量。
（3）更换手动变速器润滑油。
①举升车辆。
②拆下变速器加油螺栓。
③拆下变速器放油螺栓。
④放油。
⑤安装加油螺栓。
⑥添加润滑油。
⑦安装放油螺栓。

任务评价

序号	评价项目	评价内容	分值	学员互评（40%）	教师评价（60%）
1	专业能力（70分）	了解手动变速箱的作用	5		
2		掌握手动变速箱的组成	5		
3		认识变速器润滑油的分类	5		
4		掌握手动变速箱油添加与更换的步骤及注意事项	5		
5		正确选用工具并清点	5		
6		正确完成准备工作	5		
7		检查手动变速箱油	15		
8		更换手动变速箱油	15		
9		清点、检查、维护工具和耗材，清扫和整理现场	5		
10		工单填写	5		
11	职业素养（30分）	严格遵守操作规程，严禁违规作业	5		
12		责任意识，工作态度端正	5		
13		团队合作意识，互相协作良好	5		
14		从业人员的安全意识	5		
15		严谨扎实的工作作风	5		
16		精益求精的工匠精神	5		
得分			100		
姓名：		学号：	总得分：	评价人：	

子任务二　自动变速箱油位检测、添加和更换

任务描述

一辆威朗轿车，行驶时出现换挡延迟及顿挫现象，进入维修厂进行维修。经维修人员检测发现自动变速箱油液过脏，需对自动变速箱油进行更换作业。你能根据维修手册，独立完成更换自动变速箱油的任务吗？

自动变速箱油位检测、添加和更换

任务目标

1. 能描述自动变速箱的组成；
2. 能描述自动变速箱油的功用；
3. 能正确检测自动变速箱油的液位、油质和外部渗漏情况；
4. 能根据维修手册正确添加和更换自动变速箱油；
5. 培养精益求精的工匠精神，扎实做好每一步；
6. 牢固树立环保意识和社会责任感。

知识准备

自动变速器工作原理

一、自动变速箱的功用

自动变速箱具有自动变速、连续变扭矩、换挡时不中断动力传递等特点，并具有操作轻便、换挡平稳、过载保护等优点。此外，还可以减轻驾驶员的劳动强度，提高汽车行驶的机动性、安全性和越野性。

二、自动变速箱的结构

自动变速箱的组成基本相同，都是由液力变矩器和齿轮式自动变速箱组合起来的，如图 1-7-5 所示，常见的组成部分包括液力变矩器、齿轮变速器、液压供给系统和换挡控制系统等。

1. 液力变矩器

液力变矩器位于自动变速箱的最前端，安装在发动机的飞轮上，其作用与采用手动变速器的汽车中的离合器相似，如图 1-7-6 所示。它利用油液循环流动过程中动能的变化将发动机的动力传给自动变速箱的输入轴，并能根据汽车行驶阻力的变化，在一定范围内自动、无级地改变传动比和扭矩比，具有一定的减速增扭功能。

2. 齿轮变速器

自动变速箱中的变速齿轮机构所采用的型式有普通齿轮式和行星齿轮式两种。采用普通齿轮式的变速器，由于尺寸较大，故最大传动比较小，只有少数车型采用。目前绝大多数轿车自动变速箱中的齿轮变速器采用的都是行星齿轮式，如图 1-7-7 所示。

图 1-7-5　自动变速箱的结构

图 1-7-6　液力变矩器
1—飞轮；2—液力变矩器

图 1-7-7　齿轮变速器

3. 液压供给系统

自动变速箱的液压供给系统主要由油泵、油箱、滤清器、调压阀及管道所组成，如图 1-7-8 所示。油泵是自动变速箱最重要的总成之一，它通常安装在变矩器的后方，由变矩器壳后端的轴套驱动。在发动机运转时，不论汽车是否行驶，油泵都在运转，为自动变速箱中的变矩器、换挡执行机构、自动换挡控制系统等提供一定油压的液压油。油压的调节由调压阀来实现。

图 1-7-8　齿轮变速器
1—油泵；2—下阀体；3—油底壳；4—滤清器；5—散热器

4. 换挡控制系统

换挡控制系统主要包括外部操纵、连接、检查等装置，如图 1-7-9 所示。

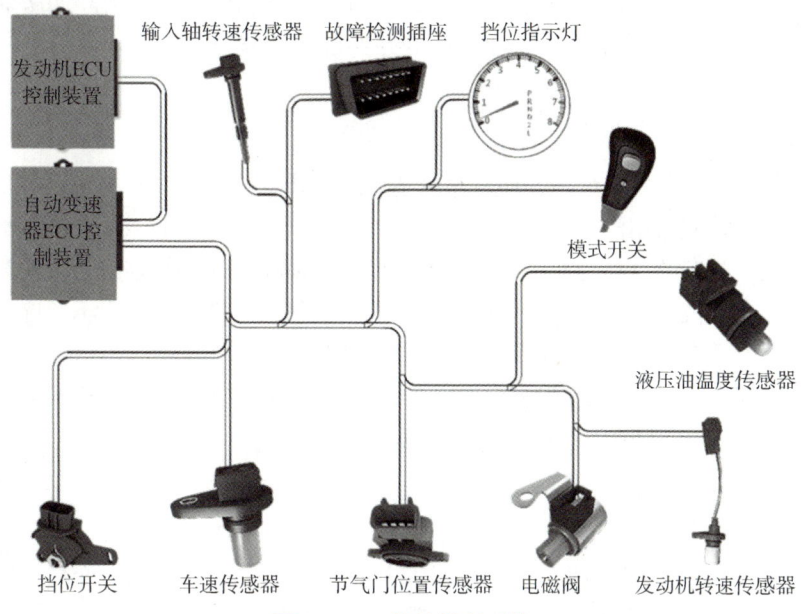

图 1-7-9　换挡控制系统

三、自动变速箱油的作用

自动变速箱油，简称 ATF（Automatic Transmission Fluid）。从油品分类的角度看，ATF 属于液力传动油的一种。ATF 既是自动变速箱的润滑剂，又是自动变速箱的工作介质。作为润滑剂，ATF 具有润滑、清洁和冷却的作用；作为工作介质，ATF 具有传递扭矩及通过液压控制自动变速箱离合器和制动器的作用。

四、自动变速箱油的特性

1. 较高的氧化安定性

自动变速箱在工作时，离合器等零件的温度可高达 300 ℃。因此，要求 ATF 具有较高的氧化安定性。否则，在高温下油液与空气发生氧化作用，会生成一种胶质物质附着在阀体及各运动零件上，影响自动变速箱系统的正常工作。

2. 良好的抗泡沫性

自动变速箱体内各种运动部件高速旋转，剧烈搅动 ATF 油液，如果 ATF 不具备良好的抗泡沫性能，在箱体内产生泡沫，将影响 ATF 作为液压油的刚性，致使油压降低、阀体控制不准确，有可能导致各挡离合器处于不能彻底分离或不能完全结合的状态，使自动变速箱无法工作而损坏。

3. 良好的剪切安定性

自动变速箱系统中的液力变矩器是靠 ATF 作为动力来传递介质的，ATF 作为传动油承受着很大的剪切力，如 ATF 的剪切安定性不高，变矩器则会出现打滑现象，降低了变矩器的传递效率，还会出现换挡不平稳、脱挡等故障。

4. 抗泡性能

自动传动液在自动变速箱狭小的油路里高速循环时很容易起泡，引起油压降低，致使离合器打滑甚至烧结，所以要求自动传动液有良好的抗泡性能。

五、自动变速箱油的选用

自动变速箱油（ATF）应严格按照汽车制造商或自动变速箱制造商的规定规格选用，它们的规格也基本上是按照通用汽车公司的 Dexron 和福特汽车公司的 Mercon 规格标准执行的，维修技师要确定某一款车的自动变速箱油（ATF）型号，最稳妥的途径首先是查阅汽车制造厂编制的维修手册提供的技术规格，其次是按照大品牌油品供应商推荐的适用车型选用。

ATF 与发动机油的选用原则有所不同。发动机油可以选用高级别的产品，因为高质量等级的油品是向下兼容的。ATF 的选用原则就是严格遵循规定的型号，不同车型与不同规格的 ATF 的对应关系是非常严格的，千万不能用错。

六、自动变速箱油位检测、添加和更换

自动变速箱 ATF 要定期检验，因为使用过程中会老化变质，ATF 变质或变脏会直接影响自动变速箱的正常使用，其主要原因如下：

（1）自动变速箱工作环境恶劣导致 ATF 温度过高，使 ATF 变质变坏。
（2）ATF 在高温中氧化而产生油泥。
（3）变速器正常磨损导致杂质产生。

更换自动变速器油及滤油网

1. 油面检查

（1）将汽车停放在水平地面上，并拉紧驻车制动。
（2）让发动机怠速运转 1 min 以上。
（3）踩住制动踏板，将操纵手柄拨至倒挡（P）、前进挡（D）、前进低挡（S、L 或 2、1）等位置，并在每个挡位上停留几秒钟，使液力变矩器和所有换挡执行元件中都充满液压油。最后将操纵手柄拨至停车挡（P）位置。
（4）从加油管内拔出自动变速箱油尺，将擦干净的油尺全部插入加油管后再拔出，检查油尺上的油面高度，如图 1-7-10 所示。

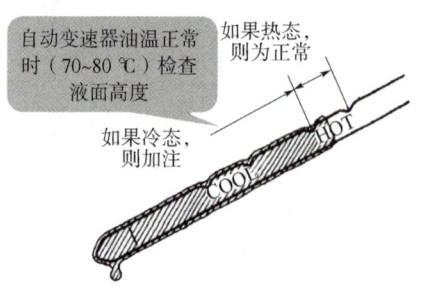

图 1-7-10 检查变速箱油面

2. 油质检查

检查油质、颜色、气味和杂质，确认 ATF 是否过热变质。Dexron 油染成红色，如图 1-7-11

所示，油质清澈纯净，如颜色变黑、有烧焦味且含有杂质，则予更换。

检查时用手指沾取少许油液，用手指捻磨查看是否有渣粒，如图 1-7-12 所示，嗅闻油液气味是否有异味，看颜色是否有明显变化，如有则说明发生变质。如果变褐色，则说明 ATF 油工作温度过高引起变质；如果变棕色或发黑色，则说明自动变速箱磨损已相当严重，需要修复；如果颜色发白并丧失透明度，则表明有水分混入 ATF 中；若 ATF 颜色清淡有气泡，则表明是由气体渗入或油平面太高造成的；若 ATF 有焦糊味道，则是离合器或制动器摩擦片烧蚀所产生。

图 1-7-11　染成红色的 Dexron 油　　　　图 1-7-12　手指捻磨油液

3. 外部渗漏检查

检查自动变速箱壳体外部是否有渗漏，尤其要检查 ATF 冷却器以及与之相连接的管路接头处，对于渗漏进行修复处理。

4. 自动变速箱油的更换

（1）布置车辆防护护垫、转向盘套、脚垫、变速器操纵杆套等保护用品，如图 1-7-13 所示。

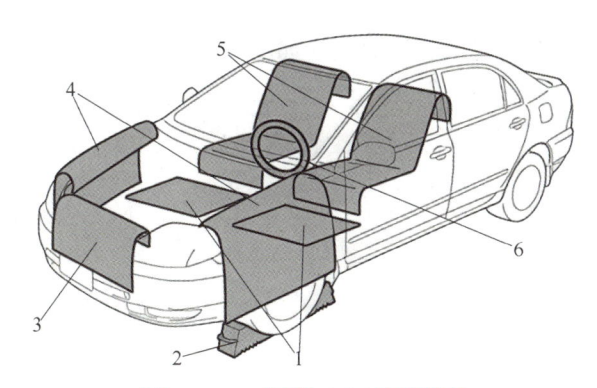

图 1-7-13　更换 ATF 油前准备
1—地板垫；2—车轮挡块；3—前罩；4—翼子板布；5—座椅罩；6—转向盘罩

（2）起动发动机进行预热，至变速箱处于正常的工作温度（70~80 ℃）时，发动机怠速运转，将变速杆从"P"挡依次换入"L"挡，并在各挡位置停留片刻，然后回到"P"挡后熄火。

（3）举升车辆，排放 ATF。清洁变速器油底壳放油螺栓附近污物，用扭力扳手松开放油螺栓，将废油机或油盆放到油底壳下回收废油，让 ATF 自动流出，排完为止，如图 1-7-14 所示。

图 1-7-14　排放 ATF

（4）拆卸自动变速箱油底壳：选用套筒工具卸下油底壳螺栓，取下油底壳。拆下油底壳 2 个磁铁，清除磁铁上吸附的铁屑，如图 1-7-15 所示，清除油底壳残留污物，再用清洗液清洗。

（5）拆卸滤油网。

（6）安装新滤油网：检查新滤油网的零件号，检查新滤油网和衬垫外观有无损伤，在新的滤油网和衬垫上涂 ATF，安装衬垫到滤油网上，然后将滤油网安装到阀体上，安装固定螺栓至规定力矩。

（7）安装油底壳：检查新的油底壳衬垫是否完好，并将新壳衬垫安放到油底壳上，然后安装油底壳，用规定力矩扭紧油底壳螺栓，如图 1-7-16 所示。

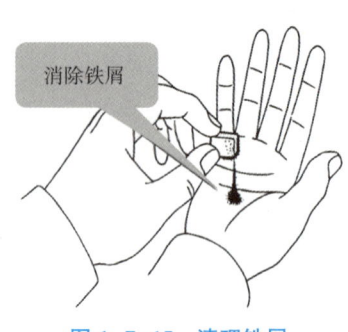

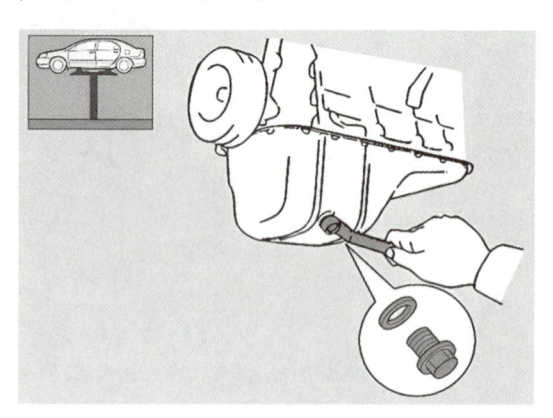

图 1-7-15　清理铁屑　　　　　　　　图 1-7-16　安装油底壳

（8）安装放油螺栓：清洁放油螺栓，更换新的衬垫，用规定力矩扭紧放油螺栓。

（9）降下车辆，加注自动变速箱油：清洁加油漏斗，用漏斗在 ATF 油标尺管处进行加注。加注完成后，检查自动变速箱油面高度，冷车时，油面高度应在 COOL 位处。

（10）检查 ATF 油面高度：预热车辆至变速箱处于正常的工作温度（70~80 ℃）时，发动机怠速运转，将变速杆从"P"挡依次换入"L"挡，并在各挡位置停留片刻，然后回到"P"挡后，将变速器油尺拉出擦净，再插入检查油位是否在 HOT（热）范围内，如图 1-7-17 所示。

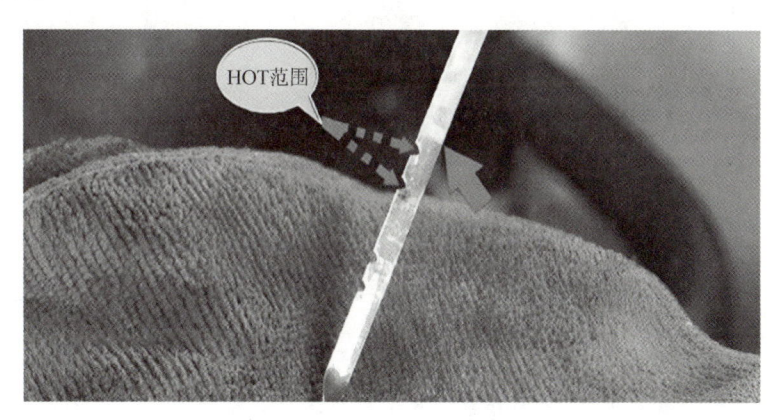

图 1-7-17　检查 ATF 油面高度

任务实施

一、任务准备

1. 组织方式

1）场地设施

别克威朗 4 台，标准保养场地工位 4 个（气鼓、举升机等）。

2）作业工具

世达工具 4 套，可调式扭力扳手 4 个，指针式扭力扳手 4 个，车外三件套四套，接油机 4 台，自动变速箱新滤油网，变速箱油底壳衬垫，自动变速箱油 4 瓶，清洁布。

3）学生组织

分组进行，使用实车进行训练。

时间/min	任务	操作对象
0~10	组织学生分析自动变速箱油的变质原因	教师
11~30	检测、添加与更换自动变速箱油	学生
31~40	讲师点评和讨论	教师

4）检查实训任务

以单人实操后完成下列工单内容，提交给指导老师，现场完成后老师给予点评作为本次实训的成绩计入学时。

实训工单内容如下。

自动变速箱油位检测、添加和更换					
姓名		学号		班级	
指导教师		成绩		考试时间	
车辆信息正确记录：						
发动机型号			发动机排量		
车辆识别代码			行驶里程数		
实训内容						
检查自动变速箱油的方法	（请写出具体操作步骤）				
更换自动变速箱油的方法	（请写出具体操作步骤）				
结果分析					

2. 技术参数准备

2016款威朗维修手册及行业维修标准等。

3. 核心技能点准备

（1）在对变速器进行检查或故障诊断前，首先要对变速器油面高度进行检查，一般在车辆行驶 10 000 km 后检查油液面。

（2）变速器与差速器有一个公用的油池，其间是相通的，在拉出油尺之前应将护罩及手柄上的脏东西都擦干净。

4. 作业注意事项

（1）在自动变速箱调整、加注液压油，并经试车之后，应重新检查自动变速箱液压油的油面高度是否正常，油底壳、油管接头等处有无漏油。

（2）换油时应优先采用车辆随车手册上推荐使用的变速器油。

（3）注意切不可用齿轮油或机油代替液压油，否则会造成自动变速箱的严重损坏。

二、操作步骤（建议结合维修手册组织开展，适当引入企业岗位规范）

（1）油质检查。

（2）油量检查。

（3）外部渗漏检查。

（4）ATF 的更换。

任务评价

序号	评价项目	评价内容	分值	学员互评（40%）	教师评价（60%）
1	专业能力（70分）	了解自动变速箱的作用	5		
2		掌握自动变速箱的结构	5		
3		认识自动变速箱油液的特性	5		
4		掌握检测、添加与更换自动变速箱油的步骤及注意事项	5		
5		正确选用工具并清点	5		
6		正确完成准备工作	5		
7		检查自动变速箱油	15		
8		更换自动变速箱油	15		
9		清点、检查、维护工具和耗材，清扫和整理现场	5		
10		工单填写	5		
11	职业素养（30分）	严格遵守操作规程，严禁违规作业	5		
12		责任意识，工作态度端正	5		
13		团队合作意识，互相协作良好	5		
14		从业人员的安全意识	5		
15		严谨扎实的工作作风	5		
16		精益求精的工匠精神	5		
		得分	100		
姓名：		学号：	总得分：	评价人：	

模块二　底盘维护

学习任务一

转向系统维护

⚙ 工作情境描述

一辆威朗轿车车主反映,该车行驶时转向沉重,且仪表盘有故障灯亮。维修接待人员路试时发现汽车行驶时确实存在转向沉重问题,但行驶过程中无异响情况。

根据车主反馈情况,需要对车辆转向系统进行详细检查,分析具体原因,制定详细的保养计划并开展实际维修操作。

转向传动机构检查　　转向系统维护

子任务一　转向助力油更换

任务描述

一辆行驶 40 000 km 的轿车，客户反映在驾驶中车辆存在转向沉重，且在打转向盘时会出现异响，经维修技师检查是助力油变质，需更换助力油。你能根据维修手册，独立完成更换转向助力油的任务吗？

转向助力油更换

任务目标

1. 能描述转向助力油的作用；
2. 能描述液压助力的工作原理；
3. 能指出转向助力油罐在车上的位置；
4. 能根据维修手册正确更换转向助力油；
5. 严格遵守相关规章制度，培养精益求精的工作态度；
6. 培养学生勇于创新、积极进取的精神。

液压常流滑阀式转向装置工作原理

知识准备

一、液压助力转向系统的结构

液压助力转向系统按助力来源不同可分为机械液压助力转向系统和电控液压助力转向系统。

1. 机械液压助力转向系统的组成

机械液压助力转向系统主要由转向油罐、转向液压泵、转向控制阀和转向动力缸等组成，如图 2-1-1 所示。其中，转向油罐的作用是储存、滤清并冷却转向系统的工作油液；转向液压泵的作用是将发动机的机械能变为驱动转向动力缸工作的液压能，再由转向动力缸输出受控制的转向力，驱动转向车轮转向；转向控制阀的作用是根据驾驶员的转向意图控制油流方向，将油泵输出的工作油液引入到转向动力缸的相应腔室中，由动力缸活塞产生的推力使车轮转向。

2. 电控液压助力转向系统的组成

电控液压助力转向系统主要由转向油泵、储油罐、分流阀、电磁阀、转向控制阀、阻尼孔、油压反力室、车速传感器、电子控制单元（ECU）等组成，如图 2-1-2 所示。其中，分流阀的作用是将来自转向油泵输出的液压油向控制阀一侧和电磁阀一侧分流，按照车速和转向要求，改变控制阀一侧和电磁阀一侧的油压，确保电磁阀一侧具有稳定的油液流量；阻尼孔的作用是将供给转向控制阀的一部分流量分配到油压反力室一侧。

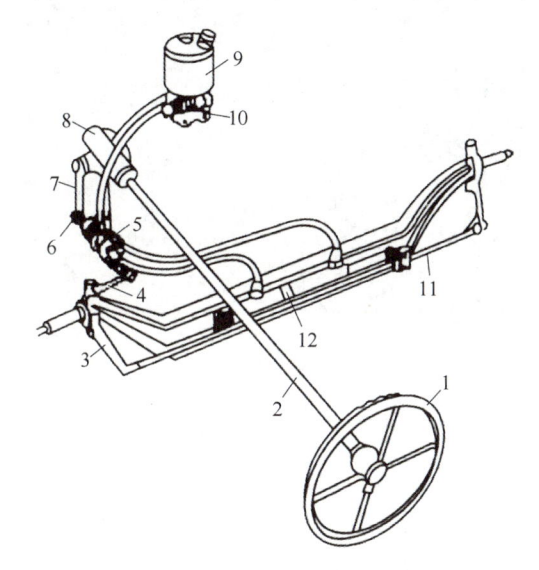

图 2-1-1　机械液压助力转向系统的组成

1—转向盘；2—转向轴；3—梯形臂；4—转向节臂；5—转向控制阀；6—转向直拉杆；
7—转向摇臂；8—机械转向器；9—转向油罐；10—转向液压泵；11—转向横拉杆；12—转向动力缸

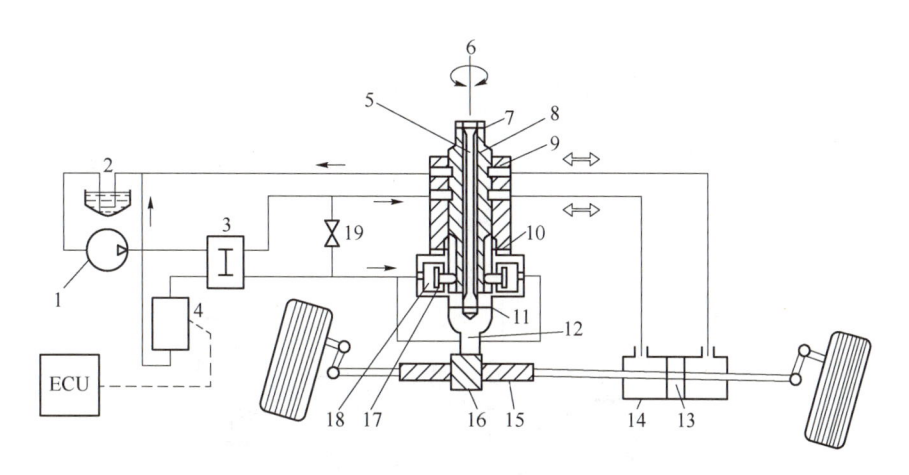

图 2-1-2　电控液压助力转向系统的组成

1—转向油泵；2—储油罐；3—分流阀；4—电磁阀；5—扭力杆；6—转向盘；7，10，11—销；
8—转向阀阀杆；9—控制阀阀体；12—转向齿轮轴；13—活塞；14—转向动力缸；15—转向齿条；
16—转向齿轮；17—柱塞；18—油压反力室；19—阻尼孔

二、转向油罐在车上的位置及作用

转向油罐的作用是储存、滤清并冷却液压助力转向系统的工作油液，转向油罐一般是单独安装，如图 2-1-3 所示，但也有直接安装在转向液压泵上的。

图 2-1-3　储油罐的安装位置

三、转向助力油的概述

转向助力油是一种用于车辆液压转向系统的液压油。当驾驶员转向时，转向动力油可在助力转向泵的作用下传递转向力，使转向盘变得更加轻巧，易于操控。另外，除了能传递转向力之外，它同时也是润滑剂和密封剂，以保护车辆转向系统内的各种精密零件，起到润滑和抗磨损的作用。

四、转向助力油的作用及助力原理

转向助力油不但储存在转向油罐中，同时还存在于液压助力系统的油罐和油缸中，是加注在助力转向系统的一种介质油，起到缓冲和传递转向力的作用。

储油罐中的低压油经过转向助力泵加压之后转换成高压油，高压油经过转向系统中的液压管路进入液压助力油缸，推动助力缸中的活塞左右移动，从而实现液压能转换成机械能，达到助力的作用，如图 2-1-4 所示。

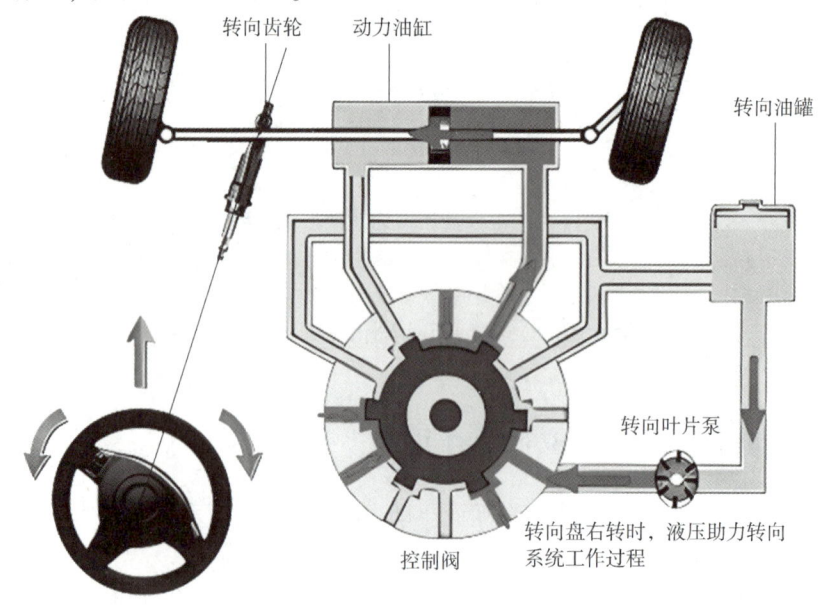

图 2-1-4　转向助力油助力原理

五、转向助力油的性能

转向助力油是用于汽车转向助力系统的特种油液,与自动变速器油液、制动油液以及减振油液类似。它具有以下几种性能。

(1) 抗磨性能:油品抗磨性能不好主要表现为润滑油在金属表面的油膜保持能力差,随之转向系统频繁工作,油膜被破坏,从而造成干摩擦,引起系统内构件摩擦表面的磨损和擦伤,导致机械故障。为保证系统的正常运行、减少系统的故障率,要求转向油液具有较好的抗磨损性能。

(2) 低温性能:低温性能是衡量油品在低温条件下流动性的重要指标。由于车辆所处环境不同,故不同季节温度变化较大,尤其是在低温条件下起动时,如果转向油液的低温性能不好,则会造成转向困难。

(3) 空气释放性和抗泡沫性:空气释放性反映油品分离雾沫空气的能力,抗泡沫性则表示了油品在有空气进入的情况下消除泡沫能力的高低,如图 2-1-5 所示。混入空气的转向油液工作时会使系统的效率降低、润滑条件恶化,严重时会产生异常的噪声、振动等,甚至还会造成驱动系统压力不足和传动反应迟缓的软操作。

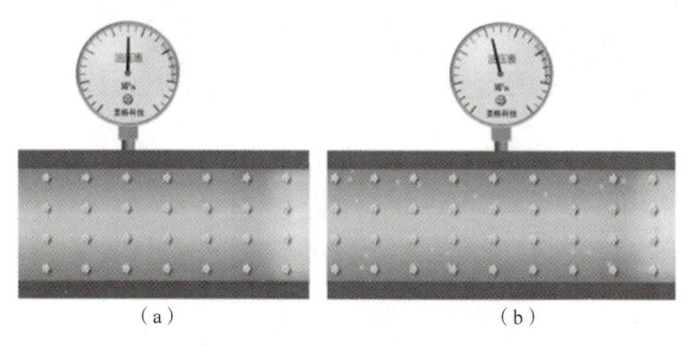

图 2-1-5 转向助力油抗泡沫性
(a) 良好;(b) 差

(4) 抗剪切稳定性:由于车辆在行进过程中转向系统频繁工作,对油品剪切作用非常大,具有良好的抗剪切能力的转向油液能保持足够的黏度,在摩擦副表面形成持续的油膜,如图 2-1-6 所示。

图 2-1-6 转向助力油稳定性
(a) 良好;(b) 非良好

六、转向助力油的更换周期

转向助力油需定期检查,必要时需及时更换,防止油罐液位过低、油液变质或者脏污后影响车辆的转向性能，从而造成不必要的汽车故障。

一般建议更换周期为每 2~3 年或者 4 万~5 万 km，但实际上受车况、路况、驾驶习惯和环境等多种因素的共同影响，更换的时间还是要根据具体情况，可参考汽车保养手册来确定。

七、转向助力油更换

（1）检查转向助力油，如图 2-1-7 所示。

①清洁转向油罐，如图 2-1-7（a）所示。

②检查转向助力油液面位置，如图 2-1-7（b）所示。

③检查转向助力油品质，如图 2-1-7（c）所示。

转向助力液的检查与更换

(a)

(b)

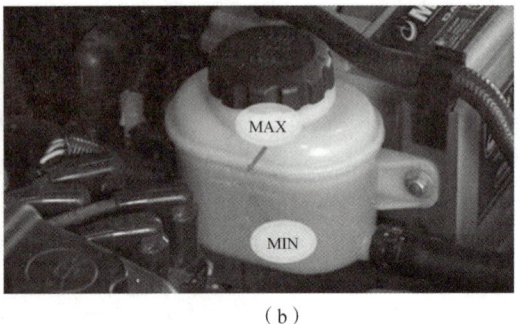

(c)

图 2-1-7　检查转向助力油

（2）更换转向助力油，如图 2-1-8 所示。

①举升车辆，如图 2-1-8（a）所示。

②清洁转向油罐，如图 2-1-8（b）所示。

③抽取转向助力油，如图 2-1-8（c）所示。

④放置储液罐至正确位置，如图 2-1-8（d）所示。

⑤移出出油管固定卡箍，如图 2-1-8（e）所示。

⑥拆下储液罐上的出油软管，如图 2-1-8（f）所示。

⑦检查换挡杆位置，如图 2-1-8（g）所示。

⑧检查驻车制动器是否拉紧，如图 2-1-8（h）所示。

⑨安装储液罐上的出油软管，如图 2-1-8（i）所示。

⑩加注转向助力油，如图 2-1-8（j）所示。

⑪起动发动机，如图 2-1-8（k）所示。
⑫检查转向系统，如图 2-1-8（l）所示。
⑬发动机怠速运转，如图 2-1-8（m）所示。
⑭抽取转向动力油，如图 2-1-8（n）所示。
⑮再次起动发动机，如图 2-1-8（o）所示。
⑯检查转向系统，如图 2-1-8（p）所示。
⑰查看储液盘中的转向助力液，如图 2-1-8（q）所示。

注意事项：
举升车辆到合适位置后确保前车轮能自由旋转。
（a）

（b）

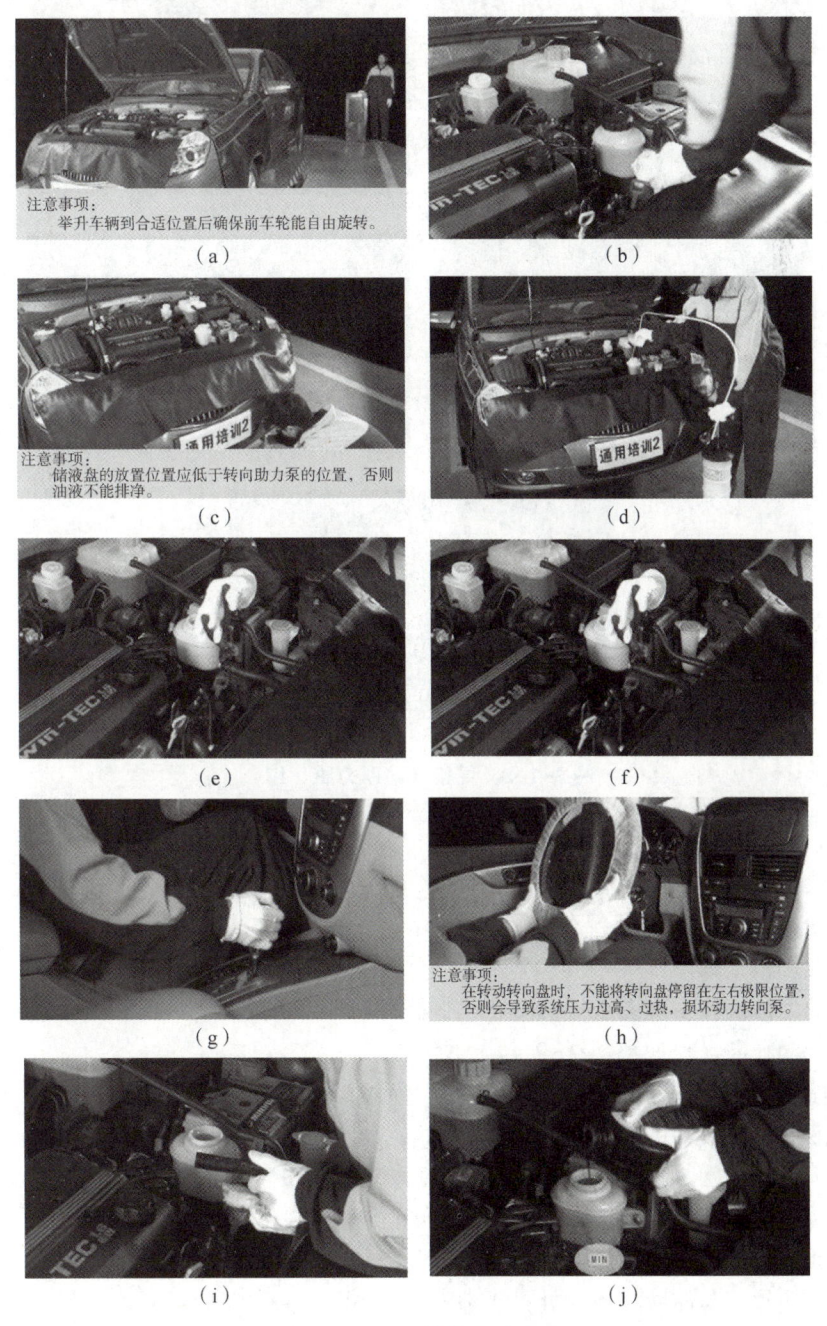

注意事项：
储液盘的放置位置应低于转向助力泵的位置，否则油液不能排净。
（c）

（d）

（e）

（f）

（g）

注意事项：
在转动转向盘时，不能将转向盘停留在左右极限位置，否则会导致系统压力过高、过热，损坏动力转向泵。
（h）

（i）

（j）

图 2-1-8　更换转向助力油

(k)　　　　　　　　　(l)
(m)　　　　　　　　　(n)
(o)　　　　　　　　　(p)
(q)

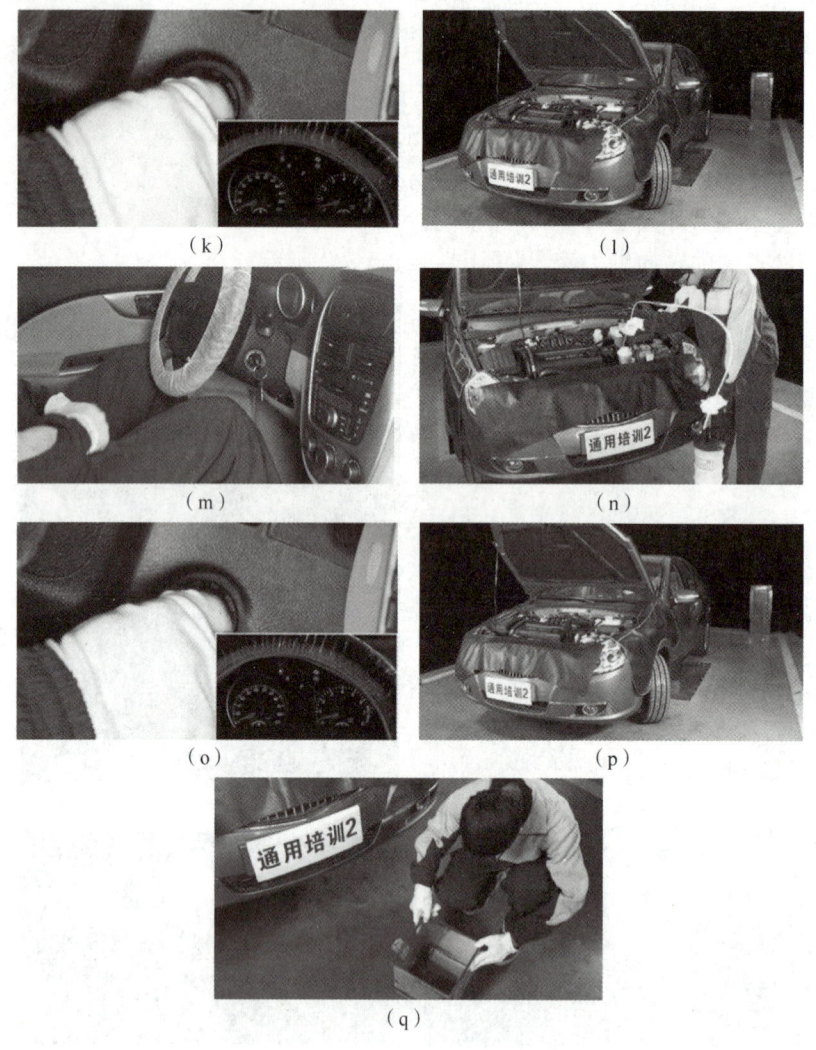

图 2-1-8　更换转向助力油（续）

(3) 加注转向助力油，如图 2-1-9 所示。
①安装储油罐上的出油软管，如图 2-1-9 (a) 所示。
②加注助力转向油，如图 2-1-9 (b) 所示。
③起动发动机，如图 2-1-9 (c) 所示。
④检查助力油液位，如图 2-1-9 (d) 所示。
⑤左右转动转向盘，如图 2-1-9 (e) 所示。
⑥观察储油罐中的油液，如图 2-1-9 (f) 所示。
⑦观察液面读数，如图 2-1-9 (g) 所示。
⑧降下车辆，如图 2-1-9 (h) 所示。
⑨确保转向功能正常，如图 2-1-9 (i) 所示。
⑩检查助力油液面，如图 2-1-9 (j) 所示。
⑪检查出油软管与储液罐连接处是否泄漏，如图 2-1-9 (k) 所示。

模块二 ▶▶▶ 底盘维护

(a)　(b)　(c)　(d)　(e)　(f)

注意事项：
动力转向系统经过维修，必须从转向机构排除空气，才能得到正确的液面读数。

(g)　(h)　(i)　(j)　(k)

图 2-1-9　加注转向助力油

任务实施

一、任务准备

1. 组织方式

1）场地设施

别克凯越 4 台，标准保养场地工位 4 个（气鼓、举升机等）。

2）作业工具

世达工具 4 套，手动助力泵 4 个，泡沫清洗剂 4 瓶，漏斗 4 个，转向助力液 4 瓶，清洁布。

3）学生组织

分组进行，使用实车进行训练。

时间/min	任务	操作对象
0~10	组织学生认识转向助力液的助力原理	教师
11~30	更换转向助力液	学生
31~40	讲师点评和讨论	教师

4）检查实训任务

以单人实操后完成下列工单内容，提交给指导老师，现场完成后老师给予点评作为本次实训的成绩计入学时。

实训工单内容如下。

转向助力液更换				
姓名		学号		班级
指导教师		成绩		考试时间
车辆信息正确记录：				
发动机型号		发动机排量		
车辆识别代码		行驶里程数		
实训内容				
检查转向助力液的方法	（请写出具体操作步骤）			
更换转向助力液的方法	（请写出具体操作步骤）			
结果分析				

2. 技术参数准备

2012款别克凯越维修手册及行业维修标准等。

3. 核心技能点准备

（1）配有液力转向助力系统的汽车，在使用过程中应避免将方向打死，否则长时间如此会烧蚀助力转向油泵。

（2）更换转向助力油时，一定要采取必要的保护措施，如有沾染应立即进行清洗。因为转向助力油有一定的腐蚀性，尤其对油漆、人体都有比较大的伤害。

4. 作业注意事项

（1）检查转向助力油时，如果发现转向助力油液位明显下降，应检查转向助力油中是否含有空气，软管接头处和密封圈处是否有渗油、漏油。若存在以上问题应修复，并添加相同型号的转向助力油。

（2）转动转向盘时，不能将转向盘停留在左、右极限位置，否则会导致系统压力过高、过热，损坏动力转向泵。

（3）动力转向系统经过维修，必须从转向机构排除空气才能得到正确的液面读数。油液中的空气可能会导致泵产生噪声，时间一久还会导致泵损坏。

二、操作步骤（建议结合维修手册组织开展，适当引入企业岗位规范）

1. 检查转向助力油

（1）检查转向助力油液位。

（2）检查转向助力油品质。

2. 更换转向助力油

（1）举升车辆。

（2）抽出储油罐内的转向助力油。

（3）排净转向系统中的转向助力油。

（4）起动发动机。

（5）清洗动力转向系统。

3. 加注转向助力油

（1）加注转向助力油。

（2）排净动力转向系统中的空气。

（3）降下车辆。

（4）重新检查转向助力油。

任务评价

序号	评价项目	评价内容	分值	学员互评（40%）	教师评价（60%）
1	专业能力（70分）	了解转向助力油的作用	5		
2		掌握转向助力油的特性	5		
3		认识液压助力转向系统的结构	5		
4		掌握更换转向助力油的步骤及注意事项	5		
5		正确选用工具并清点	5		
6		正确完成准备工作	5		
7		检查转向助力油	15		
8		更换转向助力油	15		
9		清点、检查、维护工具和耗材，清扫和整理现场	5		
10		工单填写	5		
11	职业素养（30分）	严格遵守操作规程，严禁违规作业	5		
12		责任意识，工作态度端正	5		
13		团队合作意识，互相协作良好	5		
14		从业人员的安全意识	5		
15		严谨扎实的工作作风	5		
16		精益求精的工匠精神	5		
		得分	100		
姓名：		学号：	总得分：		评价人：

子任务二　车轮定位及调整

任务描述

一辆行驶里程约 120 000 km 的威朗轿车，车主反映该车在行驶过程中，转向盘回正后，车轮还是存在跑偏现象。4S 店维修技师接车后进行试车，确认了故障现象，同时还发现车辆左、右前轮胎有不均匀磨损，提出要对车辆做四轮定位检测。你能根据维修手册，独立完成车轮定位及调整的任务吗？

任务目标

1. 能描述车轮定位的定义；
2. 能描述车轮定位参数的定义；
3. 能掌握车轮进行定位的情形；
4. 能根据维修手册正确进行车轮定位及调整；
5. 勇担"交通强国"的使命，培养学生勤勉工作、精进技艺技能的劳动精神、劳模精神；
6. 培养主动服务建设交通强国、交通振兴的职业精神。

知识准备

一、车轮定位概述

车轮定位指的是汽车的每个车轮、转向节和车桥与车架的安装应保持一定的相对位置。其作用是增加行驶安全性，保持直线行驶的稳定性，保证汽车转弯时的转向轻便并使转向轮自动回正，减少燃油（或燃料）消耗和轮胎的磨损，增加驾驶操控性和降低悬架部件磨损等。

传统车轮定位主要指前轮定位，但越来越多的现代汽车同时对后轮定位，即四轮定位。前轮定位参数有主销后倾角、主销内倾角、前轮外倾角和前轮前束，后轮定位参数有后轮外倾角和后轮前束（推力角）。四轮定位以汽车的四轮定位参数为依据，通过调整以确保汽车良好的行驶性能并具备一定的可靠性。

二、四轮定位参数

四轮定位参数即指转向前轮和转向后轮的定位参数。当转向桥在保证汽车转向功能时，应使转向轮有自动回正作用，以保证汽车稳定直线行驶，即当转向轮在偶遇外力作用发生偏转时，一旦作用的外力消失，应能立即自动回到原来直线行驶的位置。这种自动回正作用是由转向轮的定位参数来保证的，车轮定位参数主要有主销后倾角、主销内倾角、前轮外倾角、前轮前束、后轮外倾和后轮前束。

1. 主销后倾

主销安装在前轴（转向轮）上，其上端略向后倾斜，这种现象称为主销后倾，如图 2-1-10 所示。在垂直于汽车支承平面的纵向平面内，主销轴线与汽车支承平面垂线之间的夹角 γ 称为主销后倾角。

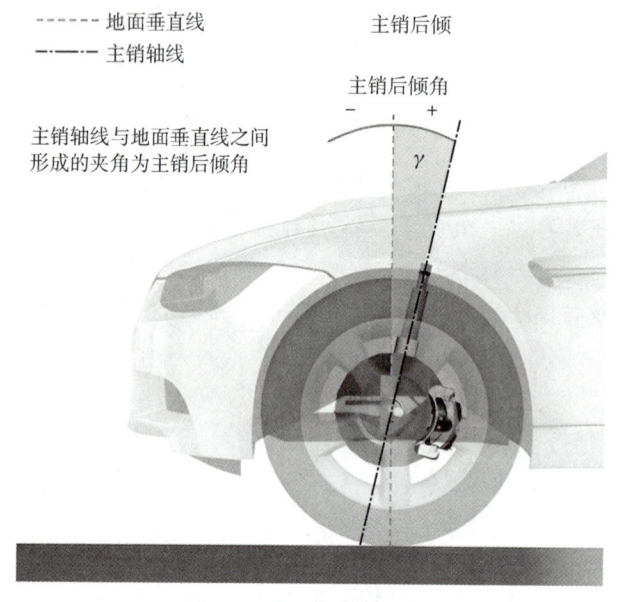

图 2-1-10 主销后倾角

主销后倾能使车轮在转向时，与路面接触的轮胎胎面左、右两侧及轮胎侧壁发生挤压变形，形成回正力矩，使车轮产生自动回正的趋势，保证汽车直线行驶的稳定性。主销后倾角越大，车轮的行驶稳定性越好，如图 2-1-11 所示。车速越高，回正力矩越大，转向轮偏转后自动回正的能力也越强，但是相应地转向时转动转向盘也就越费力。

图 2-1-11 主销后倾角原理

2. 主销内倾

主销安装在前轴（转向轮）上，其上端略向内侧倾斜，这种现象称为主销内倾。在垂直于汽车支承平面的横向平面内，主销轴线与汽车支承平面垂线之间的夹角 β 称为主销内倾角，如图 2-1-12 所示。

——— 地面垂直线
——— 主销轴线

主销内倾

主销内倾角

在汽车横向平面内，地面垂直线与主销轴线之间形成的夹角为主销内倾角

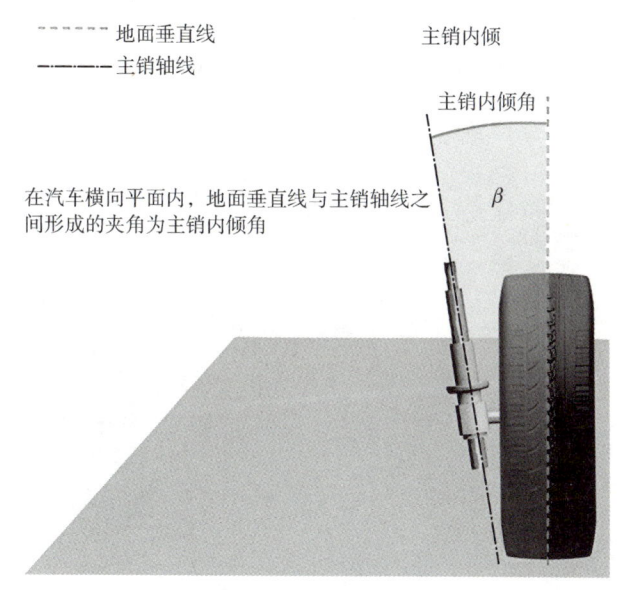

β

图 2-1-12　主销内倾角

由于主销内倾，转向时路面作用于转向轮上的阻力对主销轴线产生的力矩减小，从而可减少转向时施加在转向盘上的力，使转向操纵轻便。同时还可以减小因路面不平而从转向轮传到转向盘上的冲击力。

由于主销内倾角的存在，使得车轮转向时的趋势是车轮整体下移，但是由于汽车经常行驶的铺装路面均为硬质路面，因此在转向时，车轮会抵抗重力而将车头抬起，而当转向力消失时，车轮便会在重力的作用下自动回正，如图 2-1-13 所示。主销内倾角越大，这种回正作用越明显，但是角度过大也会造成轮胎的过度磨损。

撤去转向盘外力后，前轮在车身重力作用下自动回正

硬地面

图 2-1-13　主销内倾原理

3. 前轮外倾

当转向轮安装在转向节上时，其旋转平面上端向外倾斜，这种现象称为转向车轮外倾。车

轮旋转平面与垂直于车辆支承面的纵向平面之间的夹角 α 称为车轮外倾角，如图 2-1-14 所示。

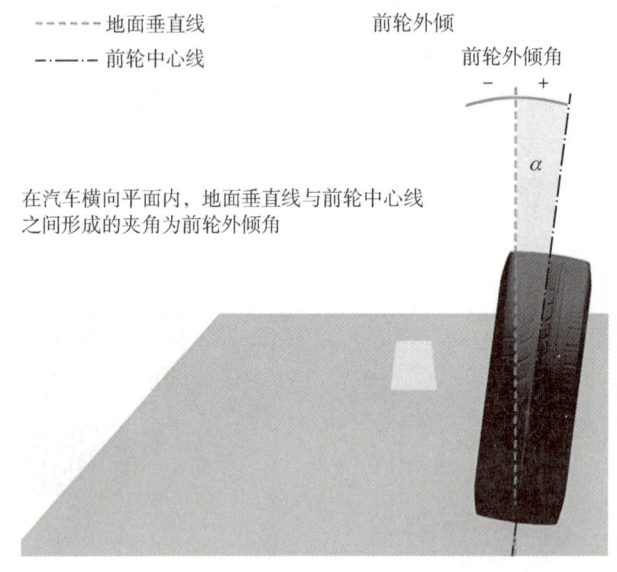

图 2-1-14 前轮外倾角

车轮外倾角的功用是提高车轮工作的安全性和转向操纵的轻便性。如果车辆在空载状态下保持车轮垂直于路面的状态，则当加上负载甚至满载时，由于悬架行程压缩及变形、活动面间隙减少，车轮便会呈现"八"字的"内倾"状态，使轮胎磨损增加。

另外，车轮内倾将使路面对车轮的垂直反作用力的轴向分力压向轮毂外端的小轴承，使该轴承及其锁紧螺母等件承受的载荷增大，降低了它们的使用寿命，严重时会损坏锁紧螺母而使车轮脱落。为了减少这种影响，便设计了"车轮外倾"这个提前量来抵消"内倾"的出现，这样在车辆加上载荷之后，车轮便能以更好的角度与路面接触，减少了偏磨和轴承的负担，如图 2-1-15 所示。不过，过大的外倾角也会导致轮胎的横向偏磨增加。

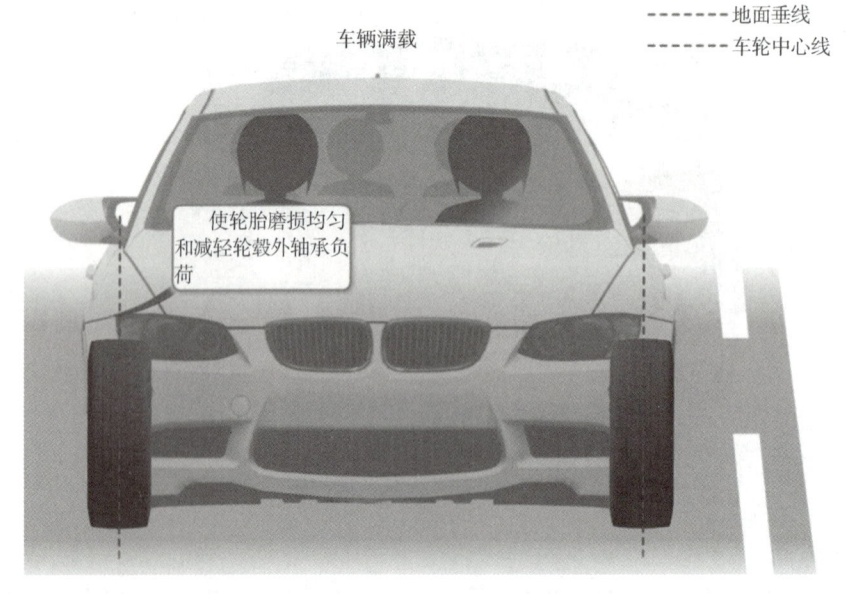

图 2-1-15 前轮外倾原理

4. 前轮前束

车轮安装在车桥上，两前轮的中心平面不平行，其前端略向内侧收束，这种现象称为前轮前束。两前轮后端距离 A 大于前端距离 B，其差值 $A-B$ 称为前轮前束值，如图 2-1-16 所示。

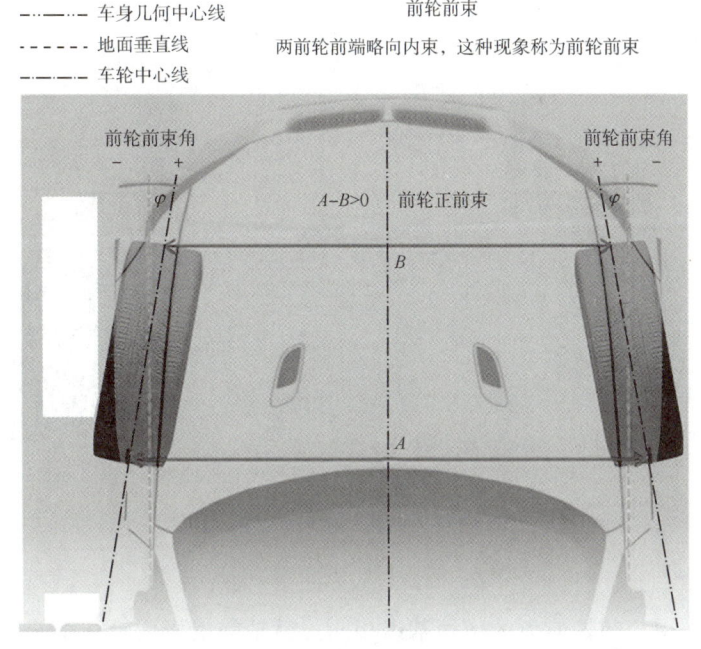

图 2-1-16　前轮前束角

前束的作用是抵消因外倾导致的两侧车轮向外张开的状态，前束状态下造成的两侧车轮向内侧的滑动也会与外倾导致的滑动相抵消，使车轮基本能够以无滑动的方式平行向前滚动，如图 2-1-17。当车轮前端距离大于后端时，称为负前束，这种设定是为了抵消车轮内倾带来的不良影响，同样是为了车轮能够平行地向前滚动。

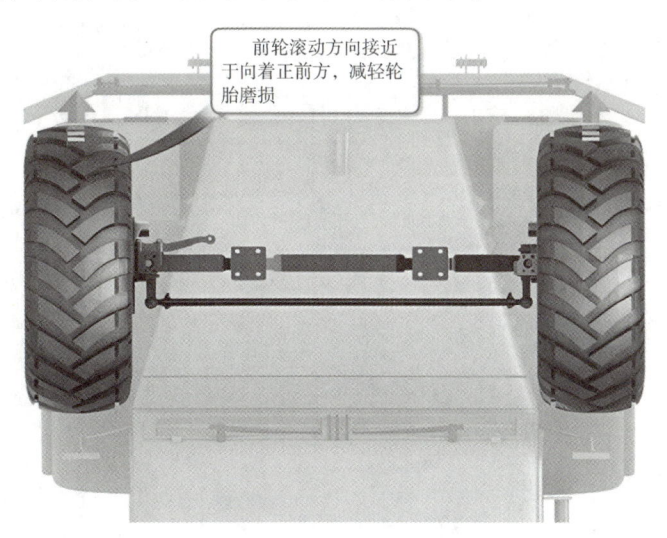

图 2-1-17　前轮前束原理

5. 后轮外倾

地面垂直线与后轮中心线之间形成的夹角称为后轮外倾角,包括正外倾和负外倾,当后轮顶部向外倾斜时,后轮外倾角为正;当后轮顶部向内倾斜时,后轮外倾角为负,如图 2-1-18 所示。为了对载荷进行补偿,采用独立悬架的大多数车辆常带有一个较小的后轮外倾角。

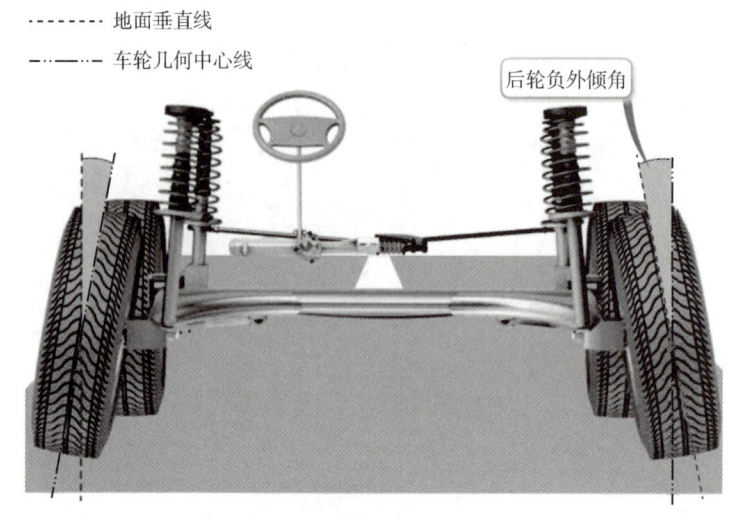

图 2-1-18 后轮外倾角

6. 后轮前束

后轮前束的作用与前轮前束的作用基本相同。后轮前束指后轮从正前方位置向内或向外的偏转程度,后轮向内转时,后轮前束为正;后轮向外转时,后轮前束为负,如图 2-1-19 所示。一般前驱汽车,前驱动轮宜采用正前束,后从动轮宜采用负前束;对于后驱汽车,前从动轮宜采用负前束,后驱动轮采用正前束。

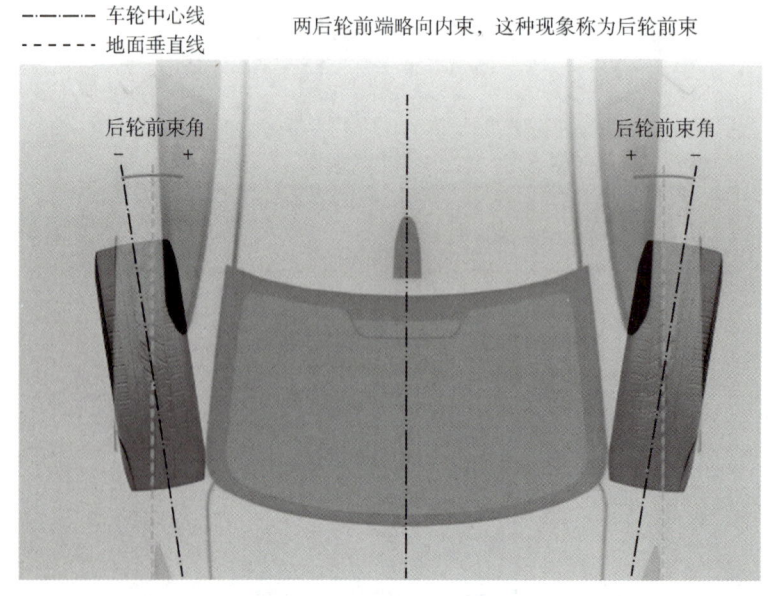

图 2-1-19 后轮前束角

三、车轮定位及调整

当车辆的行驶性能受到了影响，如车辆跑偏、转动转向盘不自动回轮等，以及车辆因事故造成底盘、悬架损伤，轮胎出现磨损异常，车桥及悬架的零件被拆下过时，一般都要进行四轮定位。

四轮定位及调整步骤如图 2-1-20 所示。

(1) 确认车轮位置，如图 2-1-20（a）所示。
(2) 举升车辆，如图 2-1-20（b）所示。
(3) 检查前稳定杆，如图 2-1-20（c）所示。
(4) 检查后减震器，如图 2-1-20（d）所示。
(5) 电池车轮定位软件，如图 2-1-20（e）所示。
(6) 输入车辆信息，如图 2-1-20（f）所示。
(7) 测量胎压，如图 2-1-20（g）所示。
(8) 测量花纹宽度，如图 2-1-20（h）所示。
(9) 安装车轮卡具，如图 2-1-20（i）所示。
(10) 连接电缆，如图 2-1-20（j）所示。
(11) 启动传感器，如图 2-1-20（k）所示。
(12) 调水平，如图 2-1-20（l）所示。
(13) 补偿定位，如图 2-1-20（m）所示。
(14) 检查两轮位置，如图 2-1-20（n）所示。
(15) 安装制动锁，如图 2-1-20（o）所示。
(16) 向左、右旋转 20°，如图 2-1-20（p）所示。
(17) 等值单独前束，如图 2-1-20（q）所示。
(18) 正前打直，如图 2-1-20（r）所示。
(19) 固定转向盘，如图 2-1-20（s）所示。
(20) 调整前束参数，如图 2-1-20（t）所示。

汽车车轮定位测量与调整

四轮定位

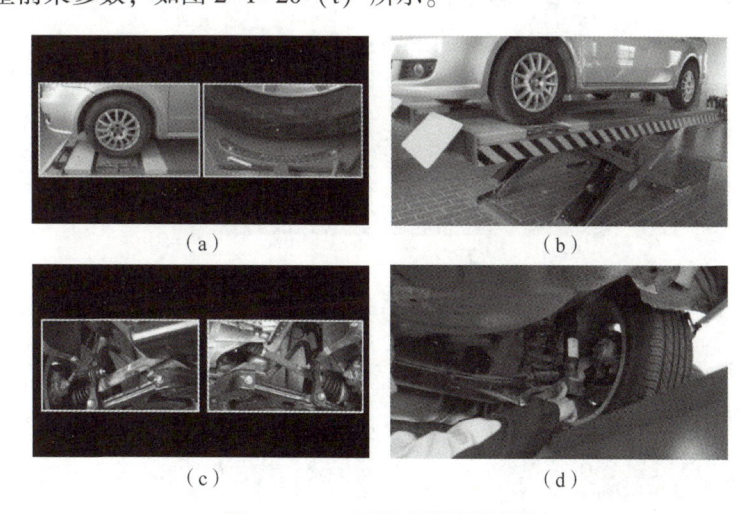

（a）　　　　　（b）

（c）　　　　　（d）

图 2-1-20　四轮定位调整步骤

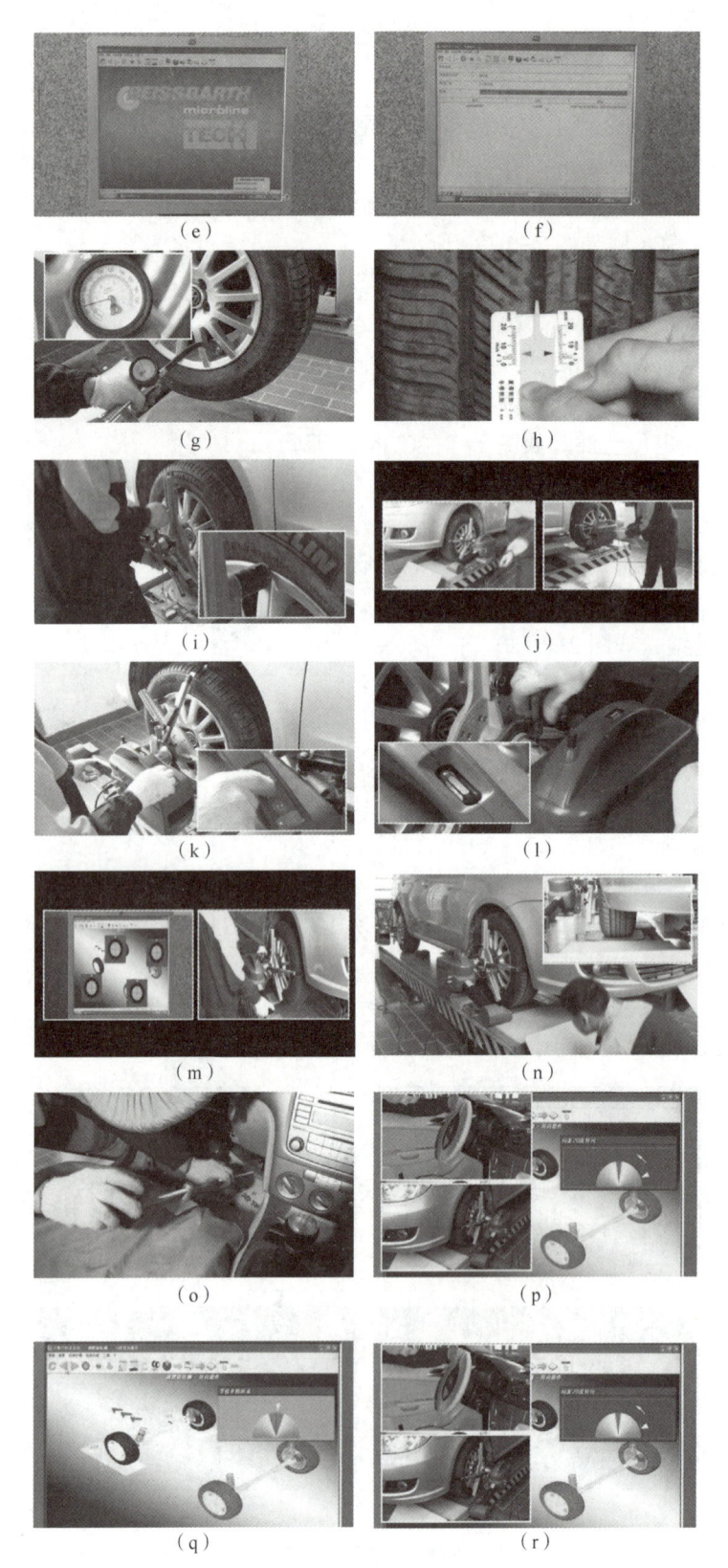

图 2-1-20 四轮定位调整步骤（续）

（s） （t）

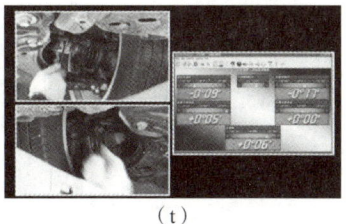

图 2-1-20　四轮定位调整步骤（续）

任务实施

一、任务准备

1. 组织方式

1）场地设施

别克威朗 4 台，标准保养场地工位 4 个（气鼓、举升机等）。

2）作业工具

世达工具 4 套，卷尺 4 卷，轮胎气压表 4 个，花纹深度计 4 个，移动工具箱及配套工具，四轮定位仪 4 台，清洁布。

3）学生组织

分组进行，使用实车进行训练。

时间/min	任务	操作对象
0~10	组织学生分析何时做车轮定位	教师
11~30	车轮定位及调整	学生
31~40	讲师点评和讨论	教师

4）检查实训任务

以单人实操后完成下列工单内容，提交给指导老师，现场完成后老师给予点评作为本次实训的成绩计入学时。

实训工单内容如下。

车轮定位及调整					
姓名		学号		班级	
指导教师		成绩		考试时间	
车辆信息正确记录：					
发动机型号			发动机排量		
车辆识别代码			行驶里程数		

续表

实训内容	
检查车轮的方法	（请写出具体操作步骤）
车轮定位的方法	（请写出具体操作步骤）
结果分析	

2. 技术参数准备

2016款威朗维修手册及行业维修标准等。

3. 核心技能点准备

（1）在进行对车轮定位有影响的任何调整前，为确保定位读数正确，应先对相关部件总成进行检查，并对不符合参数要求的情况进行调整。

（2）定位仪通常需要配合专用的子母举升机使用，使用子母举升机时一定要注意两边的锁止机构是否锁止。

4. 作业注意事项

（1）将车辆驶上升降平台，检查并确认四轮中心分别对正各自的转角盘和滑板中心。

（2）在进行定位时，还应考虑额外的载荷，比如工具箱等较重物品。如燃油箱未加满，则应向车辆增加相应的补偿载荷。

（3）调整前束参数时，要保证左、右转向拉杆长度相等，避免左、右轮胎磨损不均匀。

二、操作步骤（建议结合维修手册组织开展，适当引入企业岗位规范）

（1）检查实训车辆。

（2）安装夹具、传感器及连接电缆。

（3）偏位补偿。

（4）调整车轮定位前的检测。

（5）检测及调整前轮前束。

任务评价

序号	评价项目	评价内容	分值	学员互评（40%）	教师评价（60%）
1	专业能力（70分）	了解车轮定位的功用	5		
2		掌握四轮定位的参数	5		
3		明确何时做车轮定位	5		
4		掌握车轮定位调整的步骤及注意事项	5		
5		正确选用工具并清点	5		
6		正确完成准备工作	5		
7		检查车轮	15		
8		车轮定位	15		
9		清点、检查、维护工具和耗材，清扫和整理现场	5		
10		工单填写	5		
11	职业素养（30分）	严格遵守操作规程，严禁违规作业	5		
12		责任意识，工作态度端正	5		
13		团队合作意识，互相协作良好	5		
14		从业人员的安全意识	5		
15		严谨扎实的工作作风	5		
16		精益求精的工匠精神	5		
得分			100		
姓名：		学号：	总得分：	评价人：	

学习任务二

制动系统维护

⚙ 工作情境描述

一辆威朗轿车车主反映,在行车制动时产生摩擦噪声,制动摩擦片磨损指示器亮起,而且噪声越来越明显。

根据车主反馈情况,需要对车辆制动系统进行详细检查,分析具体原因,制定详细的保养计划并开展实际维修操作。

制动系统维护

子任务一 制动盘、制动片的检测与更换

任务描述

有一辆行驶里程为 45 124 km 的轿车，客户反映在低温时前部出现刺耳的制动噪声，当车辆热车之后，制动的尖锐响声随之消失且客户反映能看到制动盘的摩擦面有明显的起槽现象。经维修技师检查是由于制动片出现脱落现象导致的，需检测与更换制动盘、制动片。你能根据维修手册，独立完成该任务吗？

任务目标

1. 能描述制动系统的组成；
2. 能描述盘式制动器的特点；
3. 能根据维修手册正确检测与更换制动盘；
4. 能根据维修手册正确检测与更换制动片；
5. 牢固树立学生的创新意识；
6. 做好7S管理工作，促进人与自然和谐共生。

知识准备

一、制动系统功用

制动系统是汽车上用以使外界（主要是路面）在汽车某些部分（主要是车轮）施加一定的力，从而对其进行一定程度的强制制动的一系列专门装置，同时也是汽车底盘结构中一个重要的组成部分。该系统具备减速、停车和驻车三种功能。

1. 减速

汽车在行驶过程中，驾驶员踩下踏板，制动系统产生制动作用，可使汽车按照驾驶员的要求减速行驶，如图 2-2-1 所示。

2. 停车

制动系统可使行驶中的汽车按照驾驶员的要求进行适时的停止行驶，使已停驶的汽车保持不动，如图 2-2-2 所示。

3. 驻车

对停驶的车辆，特别是在坡道上停驶的汽车可使之可靠地驻留原地不动，如图 2-2-3 所示。

图 2-2-1　制动系统的减速功能

图 2-2-2　制动系统的停车功能

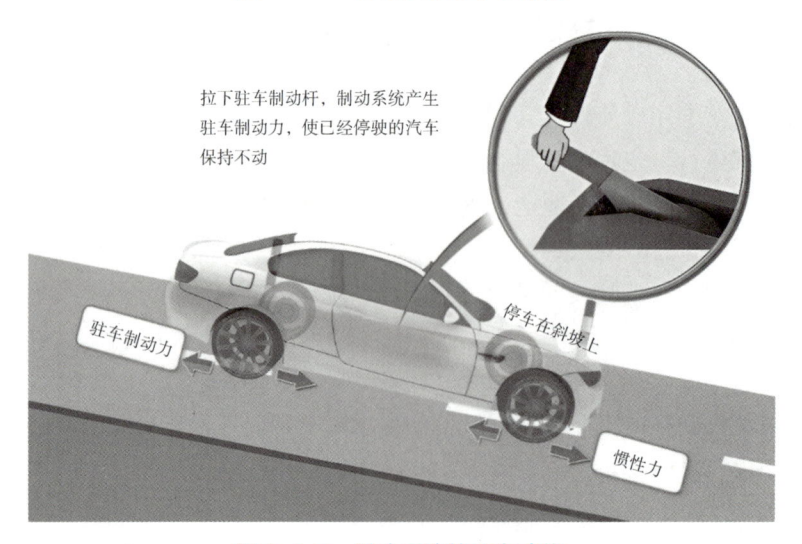

图 2-2-3　制动系统的驻车功能

二、制动系统的组成

制动系统主要由供能装置、控制装置、传动装置和制动器4部分组成。

1. 供能装置

供能装置包括供给、调节制动所需能量以及改善传能介质状态的各种部件,其中产生制动能量的部分称为制动能源。人的肌体也可作为制动能源。

2. 控制装置

控制装置包括产生制动动作和控制制动效果的各个部件,如制动踏板等。

3. 传动装置

传动装置将驾驶人或其他动力源的作用力传到制动器,同时控制制动器的工作,从而获得所需的制动力矩,包括将制动能量传输到制动器的各个部件,如制动主缸、制动轮缸等。

4. 制动器

制动器是产生阻碍车辆运动或运动趋势的力的部件。

常见的制动器主要有鼓式制动器和盘式制动器,图2-2-4所示为制动系统组成。车轮制动器由旋转元件和固定元件两大部分组成。旋转元件与车轮相连接,固定元件与车桥相连接,利用旋转元件和固定元件之间的摩擦,产生制动器制动力。盘式制动器已广泛应用于轿车,现在大部分轿车用于全部车轮,少数轿车只用作前轮制动器,与后轮的鼓式制动器配合,以使汽车有较高的制动时的方向稳定性。

鼓式制动器的
拆装和检修

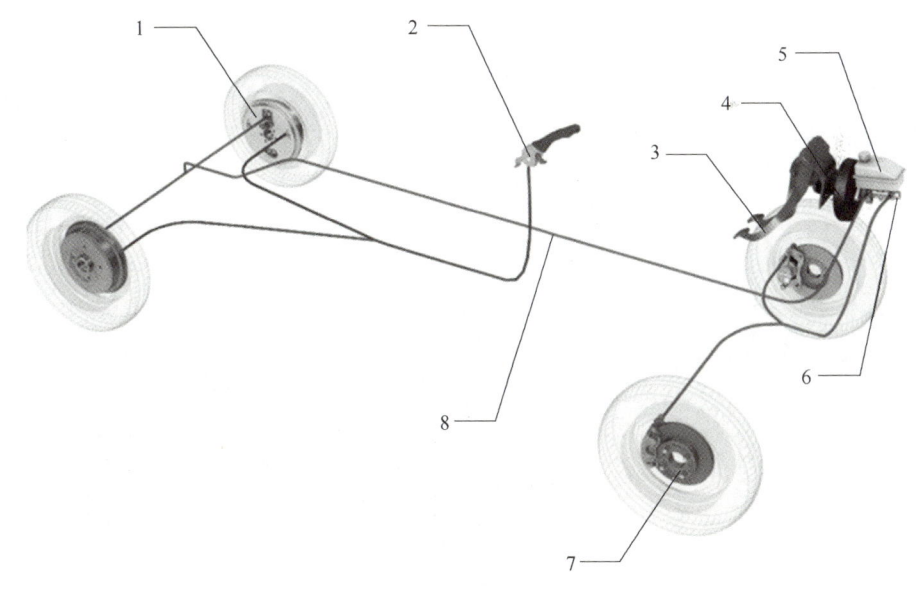

图2-2-4 制动系统组成

1—鼓式制动器;2—手刹;3—制动踏板;4—真空助力器;5—储液罐;6—制动总泵;7—盘式制动器;8—液压管路

三、盘式制动器概述

1. 定义

凡利用固定元件和旋转元件工作表面的摩擦作用产生制动力矩的制动器都称为摩擦制动器,盘式制动器是摩擦制动器的一种。

机械式驻车制动器
拆装和调整

2. 结构

盘式制动器主要由制动钳、摩擦块、制动盘、活塞、制动缸体等几部分组成，如图2-2-5所示。其中，盘式制动器摩擦副中的旋转元件是以端面工作的金属圆盘，此圆盘称为制动盘。工作面积不大的摩擦块与其金属背板组成制动片，制动片及其促进装置都装在横跨制动盘两侧的夹钳形支架中，总称为制动钳。

图2-2-5 盘式制动器基本结构
1—制动盘；2—摩擦块；3—制动钳；4—活塞

3. 类型

按制动器中固定元件的结构，盘式制动器可分为钳盘式制动器和全盘式制动器两大类，如图2-2-6所示。钳盘式制动器过去只用作中央制动器，目前已在轿车上普及；全盘式制动器只有少数汽车，主要是重型汽车使用，个别情况下还可作为缓冲器使用。

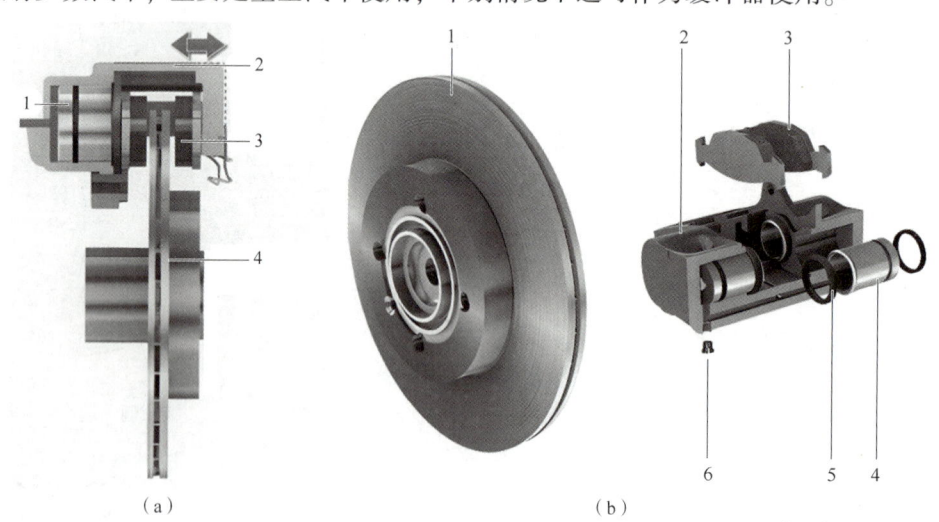

(a)　　　　　　　　(b)

图2-2-6 盘式制动器类型
(a) 钳盘式制动器
1—活塞；2—制动钳；3—摩擦块；4—制动盘
(b) 全盘式制动器
1—制动盘；2—制动钳壳体；3—摩擦块；4—活塞；5—活塞防尘罩；6—螺钉

4. 特点

1）优点

（1）盘式制动器无摩擦助势作用，制动力矩受摩擦系数的影响较小，热稳定性好。

（2）盘式制动器浸水后效能降低较少，只需经一两次制动即可恢复正常。

（3）在输出相同制动力矩的情况下，盘式制动器的尺寸和质量一般较小。

（4）制动盘沿厚度方向的热膨胀量极小，不会因热膨胀使制动器间隙明显增加，导致制动踏板行程过大。

（5）较容易实现间隙自动调整，其他维修作业也较简便。

2）缺点

（1）效能较低，所需制动促动管路压力较高，一般要用伺服装置。

（2）兼用于驻车制动时，需要加装的驻车制动传动装置较鼓式制动器复杂。

四、盘式制动器制动片的检测与更换

1. 拆卸盘式制动器制动片

（1）举升车辆至合适高度。

（2）拆下前部车轮，拆卸制动钳螺栓，向上转动制动钳，并用钢丝支撑，拆下盘式制动片，如图2-2-7所示。

（3）使用制动钳活塞收缩工具，将盘式制动器制动钳活塞推至制动钳孔内部，拆卸制动片弹簧，清理制动片构件接合面。

2. 检查制动盘

（1）目视检查制动片表面是否有裂纹、变形、磨损或沟槽。

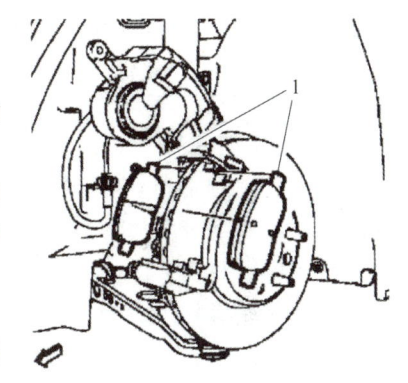

图 2-2-7 拆下盘式制动片

注意：制动盘表面有划痕是正常现象，但是当制动盘表面的擦痕过深，超过0.4 mm的极限值时，应更换制动盘；如果只有一侧有擦痕，则应抛光修理有划痕这一侧。

（2）使用千分尺测量距制动盘边缘10 mm处三点的厚度（角度间隔120°），与标准厚度比较其磨损极限为3 mm。若磨损严重，则需更换制动盘。

（3）将制动盘固定在轮毂上，使用百分表检查其端面圆跳动量，跳动量应不大于0.04 mm。若超过此数值，则应更换制动盘。

（4）检查制动片的磨损是否均匀，最大不均匀磨损量不得超过1 mm。若磨损量过大，则需更换制动片。

（5）使用游标卡尺测量摩擦衬片三个点或四个点的厚度，使用极限为2 mm。若超过使用极限，则应更换制动块。

3. 盘式制动器制动片的安装

（1）确保制动片构件接合面清洁干净并安装制动片弹簧。

（2）涂抹一层高温硅酮润滑剂至制动片固定件上，安装盘式制动片。

（3）拆下钢丝，并将制动钳转动到位，安装制动钳螺栓，紧固至36 N·m。

(4) 安装前部车轮，降下车辆使轮胎与地面接触。

任务实施

一、任务准备

1. 组织方式

1）场地设施

别克威朗4台，标准保养场地工位4个（气鼓、举升机等）。

2）作业工具

世达工具4套，定扭式扭力扳手，指针式扭力扳手，记号笔4支，游标卡尺，外径千分尺，百分表，清洁布。

3）学生组织

分组进行，使用实车进行训练。

时间/min	任务	操作对象
0~10	组织学生认识盘式制动器在车上的位置及常见的损伤形式	教师
11~30	制动盘、制动片的检测与更换	学生
31~40	讲师点评和讨论	教师

4）检查实训任务

以单人实操后完成下列工单内容，提交给指导老师，现场完成后老师给予点评作为本次实训的成绩计入学时。

实训工单内容如下。

制动盘、制动片的检测与更换					
姓名		学号		班级	
指导教师		成绩		考试时间	
车辆信息正确记录：						
发动机型号			发动机排量		
车辆识别代码			行驶里程数		
实训内容						
检测制动盘、制动片	1. 制动盘表面的擦痕：标准值，≤0.4 mm；		测量值：_____		
	2. 制动盘厚度：标准值，22 mm；		测量值：_____		
	3. 端面圆跳动量：跳动量，≤0.04 mm；		测量值：_____		
	4. 制动片最大不均匀磨损量，≤1 mm；		测量值：_____		
	5. 摩擦衬片厚度，使用极限，≥2 mm；		测量值：_____		
更换制动盘、制动片的方法	（请写出具体操作步骤）				
结果分析					

2. 技术参数准备

2016款威朗维修手册及行业维修标准等。

3. 核心技能点准备

（1）检测制动盘跳动量时需要两人配合操作，一人在车内踩住制动踏板，另一人将轮胎螺母安装至制动盘外侧，先使用套筒、接杆、棘轮扳手组合工具预紧，再使用定扭式扭力扳手紧固至规定力矩。

（2）使用游标卡尺深度测量端测量摩擦片厚度，测量三次，取最小值作为摩擦片的厚度，标准值应大于1 mm。若测量值小于标准值，则应更换新的摩擦片。

4. 作业注意事项

（1）更换制动片后，应先反复踩下制动踏板至坚实，使制动钳活塞和制动片正确就位。

（2）更换制动片后需要检查制动液液位。

二、操作步骤（建议结合维修手册组织开展，适当引入企业岗位规范）

1. 盘式制动器制动片的拆卸

（1）举升车辆至合适高度。

（2）拆下前部车轮，拆卸制动钳螺栓，向上转动制动钳，并用钢丝支撑，拆下盘式制动片。

（3）使用制动钳活塞收缩工具，将盘式制动器制动钳活塞推至制动钳孔内部，拆卸制动片弹簧，清理制动片构件接合面。

2. 盘式制动器的检测

（1）目视检查制动片表面是否有裂纹、变形、磨损或沟槽。

（2）使用千分尺测量距制动盘边缘10 mm处三点的厚度（角度间隔120°），与标准厚度比较磨损极限为3 mm。若磨损严重，则需更换制动盘。

（3）将制动盘固定在轮毂上，使用百分表检查其端面圆跳动量，跳动量应不大于0.06 mm。若超过此数值，则应更换制动盘。

（4）检查制动片的磨损是否均匀，最大不均匀磨损量不得超过1 mm。若磨损量过大，则需更换制动片。

（5）使用游标卡尺测量摩擦衬片三个点或四个点的厚度，使用极限为2 mm。若超过使用极限，则应更换制动块。

3. 盘式制动器制动片的安装

（1）确保制动片构件接合面清洁干净并安装制动片弹簧。

（2）涂抹一层高温硅酮润滑剂至制动片固定件上，安装盘式制动片。

（3）拆下钢丝，并将制动钳转动到位，安装制动钳螺栓，紧固至36 N·m。

（4）安装前部车轮，降下车辆使轮胎与地面接触。

任务评价

序号	评价项目	评价内容	分值	学员互评（40%）	教师评价（60%）
1	专业能力（70分）	掌握制动系统的结构	5		
2		了解盘式制动器的特点	5		
3		认识盘式制动器在车上的位置及常见的损伤形式	5		
4		掌握制动盘、制动片的检测与更换步骤及注意事项	5		
5		正确选用工具并清点	5		
6		正确完成准备工作	5		
7		盘式制动器制动片的拆装	15		
8		盘式制动器的检测	15		
9		清点、检查、维护工具和耗材，清扫和整理现场	5		
10		工单填写	5		
11	职业素养（30分）	严格遵守操作规程，严禁违规作业	5		
12		责任意识，工作态度端正	5		
13		团队合作意识，互相协作良好	5		
14		从业人员的安全意识	5		
15		严谨扎实的工作作风	5		
16		精益求精的工匠精神	5		
		得分	100		

姓名： 学号： 总得分： 评价人：

子任务二　制动液更换与制动系统排气

任务描述

车主王女士发现自己的爱车今天在行驶过程中出现过三次制动"踩空"的现象，另外制动比较"疲软"，车子刹不住，于是打电话请求4S店进行现场救援。4S店维修技师接车后进行检查，确认了故障现象，提出需要更换制动液。你能根据维修手册，独立完成制动液更换与制动系统排气的任务吗？

制动液更换与制动系统排气

任务目标

1. 能描述制动液的功用；
2. 能描述制动液的使用性能；
3. 能鉴别机动车制动液质量的优劣；
4. 能根据维修手册正确进行制动液更换与制动系统排气；
5. 培养学生勇担"交通强国"的使命及勤勉学习、精进技艺的精神；
6. 树立严格遵守操作规程的意识。

知识准备

一、制动液的作用

制动液功用

在轿车和轻型汽车上广泛采用液压制动系统。汽车制动液是汽车液压制动系统中所采用传递压力以制止车轮转动的工作介质，在液压制动系统中肩负着重要的作用。目前国内外车辆大多使用合成型车用制动液。合成制动液是用醚、醇等添加剂调制而成，有凝固点低、低温流动性好、黏温特性好、闪点高、不易老化、腐蚀性小等优点，因此，在全国各地高速、大功率、重负荷、制动频繁的汽车均可使用，如图2-2-8所示。

图 2-2-8　制动液的作用

（制动液的作用：传递动力、散热、润滑、防锈）

1. 传递动力

制动液是传递动力的介质，在受到压力时，能迅速、均匀地将压力传递到系统各部分，如图 2-2-9 所示。

2. 散热

制动液可将制动时产生的热量带入制动管路，起到散热作用，如图 2-2-10 所示。

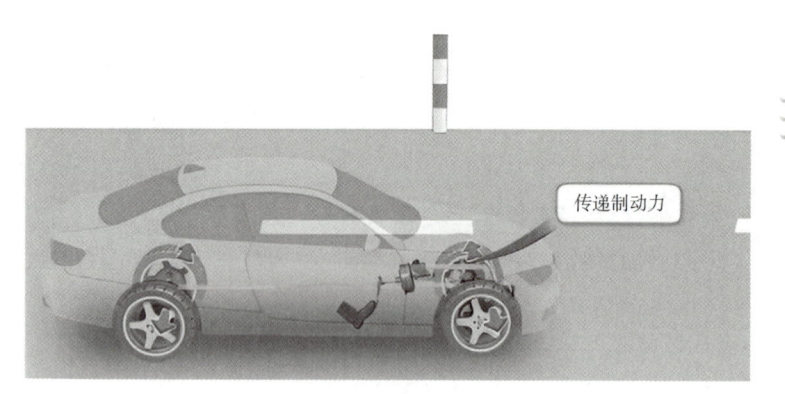

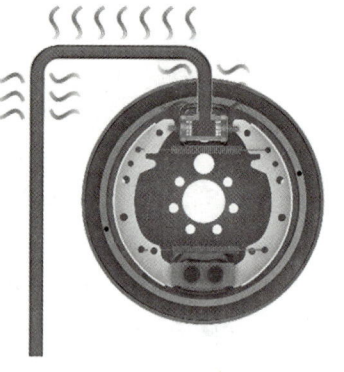

图 2-2-9　制动液传递动力功用

图 2-2-10　制动液散热功用

3. 润滑

制动液能对液压系统的运动件起到良好的润滑作用，如图 2-2-11 所示。

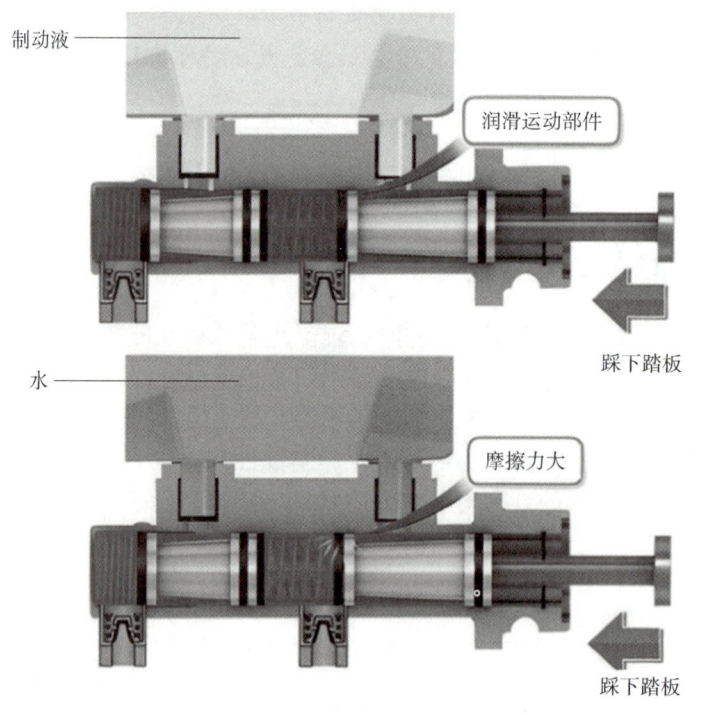

图 2-2-11　制动液润滑功用

4. 防锈

制动液可防止与之接触的金属件（铸铁、铜、铝或钢）腐蚀生锈，如图 2-2-12 所示。

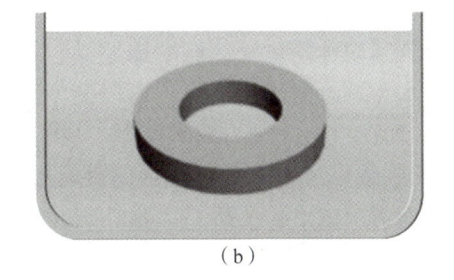

图 2-2-12　制动液防锈功用
(a) 水；(b) 制动液

二、制动液类型

制动液有三种类型，即合成制动液、矿物制动液、植物制动液，当前汽车最常用的是合成制动液，如图 2-2-13 所示。

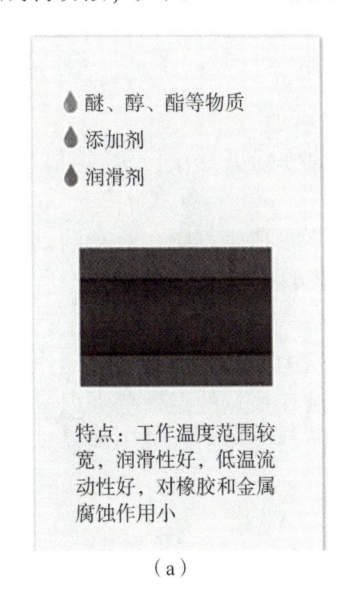

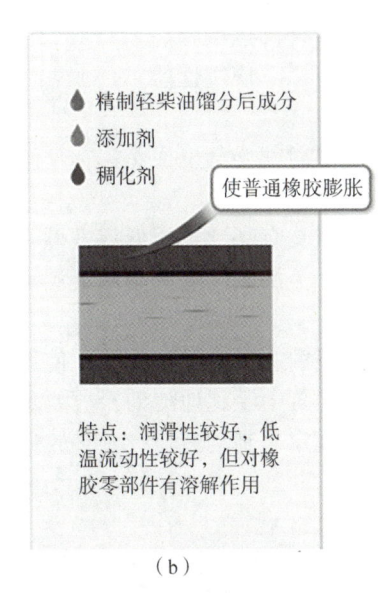

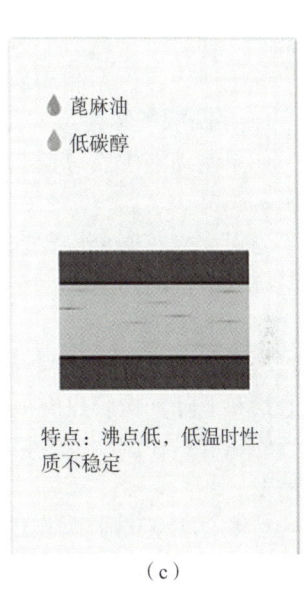

图 2-2-13　制动液类型
(a) 合成制动液；(b) 矿物制动液；(c) 植物制动液

合成制动液由醚、醇、酯等掺入润滑、抗氧化等添加剂制成，其特点是：工作温度范围较宽，润滑性好，低温流动性好，对橡胶和金属腐蚀作用小。

一般车用制动液都是以 DOT 为分类标准，按照美国联邦机动车安全标准（FMVSS 116）命名，目前使用的制动液有 DOT3、DOT4、DOT5.1、DOT5。DOT 编号越大，制动液沸点越高；在理想条件下，DOT 编号越小，制动液寿命越长。

(1) DOT3：一般为醇醚型。醇醚型的化学成分为低聚乙二醇或丙二醇。低聚乙二醇或丙二醇具有较强的亲水性，所以在使用或储存的过程中含水量会逐渐增高。由于制动油的沸点会随着水分含量的增高而降低，所以其制动性能会随之下降。

(2) DOT4：一般为酯型。酯型则是在醇醚型的基础上添加大量的硼酸酯。硼酸酯是由低聚乙二醇或丙二醇通过与硼酸的酯化反应而成。硼酸酯的沸点比低聚乙二醇或丙二醇更高，所以其制动性能更好。硼酸酯还具有较强的抗湿能力，它能分解所吸收的水分，从而减缓由于吸水而导致的沸点下降。所以酯型性能比醇醚型更好，价格也更高。

（3）DOT5.1：一般为硼酸酯型。由于基础成分不一样，DOT5.1的抗湿能力比DOT3和DOT4都要强很多，对水分有很强的分解能力，因此干、湿沸点都很高，性能更好，更换周期相较于前两个也更长，价格上也相对较高。

（4）DOT5：一般为硅油型。沸点与DOT5.1制动液相当，它不吸收空气中的湿气，不损伤汽车油漆，对液压系统部件无腐蚀作用。DOT5制动液完全不吸收水，进入液压系统中的水分独立以水的形式存在，极易影响制动效果，制动液更换周期较短，因此该制动液一般用在赛车上。

三、制动液的使用性能

汽车制动液的工作温度范围很宽。当气温低时，制动液黏度会增大，低温流动性差。当代车的车速越来越高，汽车制动液的温度最高可达150 ℃以上，夏天汽车液压制动系统易产生气阻，而且制动液遇潮吸水后会使沸点下降。

综上所述，汽车制动液应具有以下使用性能。

1. 高温抗气阻性

如果制动液沸点过低，在高温时就会蒸发成蒸汽，使液压制动系统管路中产生气阻，导致制动失灵。

为保证行车安全，要求制动液具有高沸点、低挥发性，夏天不易产生气阻。汽车制动液高温抗气阻性的评定指标是平衡回流沸点、湿平衡回流沸点和蒸发性。

2. 运动黏度

汽车制动液应在使用温度范围内有很好的流动性，使系统内压力能随制动踏板的动作迅速上升和下降，橡胶皮碗能在制动缸中顺利地滑动，故要求制动液在很宽的温度范围内保持适当的黏度。在制动液规格中都规定了制动液在-40 ℃的最大运动黏度和100 ℃等的最小运动黏度。

3. 制动液与橡胶配伍性

汽车液压制动系统有橡胶皮碗等橡胶件，要求制动液对橡胶件不会造成显著的溶胀、软化或硬化等不良影响。制动液与橡胶的配伍性通过橡胶皮碗试验评定。

4. 制动液的金属腐蚀性

汽车液压制动系统的主缸、轮缸、活塞、回位弹簧、导管和阀等主要采用铸铁、铝、铜和钢等材料制成，要求制动液不引起金属腐蚀。另外，当制动液渗入橡胶中时，会从橡胶中抽出一部分组分，抽出物对金属的腐蚀作用也要有所限制。制动液的金属腐蚀性通过金属腐蚀试验评定。

5. 稳定性

制动液的稳定性包括高温稳定性和化学稳定性，即制动液在高温及与相容液体混合后平衡回流沸点的变化。制动液的稳定性通过稳定性试验评定。

四、制动液的鉴别方法

机动车制动液质量的优劣，直接关系到汽车制动性能，也直接关系到车辆与人民生命财产的安全。随着我国汽车保有量的迅速增长,这一产品的重要性也越来越大。为了防止使用者误用假冒伪劣汽车制动液,这里介绍几种从标识和外观上鉴别制动液的方法。

(1) 合格品标识上应有汽车制动液生产许可证编号、产品的企业名称、规格型号、详细地址、注册商标和联系电话等信息。

(2) 凡是标明"醇型"或"矿物油型"的制动液均为不合格产品;凡是只标明某某汽车专用制动液,但未标明具体型号的产品应慎用。

(3) 凡是标明平衡回流沸点低于205 ℃的产品,均为不合格品。

(4) 标识上没有中文字样的所谓"进口"产品应慎用,以免上当受骗。

(5) 国家标准规定,制动液产品的外观应清亮透明,无悬浮物、尘埃和沉淀物质,凡是不符合该特征的均为不合格品。

(6) 国家标准对制动液产品的气味虽无明确规定,但带有酒精气味的产品,其性能不可能达到国家标准,为不合格产品;没有任何气味的产品也不可能是合格产品。

五、制动液更换与制动系统排气

1. 制动液的更换

(1) 起动发动机并保持其怠速运转。
(2) 拧下制动储液罐的加液口盖。
(3) 在分泵放气螺栓上套上一根透明塑料管。
(4) 拧松放气螺栓,连续踩下制动踏板直到制动液不再流出。
(5) 拧紧放气螺栓并向储液罐内加入足量的同种制动液。

检查与更换制动液

2. 制动系统排放空气

制动液排放之后应进行制动管路排放空气操作,具体操作步骤如下:

(1) 一人坐于驾驶室内连续踩下制动踏板直至踩不下去并保持不动,如图 2-2-14 (a) 所示。

(2) 另一人将放气螺塞拧松,使制动液连同空气一起从胶管喷入瓶中,如图 2-2-14 (b) 所示。

(3) 尽快将放气螺塞拧紧,将每颗轮缸反复放气几次,直至空气完全放出为止。

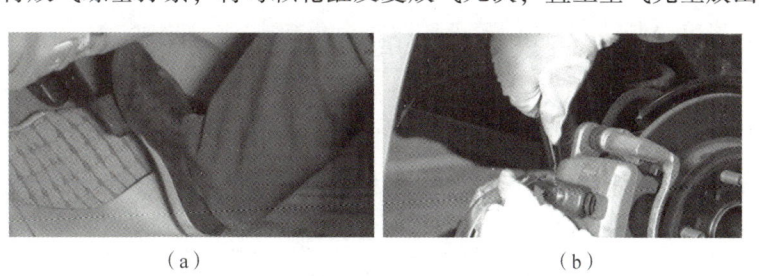

(a)　　　　　　　　(b)

图 2-2-14　制动系统排放空气
(a) 踩住制动器踏板;(b) 旋松放气螺栓

注意事项:
①放气时需按照从距离制动主缸远的地方到近的地方的顺序进行放气。
②放气的顺序应为左后、右后、右前、左前。

③在未拧紧放气螺塞之前，切不可将踏板抬起。

3. 再次检查制动液

（1）再次检查制动液液位。

检查制动液储液罐的制动液液位是否在 MAX 和 MIN 之间，必要时进行调整。

（2）安装中间前围板上的通风格栅。

（3）检查外部是否泄漏。

4. 最后检查

最后进行试车检查，仔细检查所有维修部位，确认各部件运转是否正常。

任务实施

一、任务准备

1. 组织方式

1）场地设施

别克威朗 4 台，标准保养场地工位 4 个（气鼓、举升机等）。

2）作业工具

世达工具 4 套，负压机 1 个，手动真空泵 1 个，引流管 4 根，扳手 4 个，优质制动液 4 瓶，清洁布。

3）学生组织

分组进行，使用实车进行训练。

时间/min	任务	操作对象
0~10	组织学生分析制动液的功用有哪些	教师
11~30	制动液更换与制动系统排气	学生
31~40	讲师点评和讨论	教师

4）检查实训任务

以单人实操后完成下列工单内容，提交给指导老师，现场完成后老师给予点评作为本次实训的成绩计入学时。

实训工单内容如下。

制动液更换与制动系统排气					
姓名		学号		班级	
指导教师		成绩		考试时间	
车辆信息正确记录：					
发动机型号			发动机排量		
车辆识别代码			行驶里程数		

续表

实训内容	
制动液更换的方法	（请写出具体操作步骤）
制动系统排气的方法	（请写出具体操作步骤）
结果分析	

2. 技术参数准备

2016款威朗维修手册及行业维修标准等。

3. 核心技能点准备

（1）汽车制动液在使用中物理化学性能会逐渐下降甚至变质，出现沸点降低、氧化变质等现象，所以要根据具体的行车环境及时检查制动液的质量，如果制动效果受到影响，则需要及时更换。

（2）更换制动液时，需选用与自己的车型相匹配的制动液，推荐使用高等级合成型制动液，并使用专业设备进行更换。

4. 作业注意事项

（1）检查制动液液位时，若制动液液位低于 MIN 线，则需检查制动液是否泄漏或制动器衬块是否磨损。

（2）在更换制动液时，如有制动液滴落要及时清洁，如制动液沾到手上要及时清洗。

二、操作步骤（建议结合维修手册组织开展，适当引入企业岗位规范）

1. 制动液的更换

（1）起动发动机并保持其怠速运转。
（2）拧下制动储液罐的加液口盖。
（3）在分泵放气螺钉上套上一根透明塑料管。
（4）拧松放气螺栓，连续踩下制动踏板直到制动液不再流出。
（5）拧紧放气螺栓并向储液罐内加入足量的同种制动液。

2. 制动系统排放空气

制动液排放之后应进行制动管路排放空气操作，具体操作步骤如下：
（1）一人坐在驾驶室内连续踩下制动踏板直至踩不下去并保持不动。
（2）另一人将放气螺塞拧松，使制动液连同空气一起从胶管喷入瓶中。
（3）尽快将放气螺塞拧紧，将每颗轮缸反复放气几次，直至空气完全放出为止。

3. 再次检查制动液

（1）再次检查制动液液位。
检查制动液储液罐的制动液液位是否在 MAX 和 MIN 之间，必要时进行调整。
（2）安装中间前围板上通风栅板。
（3）检查外部是否泄漏。

4. 最后检查

最后进行试车检查，仔细检查所有维修部位，确认各部件运转是否正常。

任务评价

序号	评价项目	评价内容	分值	学员互评（40%）	教师评价（60%）
1	专业能力（70分）	掌握制动液的功用	5		
2		掌握制动液的使用性能	5		
3		认识制动液的鉴别方法	5		
4		掌握制动液更换与制动系统排气的步骤及注意事项	5		
5		正确选用工具并清点	5		
6		正确完成准备工作	5		
7		制动液更换	15		
8		制动系统排气	15		
9		清点、检查、维护工具和耗材，清扫和整理现场	5		
10		工单填写	5		
11	职业素养（30分）	严格遵守操作规程，严禁违规作业	5		
12		责任意识，工作态度端正	5		
13		团队合作意识，互相协作良好	5		
14		从业人员的安全意识	5		
15		严谨扎实的工作作风	5		
16		精益求精的工匠精神	5		
得分			100		
姓名：		学号：	总得分：		评价人：

子任务三　车轮制动器深度维护

任务描述

一辆轿车出现起步行车吃力，车主停车后用手触摸钳盘，钳盘发热。4S店维修技师接车后进行检查，确认了故障现象，提出需要更换制动钳。你能根据维修手册，独立完成制动钳的更换任务吗？

车轮制动器
深度维护

任务目标

1. 能描述浮钳盘式制动器的工作原理；
2. 能描述定钳盘式制动器与浮钳盘式制动器的区别；
3. 能阐述制动钳更换的具体步骤；
4. 能根据维修手册正确进行制动钳更换；
5. 践行新发展理念的高质量发展意识；
6. 培养精益求精的工匠精神。

知识准备

一、定钳盘式制动器

定钳盘式制动器主要由制动盘、摩擦块、制动钳体、活塞等组成。制动盘与车轮相连接，随车轮一起转动。轮缸活塞布置在制动盘两侧的制动钳支架中，活塞的端部粘有摩擦片。制动钳通过螺栓固定在桥壳或转向节上，既不能旋转，也不能轴向移动。制动时，高压制动液被压入两制动轮缸中，推动轮缸活塞，使两个制动摩擦片同时压向制动盘，产生制动作用，如图2-2-15所示。

定钳盘式制动器由于具有油缸较多、制动钳尺寸过大、油缸中制动液易汽化等缺点，正逐步被浮钳盘式制动器所取代。

二、浮钳盘式制动器

在浮钳盘式制动器中，制动钳是浮动的，可以相对于制动盘做轴向移动；油缸只设置在制动盘的内侧，用来驱动内侧制动块；外侧制动块附着在钳体上，制动时随制动钳做轴向移动。制动

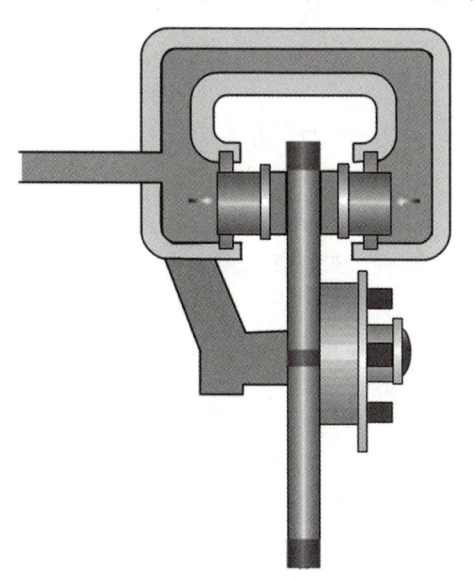

图2-2-15　定钳盘式制动器的工作原理

时，内侧活塞及摩擦片在液压力的作用下，向左移动压向制动盘。同时，液压的反作用力推动制动钳体向右移动，使外侧摩擦片也压靠到制动盘上。导向销上的橡胶衬套不仅能够稍微变形以消除制动器间隙，而且可使导向销免沾泥污，如图 2-2-16 所示。解除制动时，橡胶衬套所释放出来的弹力性能有助于外侧制动块离开制动盘，并由活塞密封圈使活塞回位。若制动器产生了过量的间隙，则活塞相对于密封圈滑移，借此实现间隙的自动调整。

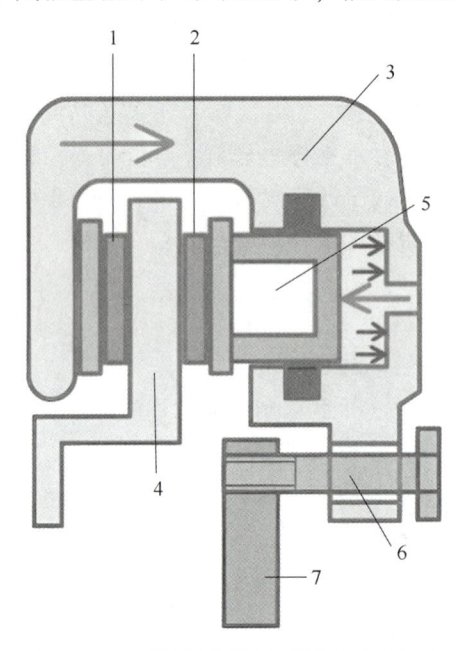

图 2-2-16 浮钳盘式制动器的工作原理
1—固定制动块；2—活动制动块；3—制动钳体；4—制动盘；5—活塞；6—导向销；7—制动钳支架

与定钳盘式制动器相比，浮钳盘式制动器的单侧油缸结构简单，使制动器的轴向与径向尺寸较小，能布置得更接近车轮轮毂，且不易产生气阻，广泛应用于轿车和轻型载货汽车。

三、制动钳的更换

1. 拆卸制动钳

（1）举升并顶起车辆。

将前举升垫块放到车底前纵梁悬臂梁上，后举升垫块放到门槛外板焊接凸缘上，举升并顶起车辆，如图 2-2-17 所示。

（2）拆下轮胎和车轮总成。

拆下车轮中心盖，标记车轮相对于轮毂的位置，并拆下车轮螺母，将轮胎和车轮总成从车辆上拆下。

（3）拆卸制动软管接头螺栓及制动钳。

（4）盖住制动钳上的开口并堵住制动软管，以防止制动液损失和污染。

（5）拆下制动钳及制动软管的密封垫圈。

（6）拆卸制动钳导销螺栓。

（7）拆卸制动钳。

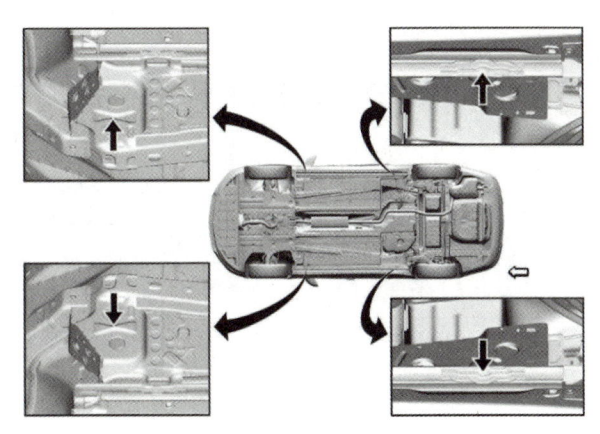

图 2-2-17　举升并顶起车辆

2. 安装制动钳

（1）安装制动钳。

（2）使用扭力扳手安装并紧固制动钳导销螺栓至 36 N·m。

（3）安装新密封件。

（4）取下制动钳开口和制动软管上的盖。

（5）安装制动软管。

（6）安装并紧固制动软管接头螺栓至 40 N·m。

（7）排出制动系统中的空气。

（8）安装轮胎和车轮总成。

（9）拆下支架并降下车辆。

（10）关闭发动机，逐渐踩下制动踏板至其行程约 2/3 处。

（11）缓慢释放制动踏板。

（12）等待 15 s，然后重复缓慢释放制动踏板直到制动踏板坚实。

任务实施

一、任务准备

1. 组织方式

1）场地设施

别克威朗 4 台，标准保养场地工位 4 个（气鼓、举升机等）。

2）作业工具

世达工具 4 套，扭力扳手 4 个，废气排放装置，清洁布。

3）学生组织

分组进行，使用实车进行训练。

时间/min	任务	操作对象
0～10	组织学生讨论制动钳的功用	教师
11～30	制动钳的更换	学生
31～40	讲师点评和讨论	教师

4）检查实训任务

以单人实操后完成下列工单内容，提交给指导老师，现场完成后老师给予点评作为本次实训的成绩计入学时。

实训工单内容如下。

制动钳的更换						
姓名			学号		班级	
指导教师			成绩		考试时间	
车辆信息正确记录：							
发动机型号				发动机排量			
车辆识别代码				行驶里程数			
实训内容						
制动钳的更换		（请写出具体操作步骤）				
结果分析						

2. 技术参数准备

2016款威朗维修手册及行业维修标准等。

3. 核心技能点准备

（1）拆卸车轮时，如果存在异物或者车轮与轮毂/制动盘贴合得过紧，则可使用橡胶锤轻轻敲打轮胎侧面以拆卸车轮。

（2）拆卸制动钳后，需检查制动钳导销是否自由移动，并检查导销护套的状况。

4. 作业注意事项

（1）在清洁、坚实、干燥、水平的表面上执行车辆提升或举升程序。

（2）当在前面位置顶起车辆时，应确保千斤顶或千斤顶举升垫块没有接触到前蒙皮、前蒙皮阻风板或前翼子板。如果碰到了上述部位，则可能会导致车辆损坏。

二、操作步骤（建议结合维修手册组织开展，适当引入企业岗位规范）

1. 拆卸制动钳

（1）举升并顶起车辆。

（2）拆下轮胎和车轮总成。

（3）拆卸制动软管接头螺栓及制动钳。

（4）盖住制动钳上的开口并堵住制动软管，以防止制动液损失和污染。

（5）拆下制动钳及制动软管的密封垫圈。

（6）拆卸制动钳导销螺栓。

（7）拆卸制动钳。

2. 安装制动钳

（1）安装制动钳。
（2）使用扭力扳手安装并紧固制动钳导销螺栓至 36 N·m。
（3）安装新密封件。
（4）取下制动钳开口和制动软管上的盖。
（5）安装制动软管。
（6）安装并紧固制动软管接头螺栓至 40 N·m。
（7）排出制动系统中的空气。
（8）安装轮胎和车轮总成。
（9）拆下支架并降下车辆。
（10）关闭发动机，逐渐踩下制动踏板至其行程约 2/3 处。
（11）缓慢释放制动踏板。
（12）等待 15 s，然后重复缓慢释放制动踏板直到制动踏板坚实。

任务评价

序号	评价项目	评价内容	分值	学员互评（40%）	教师评价（60%）
1	专业能力（70分）	掌握浮钳盘式制动器的工作原理	5		
2		清楚定钳盘式制动器与浮钳盘式制动器的区别	5		
3		掌握制动钳的功用	5		
4		掌握制动钳更换的步骤及注意事项	5		
5		正确选用工具并清点	5		
6		正确完成准备工作	5		
7		拆卸制动钳	15		
8		安装制动钳	15		
9		清点、检查、维护工具和耗材，清扫和整理现场	5		
10		工单填写	5		
11	职业素养（30分）	严格遵守操作规程，严禁违规作业	5		
12		责任意识，工作态度端正	5		
13		团队合作意识，互相协作良好	5		
14		从业人员的安全意识	5		
15		严谨扎实的工作作风	5		
16		精益求精的工匠精神	5		
得分			100		
姓名：		学号：	总得分：	评价人：	

学习任务三

行驶系统维护

⚙ 工作情境描述

　　一辆威朗轿车车主反映，在行驶过程中转向盘振动，操纵稳定性和乘坐舒适性大不如前。4S店维修技师接车后，经过路试和初步检查，怀疑故障是车轮和轮胎损坏导致的。

　　根据车主反馈及维修人员试车情况，需要对车轮轮胎进行详细检查，分析具体原因，制定详细的保养计划并开展实际维修操作。

行驶系统维护

子任务一　车轮轮胎的更换

任务描述

一辆行驶 30 000 km 的轿车，该车属于发动机前置型，由于转向车轮在前轮，前部受力比后部大，所以前轮比后轮磨损快。为了保证行驶安全、延长轮胎使用寿命、避免异常磨损造成爆胎等现象，维修技师建议对车辆轮胎进行四轮换位。你能根据维修手册，独立完成该任务吗？

车轮轮胎的更换

任务目标

1. 能描述车轮总成的功用；
2. 能描述车轮的类型；
3. 能正确使用扒胎机；
4. 能根据维修手册正确更换车轮轮胎；
5. 培养严谨扎实的工作作风，从一点一滴做起；
6. 牢固树立环保意识和社会责任感。

知识准备

一、车轮总成

汽车车轮总成是由车轮和轮胎两大部分组成的，如图 2-3-1 所示，是汽车行驶系的重要部件。其主要功用如下：

（1）支承整车质量。
（2）缓和由路面传递来的冲击载荷。
（3）通过轮胎和路面之间的附着作用为汽车提供驱动力和制动力。
（4）产生平衡汽车转向离心力的侧向力，以便顺利转向。

此外，车轮和轮胎（特别是轿车轮胎）还是汽车重要的安全件，几乎所有的汽车行驶性能都与轮胎有关。针对车轮和轮胎的使用情况，要求它们具有足够的强度和刚度，质量轻，散热能力强，具有良好的弹性特性和摩擦特性，以及足够长的使用寿命等特点。

图 2-3-1　车轮总成结构

二、车轮

1. 车轮的功用

车轮是介于轮胎和车桥之间承受负荷的旋转组件,其功用是安装轮胎、承受轮胎与车桥之间的各种载荷。车轮一般是由轮毂、轮辋和轮辐组成的,如图2-3-2所示。轮毂通过圆锥滚子轴承装于车桥或转向节轴径上,用于连接车轮与车桥。轮辋用于安装和固定轮胎。轮辐的作用是将轮毂和轮辋连接起来,并通过螺栓与轮毂连接起来。

图 2-3-2　车轮结构

1—轮毂;2—轮辋;3—辐条;4—螺栓

2. 车轮的类型

1) 按轮辐结构分类

按轮辐结构特点,车轮可分为辐板式和辐条式两种,如图2-3-3所示。

图 2-3-3　车轮按轮辐结构分类

(a) 辐板式车轮;(b) 辐条式车轮

2) 按轮辋结构分类

轮辋又称为钢圈,是装配和固定轮胎的基础。按照轮辋结构特点的不同,可分为深槽轮辋、平底轮辋和对开式（可拆式）轮辋三种形式，如图 2-3-4 所示。

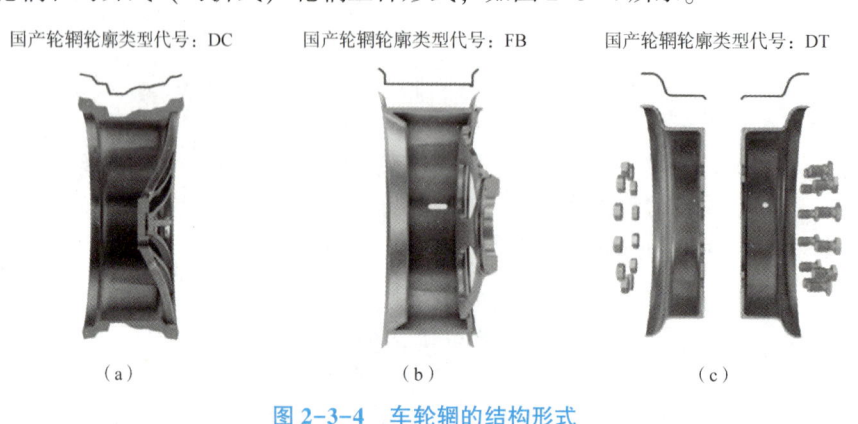

国产轮辋轮廓类型代号：DC　　　国产轮辋轮廓类型代号：FB　　　国产轮辋轮廓类型代号：DT

（a）　　　　　　　　　　（b）　　　　　　　　　　（c）

图 2-3-4　车轮辋的结构形式

（a）深槽轮辋；（b）平底轮辋；（c）对开式轮辋

三、轮胎

1. 轮胎的作用

轮胎安装在轮辋上，直接与路面接触，其作用如下：

（1）保证乘坐舒适性和行驶平顺性：与汽车悬架共同来缓和汽车行驶中所受到的冲击，并衰减由此而产生的振动，以保证汽车有良好的乘坐舒适性和行驶平顺性。

（2）保证附着性：车轮和路面有良好的附着性，以提高汽车的牵引性、制动性和通过性。

（3）提供支承力和反作用力：支承汽车的质量，承受路面的其他反作用力。

2. 轮胎的类型

（1）汽车轮胎按用途分，可分为载货汽车轮胎和轿车轮胎，而载货汽车轮胎又分为重型、中型和轻型载货汽车轮胎。

（2）汽车轮胎按胎体结构不同，可分为充气轮胎和实心轮胎。现在汽车绝大多数采用充气轮胎。充气轮胎按组成不同，又可分为有内胎轮胎和无内胎轮胎两种。

（3）充气轮胎按胎体中帘线排列的方向不同，可分为普通斜交轮胎和子午线轮胎，如图 2-3-5 所示。

轮胎发展史

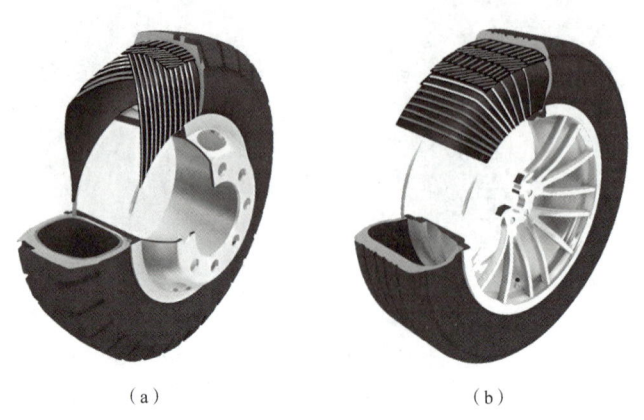

（a）　　　　　　　　　　（b）

图 2-3-5　轮胎类型

（a）普通斜交轮胎；（b）子午线轮胎

四、轮胎异常磨损的常见形式与原因

在使用中，轮胎除了正常磨损外，也会由于使用不当而出现不正常磨损，如图 2-3-6 所示。

■ 轮胎磨损指示

车辆类型	普通	高速公路
客车	1.6 mm	1.6 mm
小型货车	1.6 mm	2.4 mm
货车型公共汽车	1.6 mm	3.2 mm

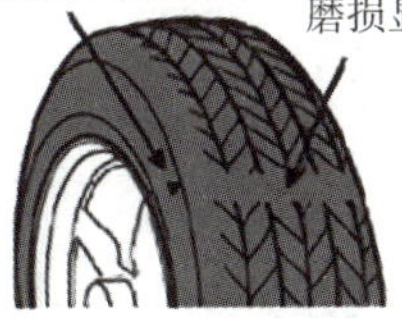

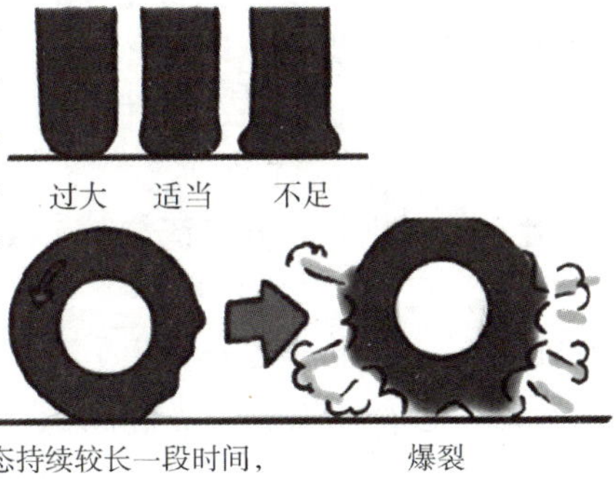

轮胎异常磨损的原因

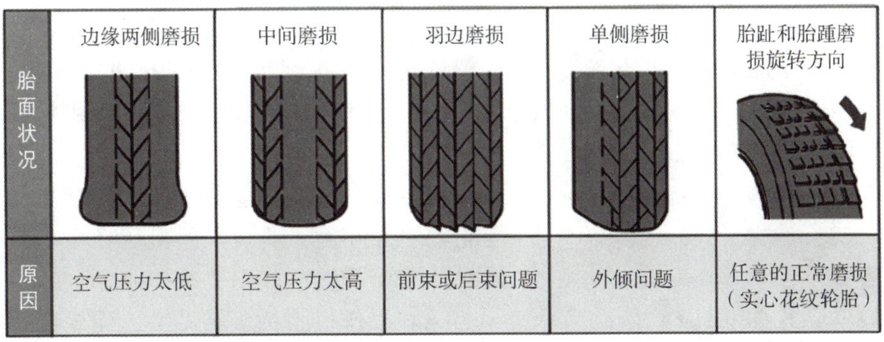

图 2-3-6　轮胎异常磨损的常见形式与原因

（1）轮胎的中央部分早期磨损：主要原因是充气量过大。适当提高轮胎的充气量，可以减小轮胎的滚动阻力，节约燃油。但充气量过大时不但会影响轮胎的减振性能，还会使轮胎变形量过大，与地面的接触面积减小，使得正常磨损只能由胎面中央部分承担，形成早期磨损。如果在窄轮辋上选用宽轮胎，也会造成中央部分早期磨损。

（2）轮胎两边磨损过大：主要原因是充气量不足，或长期超负荷行驶。充气量小或负荷重时，轮胎与地面的接触面大，使轮胎的两边与地面接触而形成早期磨损。

（3）轮胎的一边磨损量过大：主要原因是前轮定位失准。当前轮的外倾角过大时，轮胎的外边形成早期磨损；当外倾角过小或没有时，轮胎的内边形成早期磨损。

（4）轮胎胎面出现锯齿状磨损：主要原因是前轮定位高速不当或前悬架系统位置失常、球头松旷等，使正常滚动的车轮发生滑动或行驶中车轮定位不断变动而形成轮胎锯齿状磨损。

（5）个别轮胎磨损量大：个别车轮的悬架系统失常、支撑件弯曲或个别车轮不平衡都会造成个别轮胎早期磨损。出现这种情况后，应检查磨损严重车轮的定位情况及独立悬架弹簧和减震器的工作情况，同时应缩短车轮的换位周期。

（6）轮胎出现斑秃形磨损：在轮胎的个别部分出现斑秃性严重磨损的原因是轮胎平衡性

差。当不平衡的车轮高速转动时，个别部位受力大，磨损加快，同时转向阀操纵性能差。若在行驶中发现在某一个特定速度下有轻微抖动，则应该对车轮进行平衡，以防出现斑秃形磨损。

五、车轮轮胎的更换

（1）使用扭力扳手预松车轮固定螺母，举升车辆至合适高度，使用棘轮扳手拆卸车轮固定螺母，取下车轮。

轮胎拆装与更换

（2）拧下轮胎气门芯帽盖，使用气门芯扳手取下轮胎气门芯，并对轮胎进行放气。

（3）放置车轮至扒胎机分离铲位置，操作扒胎机分离铲使轮胎外壁、内壁与轮辋外侧、内侧分离。

（4）安装车轮至扒胎机工作台上方，操作扒胎机固定开关使车轮固定；安装扒胎机拆装头至轮辋外缘位置，使用撬棍将轮胎外侧边缘撬出；操作扒胎机旋转开关旋转车轮，使轮胎外侧与轮辋分离。

（5）抬起轮胎，使用撬棍将轮胎内侧边缘撬出；操作扒胎机旋转开关旋转车轮，使轮胎内侧与轮辋分离；收回扒胎机拆装头，取下轮胎。

（6）使用毛刷在轮胎内侧、外侧涂抹轮胎安装润滑剂。

（7）安装轮胎至轮辋上方，安装扒胎机拆装头至轮辋外缘位置，安装扒胎机压杆至扒胎机拆装头顺时针180°位置，如图2-3-7所示。

（8）操作扒胎机旋转开关，使轮胎内侧装入轮辋，重新安装扒胎机压杆至扒胎机拆装头顺时针180°位置。

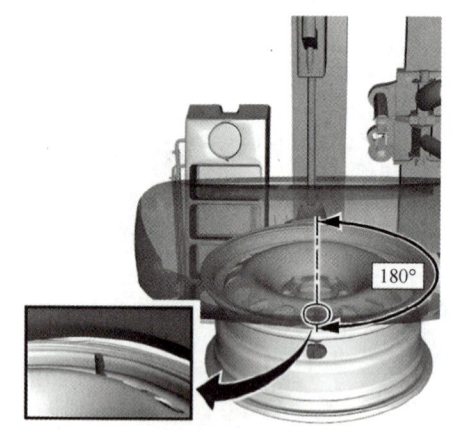

图2-3-7 安装扒胎机压杆

（9）操作扒胎机旋转开关，使轮胎外侧装入轮辋。

（10）使用气门芯扳手安装轮胎气门芯，使用轮胎气压表按照标准胎压对轮胎进行充气，拧上轮胎气门芯帽盖。

（11）安装车轮至转向节上方，使用棘轮扳手安装车轮固定螺母，降下车辆使轮胎与地面接触，使用扭力扳手紧固车轮固定螺母，紧固力矩140 N·m。

任务实施

一、任务准备

1. 组织方式

1）场地设施

别克威朗4台，标准保养场地工位4个（气鼓、举升机等）。

2）作业工具

世达工具4套，扭力扳手，棘轮扳手，气门芯扳手，扒胎机，毛刷，清洁布。

3）学生组织

分组进行，使用实车进行训练。

时间/min	任务	操作对象
0~10	组织学生掌握不同轮胎的换位方法	教师
11~30	车轮轮胎的更换	学生
31~40	讲师点评和讨论	教师

4）检查实训任务

以单人实操后完成下列工单内容，提交给指导老师，现场完成后老师给予点评作为本次实训的成绩计入学时。

实训工单内容如下。

车轮轮胎的更换					
姓名		学号		班级	
指导教师		成绩		考试时间	
车辆信息正确记录：					
发动机型号			发动机排量		
车辆识别代码			行驶里程数		
实训内容					
检查轮胎的方法	（请写出具体操作步骤）				
更换轮胎的方法	（请写出具体操作步骤）				
结果分析					

2. 技术参数准备

2016 款威朗维修手册及行业维修标准等。

3. 核心技能点准备

（1）安装轮胎至轮辋上方时，应注意轮胎外侧标记轮面安装至轮辋外侧。

（2）不同规格或不同帘线结构的轮胎不得混合使用，不得使用低于规定层级的轮胎，不得混用窄轮辋或窄轮胎。

4. 作业注意事项

（1）检查前后轮胎花纹深度时，若不符合规定值，则需要更换新的轮胎。

（2）安装扒胎机拆装头至轮辋外缘位置时，应注意扒胎机拆装头与轮胎气门芯相隔 180°。

二、操作步骤（建议结合维修手册组织开展，适当引入企业岗位规范）

（1）使用扭力扳手预松车轮固定螺母，举升车辆至合适高度，使用棘轮扳手拆卸车轮固定螺母，取下车轮。

（2）拧下轮胎气门芯帽盖，使用气门芯扳手取下轮胎气门芯，并对轮胎进行放气。

（3）放置车轮至扒胎机分离铲位置，操作扒胎机分离铲使轮胎外壁、内壁与轮辋外侧、内侧分离。

（4）安装车轮至扒胎机工作台上方，操作扒胎机固定开关使车轮固定；安装扒胎机拆装头至轮辋外缘位置，使用撬棍将轮胎外侧边缘撬出；操作扒胎机旋转开关，旋转车轮，使轮胎外侧与轮辋分离。

（5）抬起轮胎，使用撬棍将轮胎内侧边缘撬出；操作扒胎机旋转开关旋转车轮，使轮胎内侧与轮辋分离；收回扒胎机拆装头，取下轮胎。

（6）使用毛刷在轮胎内侧、外侧涂抹轮胎安装润滑剂。

（7）安装轮胎至轮辋上方，安装扒胎机拆装头至轮辋外缘位置，安装扒胎机压杆至扒胎机拆装头顺时针180°位置。

（8）操作扒胎机旋转开关，使轮胎内侧装入轮辋，重新安装扒胎机压杆至扒胎机拆装头顺时针180°位置。

（9）操作扒胎机旋转开关，使轮胎外侧装入轮辋。

（10）使用气门芯扳手安装轮胎气门芯，使用轮胎气压表按照标准胎压对轮胎进行充气，拧上轮胎气门芯帽盖。

（11）安装车轮至转向节上方，使用棘轮扳手安装车轮固定螺母，降下车辆使轮胎与地面接触，使用扭力扳手紧固车轮固定螺母，紧固力矩 140 N·m。

任务评价

序号	评价项目	评价内容	分值	学员互评（40%）	教师评价（60%）
1	专业能力（70分）	分辨车轮的类型	5		
2		掌握不同轮胎的换位方法	5		
3		掌握轮胎异常磨损的常见形式与原因	5		
4		掌握车轮轮胎更换的步骤及注意事项	5		
5		正确选用工具并清点	5		
6		正确完成准备工作	5		
7		检查轮胎	15		
8		更换轮胎	15		
9		清点、检查、维护工具和耗材，清扫和整理现场	5		
10		工单填写	5		
11	职业素养（30分）	严格遵守操作规程，严禁违规作业	5		
12		责任意识，工作态度端正	5		
13		团队合作意识，互相协作良好	5		
14		从业人员的安全意识	5		
15		严谨扎实的工作作风	5		
16		精益求精的工匠精神	5		
		得分	100		
姓名：		学号：	总得分：		评价人：

子任务二 轮胎动平衡的检查

任务描述

一辆轿车累计行驶 150 000 km，车主发现最近一段时间转向盘在汽车高速行驶时有抖动现象，经过仔细检查，发现左前轮一平衡块脱落。经进一步检查确认，故障为车轮的动平衡不再平衡，应对车轮进行动平衡。你能根据 轮胎动平衡检查 维修手册，独立完成轮胎动平衡的检查任务吗？

任务目标

1. 能描述车轮动不平衡的原因；
2. 能描述车轮动不平衡的危害；
3. 能阐述轮胎动不平衡的原因；
4. 能根据维修手册正确进行轮胎动平衡检查；
5. 培养从业人员的安全意识；
6. 培养严谨扎实的工作作风。

知识准备

一、车轮静不平衡的实质

车轮静不平衡的实质就是车轮的质心和车轮旋转中心不重合（车轮旋转中心：物体围绕转动的中心；质心：物质系统上被认为质量集中于此的一个假想点）。车轮旋转时，M 点产生的离心力 F 可分解为 F_x 和 F_y，这个离心力使车轮运转不平衡，如图 2-3-8 所示。

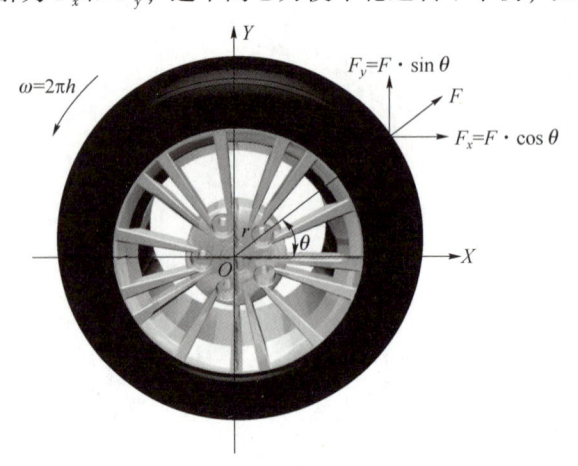

图 2-3-8 车轮静不平衡产生的离心力

在确保安全的前提下，支起轮轴，调整好轮毂轴承松紧度，用手轻轻转动车轮，使其自然停转。重复上述实验，若车轮始终停止在某一点，则车轮静不平衡；如果每次停止的位置不一样，则车轮静平衡。

二、车轮动不平衡的实质

车轮是由轮胎、轮毂、气门嘴等部件组成的。由于制造上的原因，轮胎、轮毂的整体质量分布只能接近均匀，但在高速旋转时就会出现不平衡状态，使车辆在行驶中车轮抖动、转向盘振动，如图2-3-9所示。为了避免或消除这种现象，就要使车轮在动态情况下通过增加配重的方法，使车轮校正各边缘部分的平衡，这个校正的过程就是人们常说的动平衡。

图2-3-9 车轮动不平衡产生的故障

动平衡或称双面平衡，它会影响轮胎和车轮中心线两侧的重量分布。车轮的质量分布相对车轮纵向中心面不对称，使得即使是静平衡的车轮，也可能动不平衡，其实质为车轮旋转时质心的离心力作用点不重合，产生了合力矩，如图2-3-10所示。

在m_1和m_2相同半径的相反方向上配置相同质量m_1'和m_2'的平衡块，则车轮处于动平衡中，合力力矩为零。动平衡的车轮一定静平衡，静平衡的车轮不一定动平衡。

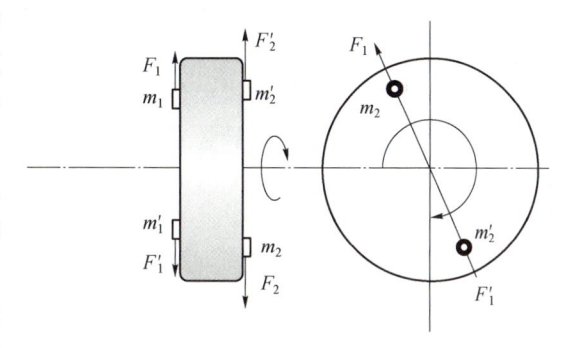

图2-3-10 车轮动平衡

三、车轮动不平衡的危害

随着道路条件的改善和汽车技术水平的提高，汽车行驶速度越来越高，车轮不平衡对汽车性能的影响也越来越大。由于车轮不平衡质量产生的不平衡力的大小和方向在不断变化，一方面使整车有上下跳动的趋势，引起垂直方向的振动，影响汽车行驶平顺性；另一方面引起转向轮横向摆动，影响汽车操纵稳定性和行驶安全。车轮不平衡还会加剧轮胎、转向机构、行驶系统及传动系统零部件的冲击和磨损，缩短其使用寿命。因此，在汽车正常使用一定时间后，尤其是在对轮胎、轮辋进行了修补、修复或更换新轮胎后，一定要对车轮进行动平衡检测，测定不平衡质量的大小和相位，并进行校正，如图 2-3-11 所示。

图 2-3-11　车轮动平衡检测

四、车轮动不平衡的原因

（1）前轮定位不当，尤其是前束和主销倾角不正确，不仅会影响汽车的操纵性和行驶稳定性，而且会造成轮胎偏磨，这种胎冠的不均匀磨损与轮胎不平衡会形成恶性循环，因而使用中会出现车轮不平衡。此外，其也可能是车轮定位角失准的信号。

（2）轮胎和轮辋以及挡圈等因几何形状失准或密度不均匀而形成的质心偏离。

（3）因轮毂和轮辋定位误差使安装中心与旋转中心难以重合。

（4）维修过程中的拆装破坏了原有的整体综合质心。

（5）轮辋直径过小，运行中轮胎相对于轮辋在圆周方面滑移，从而发生波状不均匀磨损。

（6）车轮碰撞造成的变形而引起质心发生位移。

（7）轮胎翻新中因定位精度不高，造成新胎冠厚度不均匀而使质心改变。

（8）高速行驶中制动抱死而引起的纵向和横向滑移，会导致局部的不均匀磨损。

五、轮胎动平衡机

为了消除车轮动不平衡，车轮在安装之前必须经过专用设备——车轮动平衡机进行动平衡测试，如图 2-3-12 所示。

动平衡机使用时应输入各项数据，主要包括设定轮胎动平衡机至车轮轮辋边缘的距离、测量

图 2-3-12　汽车轮胎动平衡机

轮辋宽度和读取轮辋直径等,如图 2-3-13 所示。

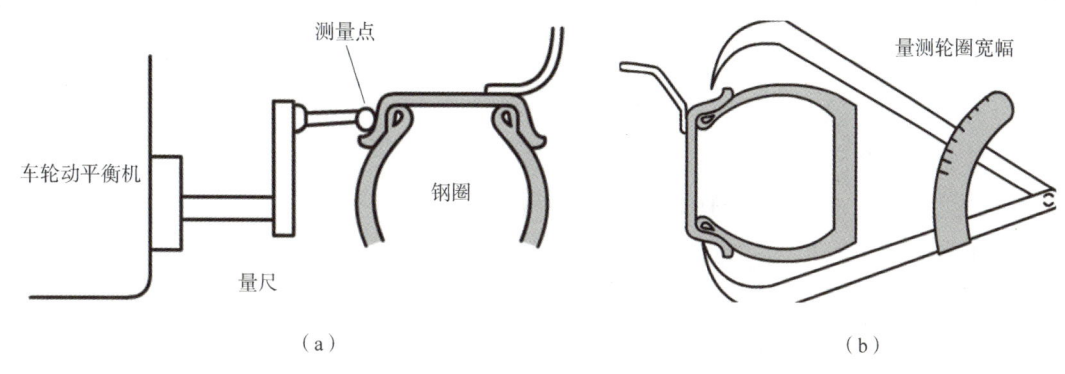

图 2-3-13　输入数据

(a) 动平衡机至车轮轮辋距离测量;(b) 轮辋宽度测量

如果检测发现轮胎动不平衡,则需要加配平衡块。常用的平衡块有 5 g、10 g、15 g、20 g、25 g、30 g、50 g 和 100 g 八种。一般选择两面嵌入式配重模式。当轮胎动平衡检测值在 5 g 以内时视为合格,否则需重新测量和调整。

车轮动平衡检测

六、轮胎动平衡的检查

(1) 清除被测车轮上的泥土、石子和旧平衡块。

(2) 检查轮胎的气压,并将气压调整至规定值。

(3) 根据轮辋中心孔的大小选择锥体,如图 2-3-14 所示,装上车轮,并用大螺距螺母紧固。

(4) 打开电源开关,检查指示与控制装置的面板是否指示正确。

(5) 用卡尺测量轮辋宽度 b、轮辋直径 d(也可以由胎侧读出),用平衡机上的标尺测量轮辋边缘至机箱的距离 a。

图 2-3-14　定位锥体

(6) 将 a、b、d 值输入动平衡仪。

(7) 放下车轮防护罩,按下启动键,车轮旋转,平衡测试开始。当车轮自动制动后,观察显示仪上的数据。

(8) 用手慢慢转动车轮,当显示仪的左侧红色方块变成绿色时,在轮辋内左侧指示位置贴上相应数值平衡块。内、外侧车轮不平衡量要分别进行测量,平衡块安装要牢固。

(9) 安装好平衡块后放下防尘罩,按下启动键,再次测量,显示仪两边显示数值的误差值在 5 g 内,车轮即达到动平衡要求。指示装置显示"0"或"OK"时才符合要求。

(10) 测试结束,关闭电源,取下车轮总成。

任务实施

一、任务准备

1. 组织方式

1）场地设施

别克威朗4台，标准保养场地工位4个（气鼓、举升机等）。

2）作业工具

世达工具4套，动平衡机4台，待检轮胎4个，轮胎拆装检测常用工具4套，清洁布。

3）学生组织

分组进行，使用实车进行训练。

时间/min	任务	操作对象
0~10	组织学生分析动不平衡的危害有哪些	教师
11~30	轮胎动平衡的检查	学生
31~40	讲师点评和讨论	教师

4）检查实训任务

以单人实操后完成下列工单内容，提交给指导老师，现场完成后老师给予点评作为本次实训的成绩计入学时。

实训工单内容如下。

轮胎动平衡的检查					
姓名		学号		班级	
指导教师		成绩		考试时间	
车辆信息正确记录：					
发动机型号			发动机排量		
车辆识别代码			行驶里程数		
实训内容					
轮胎的检查的方法	（请写出具体操作步骤）				
轮胎动平衡的检测方法	（请写出具体操作步骤）				
结果分析					

2. 技术参数准备

2016 款威朗维修手册及行业维修标准等。

3. 核心技能点准备

（1）车轮的不平衡包括静不平衡和动不平衡，由于动平衡的车轮一定处于静平衡状态，故只要检测了动平衡，就没有必要检测静平衡。

（2）在汽车正常使用一定时间，尤其是在对轮胎、轮辋进行了修补、修复或更换新轮胎后，一定要对车轮进行动平衡检测，测定不平衡质量的大小和相位，并进行校正。

4. 作业注意事项

（1）轮胎动平衡检测前，应清除车轮内侧污物、积垢以及轮胎面石子。

（2）安装平衡块时，要小心操作，避免砸到自己的手，平衡块必须安装牢固、可靠。

二、操作步骤（建议结合维修手册组织开展，适当引入企业岗位规范）

（1）清除被测车轮上的泥土、石子和旧平衡块。

（2）检查轮胎的气压，并将气压调整至规定值。

（3）根据轮辋中心孔的大小选择锥体，装上车轮，并用大螺距螺母上紧。

（4）打开电源开关，检查指示与控制装置的面板是否指示正确。

（5）用卡尺测量轮辋宽度 b、轮辋直径 d（也可以由胎侧读出），用平衡机上的标尺测量轮辋边缘至机箱的距离 a。

（6）将 a、b、d 值输入动平衡仪。

（7）放下车轮防护罩，按下启动键，车轮旋转，平衡测试开始。当车轮自动制动后，观察显示仪上的数据。

（8）用手慢慢转动车轮，当显示仪的左侧红色方块变成绿色时，在轮辋内左侧指示位置贴上相应数值平衡块。内、外侧车轮不平衡量要分别进行测量，平衡块安装要牢固。

（9）安装好平衡块后放下防尘罩，按下启动键，再次测量，显示仪两边显示数值的误差值在 5 g 内，车轮即达到动平衡要求。指示装置显示"0"或"OK"时才符合要求。

（10）测试结束，关闭电源，取下车轮总成。

任务评价

序号	评价项目	评价内容	分值	学员互评（40%）	教师评价（60%）
1	专业能力（70分）	了解车轮转动不平衡的原因	5		
2		掌握车轮动不平衡的危害	5		
3		掌握轮胎动平衡检查的步骤及注意事项	5		
4		正确选用工具并清点	5		
5		正确完成准备工作	5		
6		轮胎的检查	5		
7		轮胎动平衡	15		
8		清点、检查、维护工具和耗材，清扫和整理现场	15		
9		工单填写	5		
10	职业素养（30分）	严格遵守操作规程，严禁违规作业	5		
11		责任意识，工作态度端正	5		
12		团队合作意识，互相协作良好	5		
13		从业人员的安全意识	5		
14		严谨扎实的工作作风	5		
15		精益求精的工匠精神	5		
得分			100		
姓名：	学号：		总得分：	评价人：	

子任务三　悬架的检修

任务描述

客户贾先生驾驶一辆2016款别克威朗轿车，通过颠簸路面或减速带时，车身有强烈的振动感，并且左前车轮发出"咣咣"的响声。经4S店维修技师检测及路试检查，发现左前减震器存在漏油现象。为了确定故障原因，需对左前减震器做进一步检测。你能根据维修手册，独立完成减震器的检查任务吗？

悬架的检修

任务目标

1. 能描述悬架的功用；
2. 能描述悬架的结构；
3. 能正确区分悬架的类型，并阐明其特点；
4. 能根据维修手册正确进行悬架的检修；
5. 牢固树立努力学习科学文化知识及勇于创新的精神；
6. 树立精益求精的工匠精神。

知识准备

一、悬架的功用

汽车悬架是车架（或车身）与车桥之间一切传力、连接装置的总称，主要由前悬架和后悬架两部分组成，如图2-3-15所示。其功用如下：

（1）连接车架（或车身）和车轮，将路面作用到车轮的各种力传给车架（或车身）。

（2）缓和冲击、衰减振动，使乘坐更为舒适、车辆更加平顺。

（3）保证汽车具有良好的操纵稳定性。

图 2-3-15　悬架装置

二、悬架的结构

汽车悬架虽有各种不同的结构形式，但一般都是由弹性元件、减震器和导向机构三部分组成的，如图2-3-16所示。

1. 弹性元件

弹性元件的作用是承受并传递垂直载荷，缓和或抑制不平整路面引起的振动和冲击。汽车上常用的弹性元件包括钢板弹簧、螺旋弹簧、扭杆弹簧和气体弹簧等。

2. 减震器

减震器的作用是迅速衰减汽车的振动，提高汽车行驶的平顺性。目前汽车上应用最广泛的是双向作用筒式减震器和充气式减震器。

1）双向作用筒式减震器

双向作用筒式减震器的结构如图 2-3-17 所示，它有三个同心钢筒，外面的钢筒是防尘罩，其上部的吊耳与车架相连；中间是储油缸筒，内装有一定量的油液，其下端的吊耳与车桥相连；最里面是工作缸筒，其内装满油液。

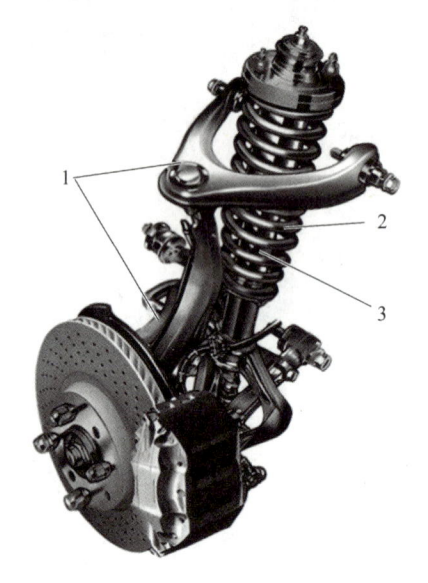

图 2-3-16 悬架的结构

1—导向机构；2—弹性元件；3—减震器

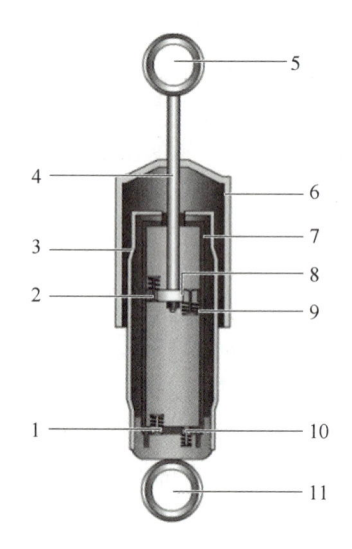

图 2-3-17 双向作用筒式减震器结构

1—压缩阀；2—伸张阀；3—储油缸筒；4—活塞杆；
5—与车架（身）相连；6—防尘罩；7—工作缸筒；8—活塞；
9—流通阀；10—补偿阀；11—与车桥相连

2）充气式减震器

充气式减震器结构如图 2-3-18 所示，其结构特点是缸筒的下部装有一个浮动活塞，在浮动活塞与缸筒一端形成的密闭气室中充有高压氮气。浮动活塞的上面是减震器油液；浮动活塞上装有 O 形密封圈，它把油和气完全分开，因此该活塞也称为封气活塞。工作活塞上装有压缩阀和伸张阀，这两个阀都是由一组厚度相同、直径不等、由大到小排列的弹簧钢片组成的。

3. 导向机构

导向机构的作用是使车轮按照一定运动轨迹相对车身运动，同时传递力。常见的导向机构有控制臂和推力杆两种。控制臂可根据在车上布置形式的不同分为纵臂、横臂和斜臂 3 种；推力杆用来传递车轮与车架之间的力，并影响车轮相对车架的运动

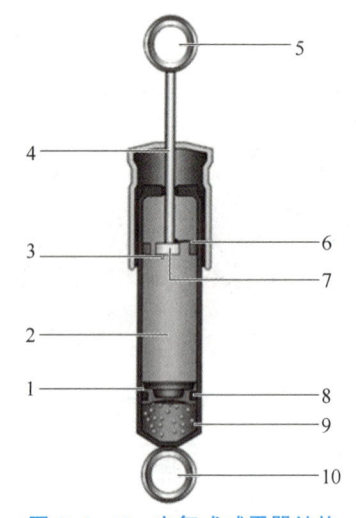

图 2-3-18 充气式减震器结构

1—活动活塞；2—油液；3—伸张阀；4—活塞杆；
5—与车架（身）相连；6—压缩阀；7—工作活塞；
8—O 形密封圈；9—气体；10—与车桥相连

· 186 ·

关系，可分为横向推力杆和纵向推力杆，分别用来传递横向力和纵向力。

4. 横向稳定杆

横向稳定杆又称为防倾杆、平衡杆，是汽车悬架中的一种辅助弹性元件。有些轿车和客车为了防止车身在转向等情况下发生过大的横向倾斜，在悬架中加设有横向稳定杆，目的是提高侧倾刚度，减小倾斜，提升汽车的操纵稳定性和行驶平顺性。

三、悬架的类型

悬架的类型因分类方式不同而有所区别。

按控制形式不同，悬架可分为被动式悬架和主动式悬架。被动式悬架使汽车姿态（状态）只能被动地取决于路面、行驶状况和汽车的弹性元件、导向装置以及减震器这些机械零件。主动悬架可根据路面和行驶工况自动调整悬架刚度和阻尼，从而使车辆能主动控制垂直振动及其车身或车架的姿态。

按汽车导向装置的不同，悬架又可分为非独立悬架和独立悬架，如图2-3-19所示。

1. 非独立悬架

非独立悬架的结构特点是两侧的车轮由一根整体式车桥相连，车轮连同车桥一起通过弹性悬架与车架或车身连接。当一侧车轮因道路不平而发生跳动时，必然引起另一侧车轮在汽车横向平面内发生摆动，故称为非独立悬架。

2. 独立悬架

独立悬架的车桥是断开的，每一侧的车轮可以单独地通过弹性悬架与车架或车身连接，两侧车轮可以单独跳动，互不影响，故称为独立悬架。

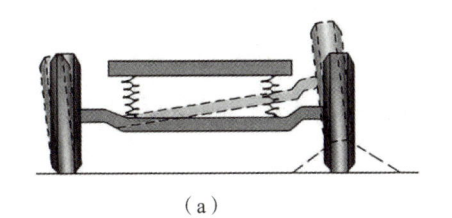

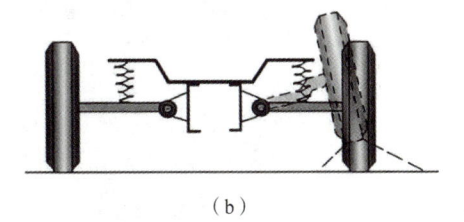

（a）　　　　　　　　　　　（b）

图2-3-19　悬架类型
（a）非独立悬架；（b）独立悬架

四、悬架的检修

1. 就车检查

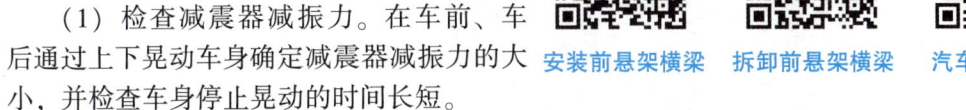

（1）检查减震器减振力。在车前、车后通过上下晃动车身确定减震器减振力的大小，并检查车身停止晃动的时间长短。

安装前悬架横梁　　拆卸前悬架横梁　　汽车悬架检查

（2）检查车辆倾斜。目视观察车辆是否倾斜，如果车辆倾斜，则还需检查轮胎气压、左右车轮的尺寸及车辆承载是否均匀。

2. 拆解减震器

（1）拆卸进气口格栅板。
（2）举升车辆至合适位置。

（3）拆下车轮中心盖。

（4）拆下车轮螺母。

（5）将轮胎和车轮总成从车辆上拆下。

（6）拆卸前轮转速传感器线束。

（7）拆下稳定杆连接螺母，分离前稳定连杆。

（8）拆下转向节螺母和螺栓。

（9）拆下前悬架滑柱总成。

（10）安装滑柱总成CH-6066夹持装置及CH-6068夹紧工具，夹紧弹簧，如图2-3-20所示。

（11）安装滑柱总成CH-6399-A扳手。

（12）拆下螺母、垫圈以及前减震器上支座。

（13）拆卸前减震器防尘套。

（14）拆下前减震器缓冲器。

（15）松开并拆卸CH-6068夹紧工具。

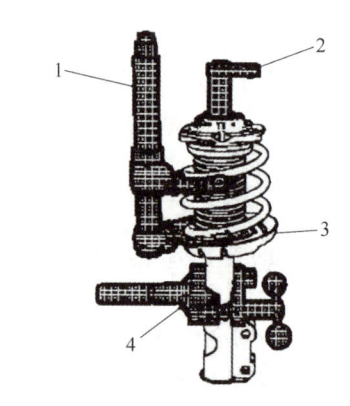

图 2-3-20　夹紧弹簧
1—CH-6068夹紧工具；2—CH-6399-A扳手；
3—滑柱总成；4—CH-6066夹持装置

3. 减震器的检查与维修

减震器的检查如图2-3-21所示。

检查防尘罩是否破损
检查是否有漏油痕迹
检查缓冲胶垫是否损坏
检查轴承是否发卡
检查螺纹是否损坏
检查顶胶是否损坏

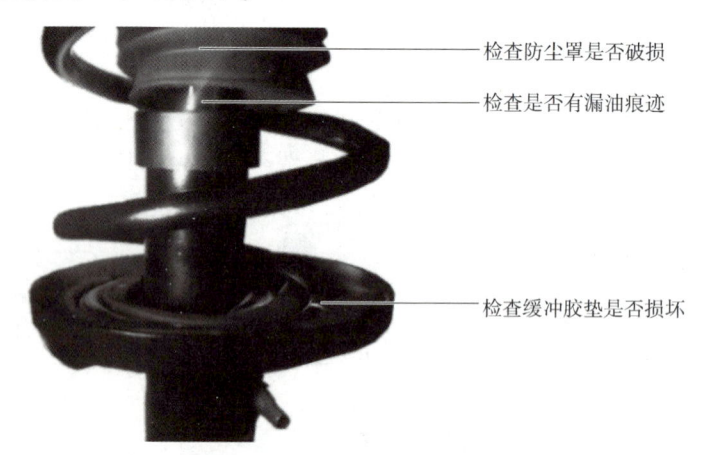

图 2-3-21　减震器的检查

（1）检查是否有漏油痕迹。目测减震器，若有轻微的漏油，还可以继续使用；如果严重漏油，则需要更换减震器。

（2）检查防尘套是否破损。检查减震器的防尘套是否出现裂开，如果出现裂开或其他形式的损坏，则必须更换新件。

（3）检查缓冲胶垫是否损坏。检查减震器缓冲胶垫、顶胶、胶套等是否出现损伤、龟裂及老化的现象，如果有，则需要更换新件。

（4）检查减震器轴承。检查减震器支承轴承是否出现损坏，转动减震器支承轴承应灵活，没有发卡的现象，否则应更换。

（5）检查减震器阻力。将拆下的减震器进行压缩和拉伸，正常时应感觉到有阻力，拉伸的阻力要比压缩时的阻力大很多。

4. 弹簧的检查

（1）检查螺旋弹簧有无损坏与变形，并测量螺旋弹簧的自由长度和原厂手册标准是否一致，如果相差较明显，则需要将其更换。

（2）检查螺旋弹簧上座、下座和上下座的胶垫是否出现损坏，如有损坏，则应对弹簧座进行修复或更换。

5. 其他检查

（1）检查悬架的其他部位，如摆臂、稳定杆、推力杆等是否损坏。

（2）用手晃动悬架的主要元件，检查是否有磨损或松动，最后用扭力扳手将螺母或螺栓按规定力矩紧固。

任务实施

一、任务准备

1. 组织方式

1）场地设施

别克威朗4台，标准保养场地工位4个（气鼓、举升机等）。

2）作业工具

世达工具4套，CH-6066夹持装置，CH-6068夹紧工具，CH-6399-A扳手，清洁布。

3）学生组织

分组进行，使用实车进行训练。

时间/min	任务	操作对象
0～10	组织学生分析悬架常见的故障	教师
11～30	悬架的检查	学生
31～40	讲师点评和讨论	教师

4）检查实训任务

以单人实操后完成下列工单内容，提交给指导老师，现场完成后老师给予点评作为本次实训的成绩计入学时。

实训工单内容如下。

悬架的检查						
姓名		学号		班级		
指导教师		成绩		考试时间		
车辆信息正确记录：						
发动机型号			发动机排量			
车辆识别代码			行驶里程数			
实训内容						
悬架的检查方法	（请写出具体操作步骤）					
减振器的拆解方法	（请写出具体操作步骤）					
结果分析						

2. 技术参数准备

2016款威朗维修手册及行业维修标准等。

3. 核心技能点准备

（1）减震器常见的故障主要有漏油、减震器效能降低、减震器异响三方面。

（2）当减震器损坏后，车辆行驶在较坏的路面上时，减震器会发出异响，用手触摸减震器，正常的减震器会微热，损坏的减震器会烫手或不热。

4. 作业注意事项

（1）实训时需做好个人防护工作，避免意外受伤。

（2）减震器内部如果出现泥沙，可能是因为防尘套不能起到防尘作用，需要仔细检查防尘套是否松旷或存在其他形式的损坏。

二、操作步骤（建议结合维修手册组织开展，适当引入企业岗位规范）

（1）就车检查。

（2）减震器的拆解。

（3）减震器的维修。

（4）弹簧的检查。

（5）其他检查。

任务评价

序号	评价项目	评价内容	分值	学员互评（40%）	教师评价（60%）
1	专业能力（70分）	了解悬架的功用	5		
2		掌握悬架的结构	5		
3		掌握悬架的常见故障	5		
4		掌握悬架检查的步骤及注意事项	5		
5		正确选用工具并清点	5		
6		正确完成准备工作	5		
7		悬架的检查	15		
8		减震器的拆解	15		
9		清点、检查、维护工具和耗材，清扫和整理现场	5		
10		工单填写	5		
11	职业素养（30分）	严格遵守操作规程，严禁违规作业	5		
12		责任意识，工作态度端正	5		
13		团队合作意识，互相协作良好	5		
14		从业人员的安全意识	5		
15		严谨扎实的工作作风	5		
16		精益求精的工匠精神	5		
		得分	100		
姓名：		学号：	总得分：		评价人：

学习任务四

传动系统维护

⚙ 工作情境描述

　　一辆威朗轿车车主反映,该车在行驶时出现"咯噔"异响现象。经4S店维修技师检测及路试检查发现车辆直线行驶时无"咯噔"异响,车辆弯道行驶时有"咯噔"异响,初步怀疑故障是万向传动装置损坏导致的。

　　根据车主反映及维修人员试车情况,需要对万向传动装置进行详细检查,分析具体原因,制定详细的保养计划并开展实际维修操作。

子任务　半轴防尘罩以及万向节检查

任务描述

一辆轿车，在汽车起步或突然改变车速时，传动轴发出"吭"的响声；在汽车缓行时，发出"咣当、咣当"的响声，经4S店维修技师检查后发现故障是由于万向节松动造成的，需要检查万向节。你能根据维修手册，独立完成该任务吗？

半轴防尘罩以及万向节检查

任务目标

1. 能说出万向节的功用；
2. 能阐明万向节的种类及其应用场景；
3. 能描述万向节的结构；
4. 能根据维修手册正确检查半轴防尘罩以及万向节；
5. 培养主动服务及建设交通强国、交通振兴的职业精神。
6. 树立团队合作意识。

知识准备

一、万向节

1. 功用

万向节即万向接头，是万向传动装置中的核心元件，可以实现转轴之间变角度的动力传递，如图2-4-1所示。

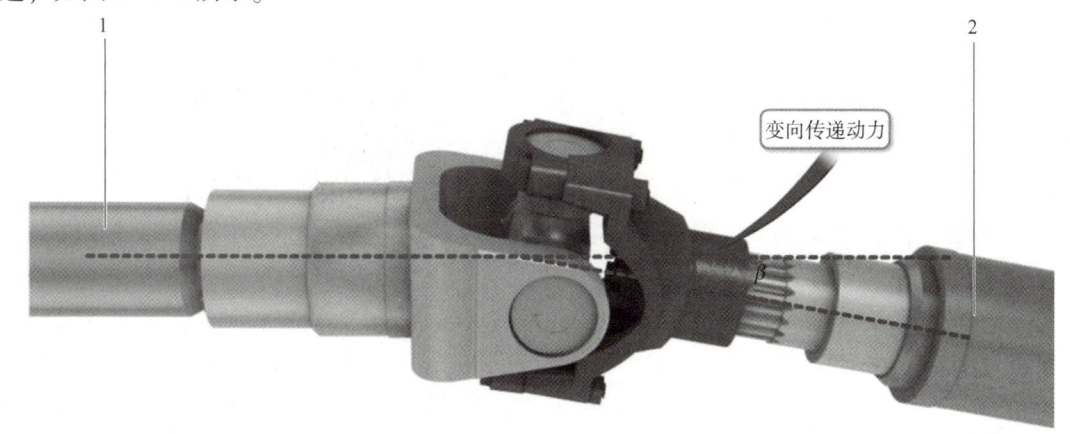

图2-4-1　万向节功用
1—主动轴；2—从动轴

2. 类型

在汽车上使用的万向节可以从不同的角度分类。按其刚度大小，万向节可分为刚性万向节和柔性万向节。刚性万向节按其速度特性可分为不等速万向节（常用的为十字轴式）、准等速万向节（双联式和三销轴式）和等速万向节（包括球叉式和球笼式）。目前在汽车上应用较多的是十字轴式刚性万向节和等速万向节。十字轴式刚性万向节主要用于发动机前置后轮驱动的变速器与驱动桥之间，等速万向节主要用于发动机前置前轮驱动的内、外半轴之间。

1）不等速万向节

不等速万向节是指万向节连接的两轴存在夹角时，输出轴与输入轴之间以变化的瞬时角速度比传动动力，但平均角速度相等的万向节。最常见的不等速万向节是十字轴万向节，它允许相邻两轴的最大夹角为 15°~20°。十字轴万向节具有结构简单、传动效率高等优点，广泛应用于各类汽车的传动系统中，如图 2-4-2 所示。

2）准等速万向节

准等速万向节实际上是在双十字轴万向节的基础上改进而成的，只能近似地实现等速传动，所以称为准等速万向节，如图 2-4-3 所示。常见的准等速万向节有双联式和三销轴式两种类型。

图 2-4-2　十字轴万向节
1—主动轴；2—从动轴

图 2-4-3　准等速万向节
1—主动轴；2—从动轴

（1）双联式万向节。

双联式万向节是由两个十字轴万向节组合而成的，如图 2-4-4 所示。双联叉相当于传动轴及两端处于同一平面上的两个万向节叉，若要实现两个传动轴的角速度相等，则应保证两轴间的夹角相等，即 $\alpha_1 = \alpha_2$。双联式万向节的主要优点是允许两轴间的夹角较大（一般可达 50°），轴承密封性好，效率高，工作可靠，制造方便；缺点是结构较复杂，外形尺寸较大。

（2）三销轴式万向节。

三销轴式万向节是由双联式万向节演变而来的。它主要由两个偏心轴叉、两个三销轴和六个滚针轴承组成，如图 2-4-5 所示。三销轴式万向节允许所连接的两轴最大夹角为 45°，易于密封。但其外形尺寸较大，零件形状较复杂，毛坯需要精确模锻。由于在工作中三销轴间有相对轴向滑动，万向节的两轴受有附加弯矩和轴向力，所以主动轴一侧需装轴向推力轴承。这种结构目前仅用于个别中型或重型越野车的转向驱动桥。

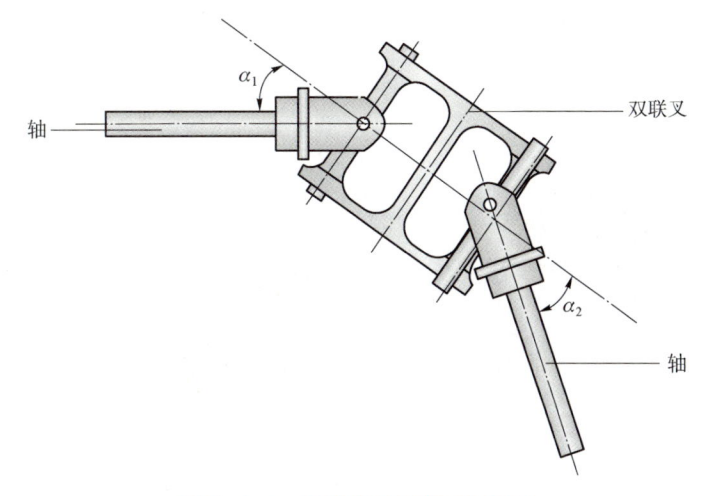

图 2-4-4 双联式万向节工作原理

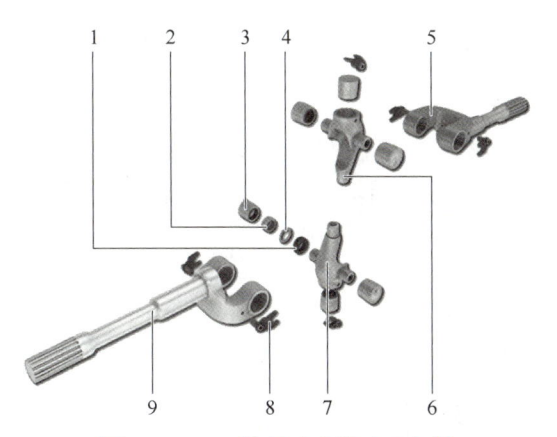

图 2-4-5 三销轴式准等速万向节

1—油封；2—滚针；3—套筒；4—挡圈；5—从动偏心轴；6,7—三销轴；8—压板；9—主动偏心轴

3）等速万向节

如图 2-4-6 所示，等速万向节是指输出轴与输入轴之间始终以相等的瞬时角速度传递动力的万向节，如球叉式万向节、球笼式万向节、球面滚轮式万向节等。

图 2-4-6 等速万向节

1—主动轴；2—从动轴

（1）球叉式等速万向节。

球叉式等速万向节是由有滚道的球叉和钢球组成的万向节，而其中的圆弧槽滚道形球叉

· 195 ·

式万向节是指球叉上的钢球滚道为圆弧形的万向节,如图2-4-7所示。

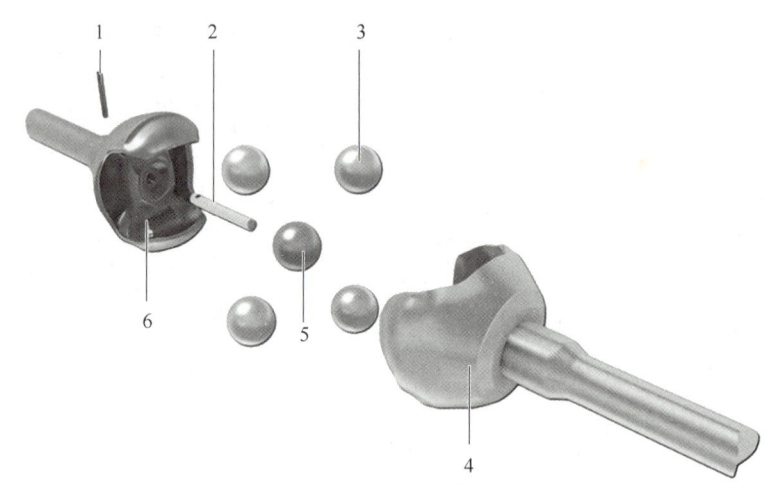

图 2-4-7 球叉式等速万向节
1—锁止销;2—定位销;3—传动钢球;4—主动叉;5—定心钢球;6—从动叉

(2)球笼式等速万向节。

球笼式等速万向节的星形套以内花键与主动轴相连,其外表有6条凹槽,形成内滚道;球形壳的内表面有相应的6条凹槽,形成外滚道;6个传力钢球分别装在各条凹槽中,并由保持架使之保持在一个平面内,如图2-4-8所示。

图 2-4-8 球笼式等速万向节
1—球形壳;2—保持架;3—钢球;4—星形套;5—卡环;6—传动轴;7—橡胶护套

(3)球面滚轮式等速万向节。

球面滚轮式万向节由防尘罩、三销架、内侧万向节总成等组成,如图2-4-9所示。球面滚轮式万向节是一种较为广泛的等速万向节。安装在与万向节轴制成一体的三根销轴上的球面滚轮,可沿与另一万向节轴相连的筒状体的三个轴向槽移动,起到伸缩花键的作用。

图 2-4-9　球面滚轮式等速万向节

1—卡环；2—轴卡环；3，4—卡夹；5—防尘罩；6—三销架；7—内侧万向节总成

万向传动装置检修

传动轴、万向节及橡胶护套的检查或更换

二、防尘套

防尘套大量应用于汽车等速万向节，用于存储润滑脂并防止杂物如泥沙等进入万向节腔内，也称橡胶护套和防尘罩，如图 2-4-10 所示。由于万向节的工作环境恶劣，故经常受到温度变化影响、空气腐蚀、雨水侵蚀及其高速旋转的作用，容易损坏变质。防尘套一旦损坏，灰尘、雨水、泥沙就有可能进入，这将严重影响万向节的传动性能。

三、半轴防尘罩以及万向节的检查

1）检查内等速万向节组件

（1）检查轴承表面有无破损和异常磨损，如图 2-4-11 所示。

（2）检查滚轮花键轴颈有无划伤、斑点，花键有无损伤，如图 2-4-12 所示。

图 2-4-10　防尘套

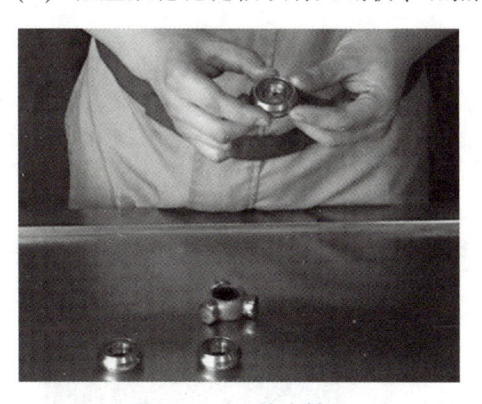

图 2-4-11　检查轴承

图 2-4-12　检查滚轮花键轴颈

（3）逐个检查滚轮轴承是否转动灵活、内等速万向节壳体有无破裂、花键有无损伤，如图 2-4-13 所示。

2）检查外等速万向节组件

（1）检查外等速万向节壳体有无破损，外花键、螺纹有无损伤，如图2-4-14所示。

图2-4-13　检查滚轮轴承

图2-4-14　检查外等速万向节

（2）检查外等速万向节轴承内花键有无损伤，如图2-4-15所示。

（3）将传动轴装入外等速万向节向各个方向缓慢转动，检查其是否转动灵活，如图2-4-16所示。

图2-4-15　检查外等速万向节轴承

图2-4-16　检查外等速万向节转动情况

3）检查半轴

（1）检查半轴有无缺齿或损伤，如图2-4-17（a）所示。

（2）检查半轴有无明显弯曲或变形，若发现异常磨损，则需要更换半轴，如图2-4-17（b）所示。

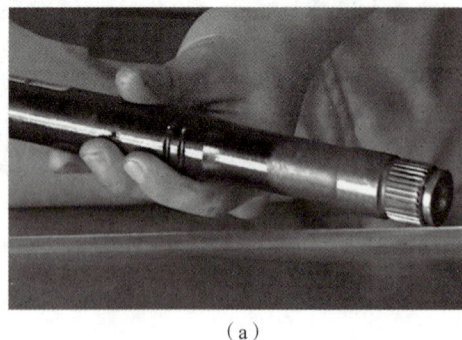

（a）

（b）

图2-4-17　检查半轴

4）检查橡胶防尘套

检查橡胶防尘套有无老化破损，若发现异常情况，则需要更换防尘套，如图 2-4-18 所示。

图 2-4-18　检查橡胶防尘套

任务实施

一、任务准备

1. 组织方式

1）场地设施

别克威朗 4 台，标准保养场地工位 4 个（气鼓、举升机等）。

2）作业工具

世达工具 4 套，工具车，零件车，清洁布。

3）学生组织

分组进行，使用实车进行训练。

时间/min	任务	操作对象
0~10	组织学生分析万向节常见故障	教师
11~30	检查半轴防尘罩以及万向节	学生
31~40	讲师点评和讨论	教师

4）检查实训任务

以单人实操后完成下列工单内容，提交给指导老师，现场完成后老师给予点评作为本次实训的成绩计入学时。

实训工单内容如下。

半轴防尘罩以及万向节检查					
姓名		学号		班级	
指导教师		成绩		考试时间	
车辆信息正确记录：					

续表

发动机型号		发动机排量	
车辆识别代码		行驶里程数	
实训内容			
检查万向节的方法	（请写出具体操作步骤）		
检查半轴防尘罩的方法	（请写出具体操作步骤）		
结果分析			

2. 技术参数准备

2016款威朗维修手册及行业维修标准等。

3. 核心技能点准备

（1）万向节的主要损伤形式是磨损、锈蚀及松旷，其导致的常见故障是汽车起步或突然改变车速时传动轴发出"吭"的响声，在汽车缓行时发出"咣当、咣当"的响声。

（2）半轴的主要损伤形式有弯曲、凹陷或裂纹等，其导致的常见故障现象是汽车在行驶中发出周期性的响声，且响声随着速度的增大而增大，甚至还可能伴随着车身的振动。

4. 作业注意事项

（1）检查前需佩戴保护手套以防伤手。

（2）半轴不能有变形、弯曲、齿缺或损伤。

（3）橡胶防尘套不能有老化现象，若出现该现象，则需更换防尘罩。

二、操作步骤（建议结合维修手册组织开展，适当引入企业岗位规范）

（1）检查内等速万向节组件。

（2）检查外等速万向节组件。

（3）检查半轴。

（4）检查橡胶防尘套。

任务评价

序号	评价项目	评价内容	分值	学员互评（40%）	教师评价（60%）
1	专业能力（70分）	了解万向节的类型	5		
2		掌握万向节的结构	5		
3		分析万向节常见故障	5		
4		掌握半轴防尘罩以及万向节检查的步骤和注意事项	5		
5		正确选用工具并清点	5		
6		正确完成准备工作	5		
7		检查万向节	15		
8		检查半轴防尘罩	15		
9		清点、检查、维护工具和耗材，清扫和整理现场	5		
10		工单填写	5		
11	职业素养（30分）	严格遵守操作规程，严禁违规作业	5		
12		责任意识，工作态度端正	5		
13		团队合作意识，互相协作良好	5		
14		从业人员的安全意识	5		
15		严谨扎实的工作作风	5		
16		精益求精的工匠精神	5		
得分			100		
姓名：		学号：	总得分：	评价人：	

模块三　电器系统维护

学习任务一

电源系统维护

工作情境描述

一辆威朗轿车车主反映,在发动机正常运转过程中,充电指示灯始终亮着。经4S店维修人员检测后,初步怀疑是由电源系统中的发电机出现故障导致的。

根据车主反馈及维修人员试车情况,需要对电源系统进行进一步检查,分析具体原因,制定详细的保养计划并开展实际维修操作。

子任务　蓄电池及发电机的检测与更换

任务描述

刘先生的轿车，放置一段时间，仪表不亮，车上用电器也不能使用，发动机不能起动。对蓄电池进行充电后，上述故障仍然无法消除。经检查发现蓄电池的性能已经退化，需要更换蓄电池。你能根据维修手册，独立完成该任务吗？

电瓶及发电机的检测与更换

任务目标

1. 能说出蓄电池的常见故障；
2. 能描述发电机的结构组成；
3. 能根据维修手册正确地完成蓄电池的拆装与充电任务；
4. 能根据维修手册正确地完成发电机性能检测任务；
5. 牢固树立精益求精、自立自强的职业精神；
6. 做好 7S 管理工作。

知识准备

蓄电池工作原理

一、蓄电池的概述

1. 功用

蓄电池是一种可逆的低压直流电源，在汽车上主要有以下几个方面的作用。
（1）当起动发动机时，向起动系统和点火系统供电。
（2）当发电机不发电或输出电压较低时，向交流发电机励磁绕组以及其他用电设备供电。
（3）当发电机过载时，协助发电机向用电设备供电，如图 3-1-1 所示。

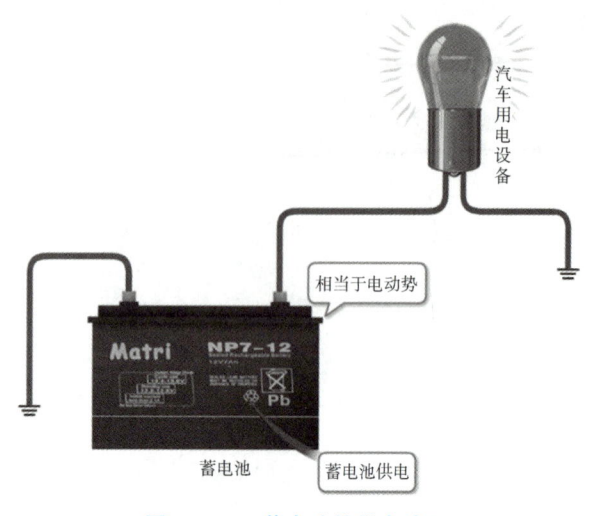

图 3-1-1　蓄电池的供电功用

（4）当发动机中高速运转、发电机正常发电时，将发电机剩余电能转换为化学能储存起来，如图 3-1-2 所示。

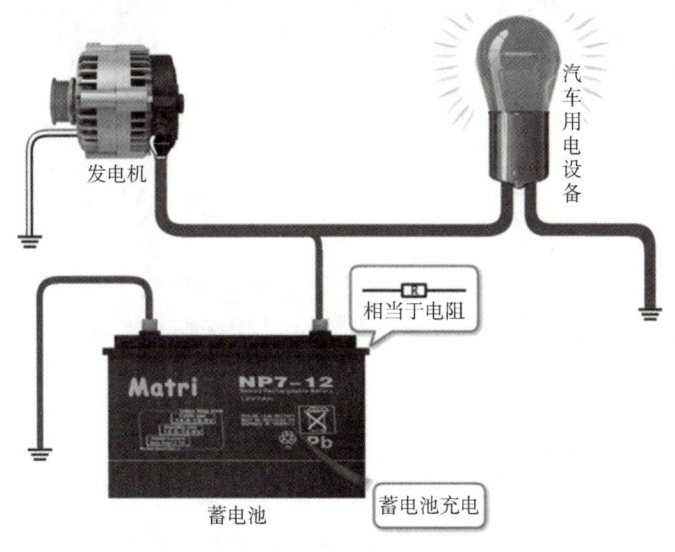

图 3-1-2　蓄电池的储电功用

（5）稳定电系电压，如图 3-1-3 所示。蓄电池相当于一只大容量电容器，不仅能够保持汽车电系的电压稳定，而且还能吸收电路中出现的瞬时过电压，防止损坏电子设备。

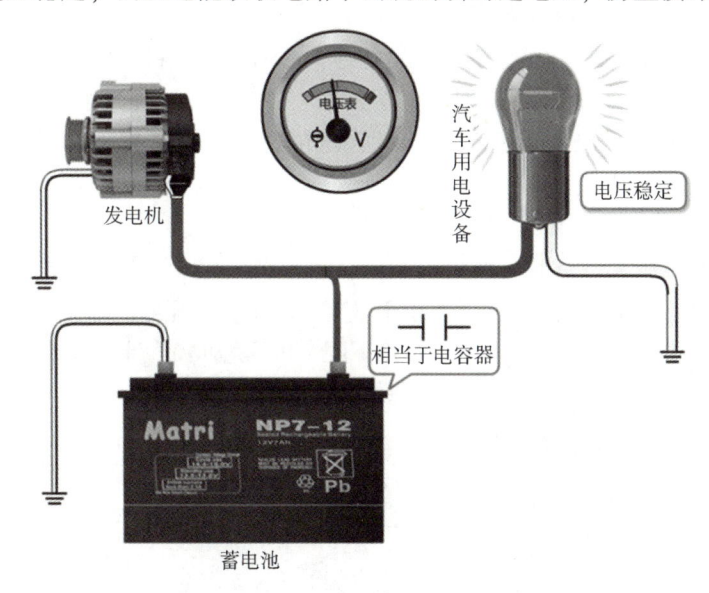

图 3-1-3　蓄电池的稳压功用

在起动发动机时，要求蓄电池在 3~5 s 的时间内向起动机连续供给强大电流。因此，对蓄电池主要性能要求是容量大、内阻小，以保证有足够的起动能力。

2. 类型

目前汽车上常用的蓄电池主要有三种：普通蓄电池、干荷蓄电池和免维护蓄电池，如图 3-1-4 所示。

图 3-1-4 蓄电池的类型

(a) 普通蓄电池；(b) 干荷蓄电池；(c) 免维护蓄电池

（1）普通蓄电池：极板是由铅和铅的氧化物构成，电解液是硫酸的水溶液。在初次使用时需加注电解液，并充电，主要优点是电压稳定、价格便宜；缺点是比能（每千克蓄电池存储的电能）低、使用寿命短、日常维护繁杂。

（2）干荷蓄电池：全称是干式荷电铅酸蓄电池，初次使用时无须充电，加入电解液即可。其主要优点是负极板有较高的储电能力，完全干燥的情况下能在两年内保存所得到的电量。使用时加入电解液 20~30 min 即可使用，但是维护保养比较麻烦。

（3）免维护蓄电池：由于自身结构上的优势，电解液的消耗量非常小，使用时无须加注和补充电解液，使用寿命一般为普通蓄电池的两倍。它还具有耐振、耐高温、体积小、自放电小、维护方便的特点，但其价格略高、使用寿命相对较短。

3. 蓄电池的生命周期

蓄电池对于汽车来说，尽管在成本上所占的比例并不高，但是它对整辆汽车却起着举足轻重的作用。因此，了解汽车电池是否健康良好、提前更换即将要报废的电池，这些方法能有效提高汽车维修企业的服务水平和用户满意度。蓄电池的工作环境（包括使用时间、温度、充电状况以及振动）决定了蓄电池的老化速度，其中在任何一种因素的极端状态下，蓄电池的寿命都会急速减少。

4. 蓄电池的常见故障

（1）蓄电池极板硫化：蓄电池极板硫化是指极板上的 $PbSO_4$ 变成了粗晶粒，如图 3-1-5 所示。这种粗晶粒坚硬且不易溶解，因而在正常充电时不易被还原成活性物质，并阻碍电解液与极板活性物质接触，从而造成蓄电池的容量下降、内阻增大而使起动性能下降。极板硫化是导致蓄电池性能不良和使用寿命缩短的最主要原因。

图 3-1-5 极板硫化

（2）蓄电池自放电：蓄电池每昼夜自行放电量大于 2% 额定容量的自放电属于故障性自放电。

(3) 蓄电池极板活性物质早期脱落：活性物质早期脱落是指因使用不当而造成蓄电池极板上的活性物质有大量的脱落。

二、蓄电池的拆装与充电

1. 拆卸蓄电池

1）拆装作业前准备工作

关闭点火开关、灯光、空调等所有用电设备（确保关闭所有的用电设备），拉起驻车制动，换挡杆置于 P 挡。

2）拆卸蓄电池连接线束

(1) 打开行李舱盖。
(2) 打开行李舱地板装饰件。
(3) 打开蓄电池负极电缆端子盖。
(4) 选用套筒、接杆和棘轮扳手拧松蓄电池负极电缆至后地板螺母。
(5) 断开蓄电池负极连接电缆。
(6) 折叠锁闩，以封闭蓄电池负极电缆端子。
(7) 关上蓄电池负极电缆端子盖。
(8) 取出蓄电池，并摆放到零件台上。

2. 蓄电池充电

(1) 在进行充电前，确认充电电压是否正确、蓄电池温度是否合适，并将充电电流旋钮旋至最小。

(2) 将充电器的红色充电缆连接到蓄电池正极，黑色充电缆连接到蓄电池负极，如图 3-1-6 所示。

图 3-1-6　充电器红、黑电缆正确连接蓄电池示意图

(3) 打开充电器电源，调整蓄电池充电电流。
(4) 充电完成后先将充电电流调节到最小，关闭充电器电源，如图 3-1-7 所示。
(5) 依次断开充电器负极、正极电缆。

蓄电池充电注意事项：

(1) 充电时，应打开蓄电池的加液孔盖，并保持室内通风良好，以免充电终了时释放大量的气体造成危险。

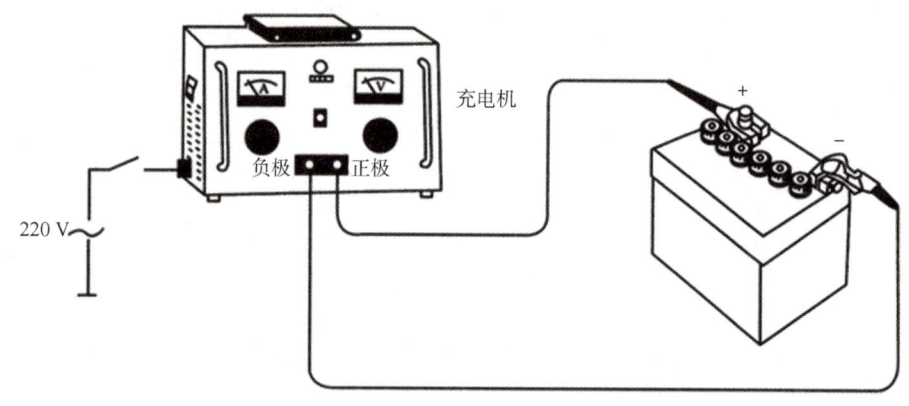

图 3-1-7　蓄电池与充电器正确连接示意图

（2）充电时，严禁烟火，以防充电时释放的气体产生燃烧。

（3）充电时，应先连接好蓄电池与充电机间的正、负极电缆，再接通充电机电源，否则可能会在连接电缆时产生火花，引起爆炸事故。

（4）充电过程中应随时检查蓄电池的温度，切勿过热。

（5）充电机一般接 380 V 的电源，故在移动、操作充电机时务必注意安全。

（6）检查电解液的相对密度及蓄电池的端电压时，应遵照前面的有关安全注意事项进行操作。

（7）充电机避免在阳光直射或露天落雨下使用，避免在较大灰尘或腐蚀性气体的环境中工作。

（8）充电机在使用中接地线应严格接地，充电机充电采用快速保护装置（过流保护器），当充电电流过大时，自动跳闸，保护用电设备，当再充电时，把保护开关合上即可。

（9）充电过程中应确保时刻有人员进行定时检查，若发生突发状况应能及时处理，以防止灾害发生。

3. 整理工位

（1）取下尾气抽排管。

（2）回收车外三件套。

（3）关闭发动机机舱盖。

（4）回收车内三件套。

（5）关闭车窗并取下钥匙。

（6）回收车轮挡块。

（7）将车间现场内需要和不需要的东西分类，丢弃或处理不需要的东西，管理需要的东西。

（8）对整理之后留在现场的必要的物品分门别类放置，排列整齐。

（9）将工作场所清扫干净，使施工现场始终处于无垃圾、无灰尘的整洁状态。

（10）对使用的工具和设备进行清洁。

三、发电机概述

1. 功用

汽车上蓄电池的电能有限，在它放电以后必须及时进行补充充电，因此汽车上还必须装备充电系统，即交流发电机。汽车发电机在发动机的驱动下将机械能转变为电能，它是汽车主要的行车供电电源。作为行车主要的电源，当发动机在怠速工况以上运转时，发电机为汽车的所有电气设备供电，同时给蓄电池充电，如图 3-1-8 所示。

图 3-1-8　发电机功用

2. 组成

发电机可分为直流发电机和交流发电机，目前所有的汽车均采用交流发电机。

交流发电机主要由转子、定子、整流器、电刷、端盖、皮带轮等组成，整体式交流发电机还包括电压调节器，如图 3-1-9 所示。

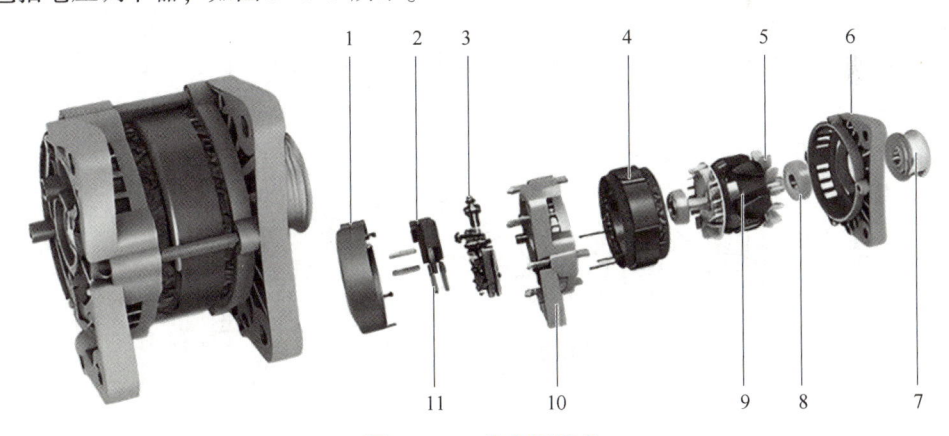

图 3-1-9　发电机组成
1—外罩；2—散热片；3—整流器；4—定子；5—风扇；6—前端盖；7—皮带轮；
8—轴承；9—转子；10—后端盖；11—电刷

3. 交流发电机常见的故障现象

1）发电机不发电的可能原因

（1）发电机皮带断裂或打滑严重。

（2）发电机励磁线路或充电线路断路。

（3）发电机故障。

①电刷与滑环接触不良。
②二极管击穿、断路。
③转子绕组短路、断路或搭铁。
④定子绕组短路或断路或搭铁。
（4）调节器故障。
①弹簧弹力不足、气隙过小、高速触电烧结、触点烧蚀脏污同时调节电阻段路。
②晶体管调节器的稳压管及小功率三极管短路或功率三极管断路。
③调节器的搭铁方式与发电机不匹配。
2）发电机异响的可能原因
（1）转动带过紧或过松。
（2）轴承损坏或缺油松旷、转子与定子相碰。
（3）电刷磨损过大或与滑环接触角度偏斜。
（4）电刷在刷架内倾斜摇摆。
（5）发电机装配不到位，使机体倾斜或转子轴弯曲。
（6）发电机皮带轮与轴松旷，使皮带轮与散热片碰撞。

四、发电机性能测试

1. 发电机输出电压降测量步骤

（1）起动发动机并保持转速为 2 000 r/min。
（2）将万用表正极连接至发电机输出端，负极连接至蓄电池正极。
（3）万用表 DC 显示电压应该在 0.5 V 以下。
（4）使用同样的方式去测量发电机负极线路电压降，发电机负极线路电压降应该在 0.5 V 以下，如图 3-1-10 所示。

检查与更换发电机

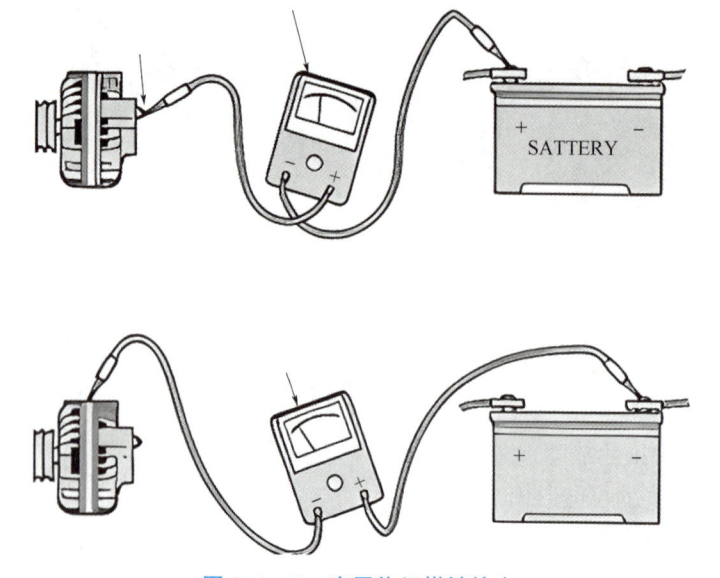

图 3-1-10　定子绕组搭铁检查

2. 发电机输出电流测量

（1）起动发动机，并保持转速为 2 000 r/min。
（2）打开车辆空调加热。
（3）将鼓风机调整到最大转速。
（4）打开前照灯。
（5）打开收音机。
（6）打开风窗刮水器。
（7）打开车辆持续性用电设备（持续性用电设备不包括喇叭、门锁等瞬间用电的设备）。
（8）观察电流表的读数，电流表此时应该仍然显示为正值，并且能够大于 5 A；如果此时显示的数值为负值，则说明在车辆最大用电负载下，发电机不能够为车辆提供充足的电能。

检查与更换蓄电池

任务实施

实训一　蓄电池的拆装及充电

一、任务准备

1. 组织方式

1）场地设施
别克威朗 4 台，标准保养场地工位 4 个（气鼓、举升机等）。
2）作业工具
世达工具 4 套，万用表，蓄电池，清洁布。
3）学生组织
分组进行，使用实车进行训练。

时间/min	任务	操作对象
0~10	组织学生分析蓄电池常见的故障	教师
11~30	蓄电池的拆装与充电	学生
31~40	讲师点评和讨论	教师

4）检查实训任务
以单人实操后完成下列工单内容，提交给指导老师，现场完成后老师给予点评作为本次实训的成绩计入学时。
实训工单内容如下。

蓄电池的拆装与充电			
姓名		学号		班级	
指导教师		成绩		考试时间	
车辆信息正确记录：				
发动机型号		发动机排量	
车辆识别代码		行驶里程数	

续表

实训内容	
蓄电池的拆装	（请写出具体操作步骤）
蓄电池的充电	（请写出具体操作步骤）
结果分析	

2. 技术参数准备

2016款威朗维修手册及行业维修标准等。

3. 核心技能点准备

（1）蓄电池正负极连接线不能接反，否则会烧坏熔丝、发电机、汽车音响、电脑模块等用电设备。

（2）正确使用实训设备。

4. 作业注意事项

（1）实训时，需断开蓄电池负极电缆，以防止工具或设备接触裸露的电气端子而产生电火花。

（2）蓄电池拆卸时，要先拆卸负极线缆，后拆卸正极线缆；安装时，要先安装正极，后安装负极。

二、操作步骤（建议结合维修手册组织开展，适当引入企业岗位规范）

（1）拆卸蓄电池。

（2）蓄电池充电。

（3）整理工位。

实训二　发电机性能检测

一、任务准备

1. 组织方式

1）场地设施

别克威朗4台，标准保养场地工位4个（气鼓、举升机等）。

2）作业工具

世达工具4套，万用表，发电机，清洁布。

3）学生组织

分组进行，使用实车进行训练。

时间/min	任务	操作对象
0~10	组织学生分析发电机的功用	教师
11~30	发电机性能检测	学生
31~40	讲师点评和讨论	教师

4）检查实训任务

以单人实操后完成下列工单内容，提交给指导老师，现场完成后老师给予点评作为本次实训的成绩计入学时。

实训工单内容如下。

发电机性能检测				
姓名		学号		班级	
指导教师		成绩		考试时间	
车辆信息正确记录：				
发动机型号		发动机排量			
车辆识别代码		行驶里程数			
实训内容				
发电机输出电压降测量步骤	（请写出具体操作步骤）			
发电机输出电流测量	（请写出具体操作步骤）			
结果分析				

2. 技术参数准备

2016款威朗维修手册及行业维修标准等。

3. 核心技能点准备

（1）发电机充电电流是安培，如果充电电流比较大，则说明蓄电池所含电量不足。

（2）发电机输出电压是伏特，如果输出电压比较小，则说明蓄电池所含电量充足。

4. 作业注意事项

（1）按照操作规范，正确使用万用表。

（2）持续性用电设备不包括喇叭、门锁等瞬间用电的设备。

二、操作步骤（建议结合维修手册组织开展，适当引入企业岗位规范）

（1）发电机输出电压降测量。

（2）发电机输出电流测量。

任务评价

序号	评价项目	评价内容	分值	学员互评（40%）	教师评价（60%）
1	专业能力（70 分）	能说出蓄电池的常见故障	5		
2		能描述发电机的结构组成	5		
3		正确选用工具并清点	5		
4		正确完成准备工作	5		
5		能根据维修手册正确地完成蓄电池的拆装与充电任务	10		
6		能根据维修手册正确地完成发电机性能检测任务	10		
7		清点、检查、维护工具和耗材，清扫和整理现场	15		
8		工单填写	15		
9	职业素养（30 分）	严格遵守操作规程，严禁违规作业	5		
10		责任意识，工作态度端正	5		
11		团队合作意识，互相协作良好	5		
12		从业人员的安全意识	5		
13		严谨扎实的工作作风	5		
14		精益求精的工匠精神	5		
		得分	100		
姓名：		学号：	总得分：	评价人：	

学习任务二

照明与信号系统维护

⚙ 工作情境描述

　　一辆威朗轿车车主反映,夜间行驶过程中突然出现前照灯灯光暗淡的故障。经维修人员检查,初步怀疑是汽车照明系统存在故障。

　　根据车主反映及维修人员的初步检查情况,需要对照明系统进行进一步检查,分析具体原因,制定详细的保养计划并开展实际维修操作。

子任务　照明与信号系统检查与维护

任务描述

一款16款别克威朗轿车送至4S店进行维护，车主反映该车左转向灯跳动频率比右转向灯快，经检查发现该车信号系统出现故障。你能根据维修手册，独立完成信号系统的检查与维护吗？

照明与信号系统
检查与维护

任务目标

1. 能说出照明系统的类型；
2. 能描述信号系统的组成；
3. 能根据维修手册正确检查与维护照明系统；
4. 能根据维修手册正确检查与维护信号系统；
5. 牢固树立安全意识；
6. 做好7S管理工作，站在人与自然和谐共生的高度谋划发展，建设"美丽中国"。

知识准备

一、照明系统的概述

1. 功用

汽车照明系统是安装于汽车外部和内部，为车辆提供各种所需的灯管照明的装置，是汽车安全行驶的必备系统之一。汽车照明系统的主要作用是在夜间行车时帮助驾驶员和乘员获得外界信息，改善车内照明条件，同时向外界提供行车信息，以保证行车安全。因此，定期对汽车照明系统进行维护，保证各灯光正常工作至关重要，如图3-2-1所示。

（a）　　　　　　　　　　　　　（b）

图3-2-1　照明系统的功用

（a）外部照明；（b）内部照明

2. 组成

汽车照明系统按照其安装位置可以分为车外照明和车内照明两部分。车外照明主要包括前照灯、小灯、雾灯和牌照灯等；车内照明主要包括车内阅读灯、仪表灯、行李舱灯和门灯，其主要作用是方便乘客夜间上下车及行驶时看地图。

照明系统组成

1）车外照明装置

（1）前照灯。

前照灯（又称大灯）安装在汽车头部的两侧，主要用于夜间行车道路照明，用远、近光的变换，在超车时告知前方车辆避让，如图3-2-2所示；灯光为白色，有两灯制和四灯制两种配置方式，两灯制的近光灯和远光灯共用一个灯泡，四灯制的前照灯在打开远光灯时会同时点亮两个辅助照明的灯泡。

（2）小灯。

汽车小灯，在信号系统中称为示宽灯，其主要作用是在黄昏、阴天、雨雾天气等光线较昏暗时表明汽车的宽度和高度，以便车辆在会车及超车时判断出彼此的相对位置及车辆体积，如图3-2-3所示。其一般安装在车前及车后车灯总成上。

图 3-2-2　前照灯的功用

图 3-2-3　小灯的功用

（3）雾灯。

雾灯一般是指汽车雾灯。汽车雾灯安装于汽车的前部和后部，用于在雨雾天气行车时照明道路与安全警示。汽车前、后雾灯的颜色并不相同，前雾灯为黄色，后雾灯为红色，如图3-2-4所示。前雾灯选用黄色，既能保证较好的穿透力，又能保证眼睛的视觉成像，使驾驶员驾驶时视野更清晰；后雾灯选用红色，穿透力强于黄色，更容易让后车发现前车，以保证行车安全。

图 3-2-4　雾灯的颜色

(4) 牌照灯。

牌照灯是夜间或者天色比较暗的时候和示宽灯一起打开以照亮牌照的灯，其作用是照亮车辆牌照以提示后方车辆，如图3-2-5所示，它和小灯为同一个开关控制。所有车辆在夜间行驶时都必须打开车后的牌照灯。后牌照灯的亮度要求是在夜间、正常视力在20 m之内必须能看清牌照号码。

2）车内照明装置

车内照明装置主要用于驾驶室内照明，包含车内阅读灯、仪表灯、行李舱灯和门灯，它分布在车内的顶部、头部和行李舱位置。

图 3-2-5　牌照灯的功用

(1) 阅读灯。

如图3-2-6所示，车内阅读灯安装在车辆前排车顶和后排车顶上，为车厢内提供照明，以便于驾驶员或乘客查阅地图、书籍等。在黑暗环境下，车内阅读灯会造成风窗玻璃处反射出车内倒影，使驾驶员炫目，影响驾驶员判断路况。因此，使用阅读灯后应及时关闭，以保证驾驶安全。

(2) 仪表灯。

仪表灯用于夜间照亮仪表盘，使驾驶员能迅速容易地看清仪表。尾灯亮时，仪表灯也同时亮，灯光颜色一般为白色，如图3-2-7所示。有些车辆还加装了灯光控制变阻器，使驾驶员能调整仪表灯的亮度。

图 3-2-6　阅读灯安装位置

图 3-2-7　仪表灯

(3) 行李舱灯。

装于轿车或客车行李舱内，当开启行李舱盖时，自动发亮，照亮行李舱空间。

(4) 门灯。

开启车门时，门灯点亮，其作用为提示后方行人、车辆注意避让。

二、照明系统的检查与维护

1. 车外灯光检查

车外灯光检查通常需要两人配合进行检查，一人在车辆内部进行操作，

照明系统维护

另一人在车辆外部观察灯光情况,并通过灯光指挥车内人员开启相应的照明系统灯光。

1) 小灯和牌照灯检查

车外前部小灯、后部小灯和牌照灯所对应的灯光操作是一致的,均为双手平行向前伸直,拇指伸出相对,其余手指紧握,如图 3-2-8 所示。将灯光调至小灯挡位后,观察车内仪表指示灯是否点亮,灯光是否正常亮起、亮度是否正常。

2) 雾灯检查

车外前部和后部的雾灯所对应的灯光操作是一致的,均为双手平行向前伸直,拇指伸出向下,其余手指紧握,如图 3-2-9 所示。将灯光调至雾灯挡位后,观察车内仪表指示灯是否点亮,灯光是否正常亮起、亮度是否正常。

图 3-2-8　小灯和牌照灯检查

图 3-2-9　雾灯检查

3) 近光灯和远光灯检查

(1) 近光灯检查。

近光灯检查的灯光操作为双手平行向前伸直,掌心向下,四指并拢收起,拇指向下,如图 3-2-10 所示。调至近光灯挡位后,观察近光灯是否亮起、亮度是否正常。

(2) 远光灯检查。

远光灯检查的灯光操作为双手向上弯曲,掌心向内,五指并拢,如图 3-2-11 所示。调至远光灯挡位后,观察远光灯是否亮起、亮度是否正常、高度是否合适。

图 3-2-10　近光灯检查

图 3-2-11　远光灯检查

(3) 近、远光灯检查。

近、远光切换检查的灯光操作为双手向上弯曲,掌心向内,而后掌心向外往前推出,并反复动作。观察灯光能否进行近、远光切换。

2. 车内灯的检查

（1）开启相应车内灯开关，检查工作情况。

（2）将后阅读灯推至门灯位置，关闭车门，阅读灯熄灭；打开某一车门，阅读灯点亮工作。

（3）开启行李舱盖，检查行李舱灯是否点亮、灯光亮度是否正常。

三、信号系统的概述

1. 功用

信号设备是保证汽车在各种条件下安全行车，提高汽车行驶速度而安装的各种照明、仪表和警报装置。它主要通过声、光信号向环境发出有关车辆运行状况或状态的信息，保证汽车行驶安全。这些信号是驾驶员根据道路状况向其他车辆及行人发出的，由自身开关控制。

2. 组成

信号系统主要包括转向灯、危险警告灯、制动灯、示宽灯、喇叭和倒车灯等。这些信号是驾驶员根据道路交通情况向其他车辆及行人发出的，由相应的开关控制。

1）转向灯

转向灯的作用是在汽车起步、转弯、变更车道或路边停车时打开的信号灯，以示汽车的趋向，提醒周围车辆和行人。其灯光为黄色，安装于汽车头部、尾部及左右两侧，如图 3-2-12 所示。

图 3-2-12 转向灯的安装位置

1—右后转向灯；2—右侧转向灯；3—右前转向灯

2）危险警告灯

危险警告灯又称双闪灯，是一种提醒其他车辆与行人注意本车发生了特殊情况的信号灯。

3）制动灯

制动灯又称刹车灯，安装于汽车尾部，其作用是在汽车制动停车或制动减速行驶时，向后方车辆及行人发出警示信号，以防止追尾碰撞，灯光为红色，如图 3-2-13 所示。

4）示宽灯

示宽灯也称示廓灯，在照明系统中又称小灯，主要用于在黄昏、阴天、雨雾天气等光线较昏暗时表明汽车的宽度和高度，以便车辆在会车及超车时判断出彼此的相对位置及车辆体积，一般安装在车前及车后车灯总成上。通常情况下示宽灯的颜色为前白后红。

5）喇叭

喇叭是汽车行驶中的声响警示装置。在汽车的行驶过程中，驾驶员根据需要和规定发出必需的音响信号，警告行人并引起其他车辆注意，以保证交通安全，如图 3-2-14 所示。

图 3-2-13 制动灯的功用

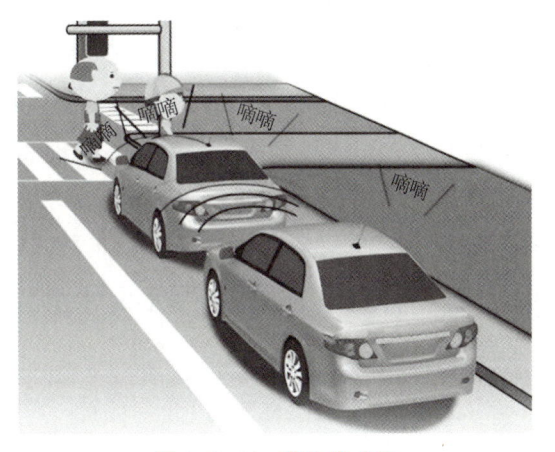

图 3-2-14 喇叭的功用

6）倒车灯

倒车灯安装于汽车后面，主要有两个作用，第一是向其他的车辆和行人发出倒车信号，第二主要是夜间倒车照明，如图 3-2-15 所示。

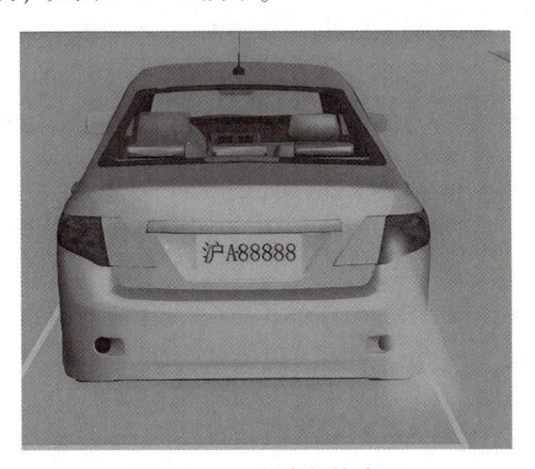

图 3-2-15 倒车灯的功用

汽车照明信号
系统检查

信号系统维护

四、信号系统的检查与维护

1. 转向灯检查

打开转向灯开关，检查右前转向灯、右车外后视镜转向灯和右后转向灯是否同时周期性闪烁，频率应为 90~120 次/min。如果发现一侧的灯光闪烁速度较快，则表明相应侧转向系统发生短路或者断路现象。当转向盘回正时，转向开关应能自动回正。

2. 危险警告灯检查

打开危险警报灯开关后，车辆所有转向灯全部闪烁。

3. 示宽灯检查

调至示宽灯挡位后，检查仪表指示灯是否亮起、示宽灯是否正常亮起及灯色是否正常。

4. 倒车灯检查

调至倒车挡位后，观察倒车灯是否正常亮起、亮度是否正常。

5. 制动灯检查

踩住制动踏板，位于行李舱两侧的红色制动灯应点亮，同时中央高位制动灯也应一起点亮。

6. 喇叭检查

按下喇叭开关，检查喇叭是否响起、音量是否正常，有无出现破音、单音等异常现象。

五、前照灯总成的更换及灯光调整

（1）断开蓄电池负极电缆。

（2）拆下前保险杠蒙皮。

①举升并顶起车辆。

②拆下前车轮和车轮总成。

③拆卸前保险杠蒙皮左右侧螺栓、前轮罩衬板左右侧螺栓。

④拆卸前保险杠蒙皮加长件固定件。

⑤拆卸前保险杠蒙皮下加强件螺栓、前保险杠蒙皮下侧螺栓。

⑥小心将前保险杠蒙皮向外拉出，并使用塑料工具将固定凸舌从前保险杠蒙皮外导板上松开。

⑦断开前雾灯电气连接器。

⑧拆下前保险杠蒙皮。

（3）断开前照灯总成电气连接器。

（4）拆下前照灯总成固定螺栓。

（5）移除前照灯总成。

（6）检查前照灯总成灯泡是否正常，若不正常则更换对应灯泡。

（7）安装前照灯总成。

（8）安装前保险杆蒙皮。

（9）调整前照灯总成灯光。

①拉起发动机舱盖拉锁。

②测试人员将车辆驶入四轮定位设备。

③在四轮定位设备开启后，前照灯仪会自动根据车型变化进行高度调整。

④打开枪机舱盖，依照前照灯仪自动行走位置对前照灯光束位置进行调整。

⑤当屏幕上显示为绿色"OK"时，调整完成，如图3-2-16所示。调整顺序为：右前近光、左前近光、前照灯光束位置。

⑥调整结束后，关闭发动机舱盖。

图 3-2-16 前照灯仪测试结果

六、倒车灯不亮故障诊断与排除

（1）打开点火开关至"ON"位置。

（2）挂入倒挡，检查倒车灯是否点亮，确认倒车灯不亮。

（3）关闭点火开关。

（4）断开车辆右后侧倒车灯线束连接器 X920。

（5）打开万用表，选择电阻挡（200 Ω），校准万用表。

（6）选择直流电压挡（20 V）。

（7）将万用表红、黑表笔分别连接右后侧倒车灯线束连接器 X920/2、4 号端子，万用表显示 12 V，电压正常，即倒车灯控制线路正常。

（8）拆卸车辆右后侧倒车灯灯泡，检查发现灯泡灯丝烧毁，需更换新的倒车灯灯泡。

（9）使用平刃塑料工具拆卸行李舱盖铰链盖，取下行李舱盖铰链盖固定件。

（10）使用平刃塑料工具拆卸行李舱盖内板装饰件固定件，取下行李舱盖内板装饰件。

（11）将倒车灯灯座沿逆时针方向旋转四分之一圈并拆下。

（12）更换新的灯泡，倒车灯点亮，故障排除。

（13）按相反顺序安装行李舱盖内板装饰件。

任务实施

实训一　前大灯的更换及灯光调整

一、任务准备

1. 组织方式

1）场地设施

别克威朗 4 台，标准保养场地工位 4 个（气鼓、举升机等）。

2）作业工具

世达工具 4 套，四轮定位设备，大灯仪，手套，清洁布。

3）学生组织

分组进行，使用实车进行训练。

时间/min	任务	操作对象
0~10	组织学生认识各照明系统的组成功用	教师
11~30	前照灯的更换及灯光调整	学生
31~40	讲师点评和讨论	教师

4）检查实训任务

以单人实操后完成下列工单内容，请提交给指导老师，现场完成后老师给予点评作为本次实训的成绩计入学时。

实训工单内容如下。

前照灯的更换及灯光调整						
姓名		学号		班级	
指导教师		成绩		考试时间	
车辆信息正确记录：					
发动机型号				发动机排量	
车辆识别代码				行驶里程数	
实训内容					
前大灯的更换	（请写出具体操作步骤）				
前大灯的灯光调整	（请写出具体操作步骤）				
结果分析					

2. 技术参数准备

2016 款威朗维修手册及行业维修标准等。

3. 核心技能点准备

（1）拆卸前保险杠蒙皮时，需要另一名技术人员在一旁协助操作。

（2）前照灯总成灯光调整顺序为：右前近光、左前近光、前大灯光束位置。

4. 作业注意事项

（1）在拆卸蒙皮时要小心，如果强行用力，则蒙皮可能被扯破。

（2）使用前照灯仪时，根据操作手册的说明设定调节器的高度和位置。

二、操作步骤（建议结合维修手册组织开展，适当引入企业岗位规范）

（1）断开蓄电池负极电缆。

（2）拆下前保险杠蒙皮。

（3）断开前照灯总成电气连接器。

（4）拆下前照灯总成固定螺栓。

（5）移除前照灯总成。

（6）检查前照灯总成灯泡是否正常，若不正常则更换对应灯泡。

（7）安装前照灯总成。

（8）安装前保险杆蒙皮。

（9）调整前照灯灯光。

实训二　倒车灯不亮故障诊断与排除

一、任务准备

1. 组织方式

1）场地设施

别克威朗4台，标准保养场地工位4个（气鼓、举升机等）。

2）作业工具

世达工具4套，万用表，2016款威朗倒车灯，平刃塑料工具，手套，清洁布。

3）学生组织

分组进行，使用实车进行训练。

时间/min	任务	操作对象
0~10	组织学生认识信号系统的组成功用	教师
11~30	倒车灯不亮故障诊断与排除	学生
31~40	讲师点评和讨论	教师

4）检查实训任务

以单人实操后完成下列工单内容，提交给指导老师，现场完成后老师给予点评作为本次实训的成绩计入学时。

实训工单内容如下。

倒车灯不亮故障诊断与排除				
姓名		学号		班级	
指导教师		成绩		考试时间	
车辆信息正确记录：				
发动机型号		发动机排量			
车辆识别代码		行驶里程数			
实训内容				
倒车灯不亮故障诊断与排除	（请写出具体操作步骤）			
倒车灯更换	（请写出具体操作步骤）			
结果分析					

2. 技术参数准备

2016 款威朗维修手册及行业维修标准等。

3. 核心技能点准备

（1）使用万用表时需按照维修手册规范操作。

（2）2016 款威朗倒车灯为卤素灯泡，更换卤素灯泡时务必佩戴护目用具。

4. 作业注意事项

（1）在更换灯泡前，关闭灯开关并使灯泡冷却。

（2）只能通过底座操作灯泡，避免触摸玻璃。

二、操作步骤（建议结合维修手册组织开展，适当引入企业岗位规范）

（1）打开点火开关至"ON"位置。

（2）挂入倒挡，检查倒车灯是否点亮，确认倒车灯不亮。

（3）关闭点火开关。

（4）断开车辆右后侧倒车灯线束连接器 X920。

（5）打开万用表，选择电阻挡（200 Ω），校准万用表。

（6）选择直流电压挡（20 V）。

（7）将万用表红、黑表笔分别连接右后侧倒车灯线束连接器 X920/2、4 号端子，万用表显示 12 V，电压正常，即倒车灯控制线路正常。

（8）拆卸车辆右后侧倒车灯灯泡，检查发现灯泡灯丝烧毁，需更换新的倒车灯灯泡。

（9）使用平刃塑料工具拆卸行李舱盖铰链盖，取下行李舱盖铰链盖固定件。

（10）使用平刃塑料工具拆卸行李舱盖内板装饰件固定件，取下行李舱盖内板装饰件。

（11）将倒车灯灯座沿逆时针方向旋转四分之一圈并拆下。

（12）更换新的灯泡后，倒车灯点亮，故障排除。

（13）按相反顺序安装行李舱盖内板装饰件。

任务评价

序号	评价项目	评价内容	分值	学员互评（40%）	教师评价（60%）
1	专业能力（70分）	能说出照明系统的类型	5		
2		能描述信号系统的组成	5		
3		正确选用工具并清点	5		
4		正确完成准备工作	5		
5		正确检查与维护照明系统	20		
6		正确检查与维护信号系统	20		
7		清点、检查、维护工具和耗材，清扫和整理现场	5		
8		工单填写	5		
9	职业素养（30分）	严格遵守操作规程，严禁违规作业	5		
10		责任意识，工作态度端正	5		
11		团队合作意识，互相协作良好	5		
12		从业人员的安全意识	5		
13		严谨扎实的工作作风	5		
14		精益求精的工匠精神	5		
		得分	100		
姓名：		学号：	总得分：	评价人：	

学习任务三

空调系统维护

工作情境描述

一位车主反映,他开启汽车空调,却总感觉室内温度迟迟降不下来,而且风速也不如之前畅快。经维修人员检查,初步怀疑是空调系统存在故障。

根据车主反映及维修人员的初步检查情况,需要对汽车空调系统进行进一步检查,分析具体原因,制定详细的保养计划并开展实际维修操作。

子任务一　空调通风管路清洗

任务描述

车主王先生坐进车内，开启空调，发现汽车断断续续有冷气冒出。他把爱车开到 4S 店进行检查，维修技师在对空调进行一番检查之后，发现空调通风管路堵塞，需要清洗空调通风管路。你能根据维修手册，独立完成该任务吗？

空调通风管路清洗

任务目标

1. 能说出汽车空调系统的功用和工作原理；
2. 能描述空调通风系统的组成；
3. 能根据维修手册正确清洗空调通风管路；
4. 能根据维修手册正确进行制冷剂的加注与回收；
5. 立足本职岗位工作，争做技能人才；
6. 牢固树立精益求精、自立自强的职业精神。

知识准备

空调系统维护

一、汽车空调系统功用

汽车空调系统是实现对车厢内空气进行制冷、加热、换气和空气净化的装置，它可以为乘车人员提供舒适的乘车环境，降低驾驶员的疲劳强度，提高行车安全。

1. 制冷

汽车空调制冷系统主要用于在炎热的天气下对车内空气或外部进入车厢内的新鲜空气进行降温与除湿，使车厢内凉爽，如图 3-3-1 所示。

图 3-3-1　空调制冷系统功用

2. 采暖

汽车空调采暖系统主要用于对车内的空气进行加热，达到取暖的目的，如图 3-3-2 所示。

图 3-3-2　空调采暖系统功用

3. 通风

汽车空调通风系统主要用于将车外的新鲜空气送入车内，同时将车内的污浊空气排到车外。通风系统还能够排出车内空气中的湿气，使干燥空气吸收人体汗液，营造更舒适的环境，如图 3-3-3 所示。

4. 净化

汽车空调净化系统主要用于过滤花粉、灰尘等细微颗粒，吸附异味，使车内空气更清新，如图 3-3-4 所示。

图 3-3-3　空调通风系统的作用 　　　　图 3-3-4　空调净化系统的作用

二、空调制冷系统的工作过程

汽车空调制冷系统都是采用 R134a（新型无氟环保制冷剂）为制冷剂的蒸气压缩式循环系统，制冷系统工作时，制冷剂以不同的状态在这个密闭系统内循环流动，每一循环需进行 4 个基本过程，如图 3-3-5 所示。

汽车空调系统的定期保养　　通风系统组成

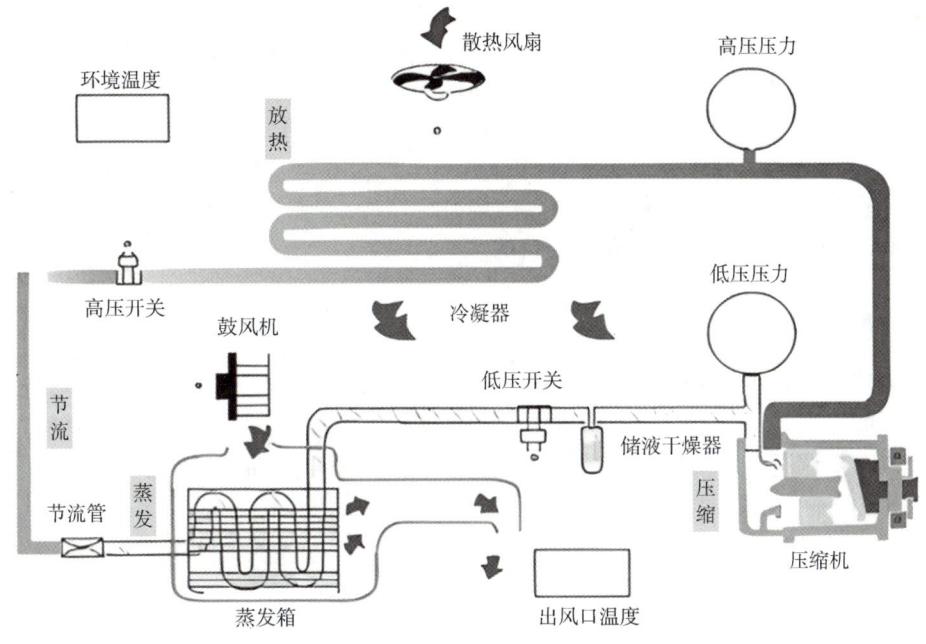

图 3-3-5 空调制冷系统工作原理

(1) 压缩过程：压缩机将蒸发器低压侧（温度约为 0 ℃、气压约为 0.15 MPa）的低温低压气态制冷剂压缩成高温（70~80 ℃）、高压（约 1.5 MPa）的气态制冷剂，送往冷凝器冷却降温。

(2) 冷凝过程：送往冷凝器的过热气态制冷剂，在温度高于外部温度很多时向外散热进行热交换，制冷剂被冷凝成中温、压力为 1.0~1.2 MPa 的液态制冷剂。

(3) 膨胀过程：冷凝后的液态制冷剂经过膨胀阀使制冷剂流过的空间体积增大，其压力和温度急剧下降，变成低温（约-5 ℃）、低压（约为 0.15 MPa）的湿蒸气，以便进入蒸发器中迅速吸热蒸发。其在膨胀过程的同时进行流量控制，以便供给蒸发器所需的制冷剂，从而达到控制温度的目的。

(4) 蒸发过程：液态制冷剂通过膨胀阀变为低温低压的湿蒸气，流经蒸发器不断吸热汽化转变成低温（约为 0 ℃）、低压（约为 0.15 MPa）的气态制冷剂，吸收乘室内空气的热量。从蒸发器流出的气态制冷剂又被吸入压缩机，增压后泵入冷凝器冷凝，进行制冷循环。

制冷循环就是利用有限的制冷剂在封闭的制冷系统中，周而复始地将制冷剂压缩、冷凝、膨胀、蒸发，在蒸发器中吸热汽化，对乘室内空气进行制冷降温。

三、空调制热系统的工作原理

汽车空调的制热一般是利用发动机水箱散热器提供的热量来实现的，不需要启动车载空调系统。在蒸发箱的旁边有一个铜质的暖风小水箱，又称为热交换器，直接通过水管连接发动机水箱，当鼓风机吸进来的冷风通过热交换器的表面后，吸收了热量变成暖风进入驾驶室。

在冬季，有时需要对车后的风窗玻璃进行除雾，其原理是利用后风窗玻璃上电阻丝通电后产生的热量，当玻璃的温度升高后自然去除了玻璃上的霜或雾气。

虽然空调在传统燃油车上会消耗一定的动力，但占比很小，对油耗的影响也有限。但对于电动车，由于其无稳定热源，需采用 PTC 热敏电阻，故开启暖风时会损耗很多能量，极大地缩短了续航。

由于 PTC 技术的种种问题，新的空调技术开始出现，这就是热泵空调。理论上讲，热泵是一种将低位热源的热能强制转移到高位热源的空调装置。热泵是热量的"搬运工"，可以把低温"物体"（包括气体、液体）的热量吸收出来传递到工质内，再通过系统内对工质的压缩使其升温，最终将高温工质通过冷凝器和车内空气进行换热，实现暖风的功能（夏天通过改变热转换的方向，从乘员舱吸收热量进行制冷）。在整个过程中，电池的电能只应用在"搬运"热量上，从而达到省电的目的。

四、通风系统的功用及组成

通风系统主要是将新鲜空气送进车内，以取代污浊空气。它的作用是在汽车行驶时保证室内通风，即对汽车室内不断加入新鲜空气，驱排混有尘埃、二氧化碳及来自其他方面的有害气体。汽车空调通风系统主要由进风道、过滤器、鼓风机、风门伺服电动机、风门、出风口、各出风道、散热器及蒸发器等组成，如图 3-3-6 所示。

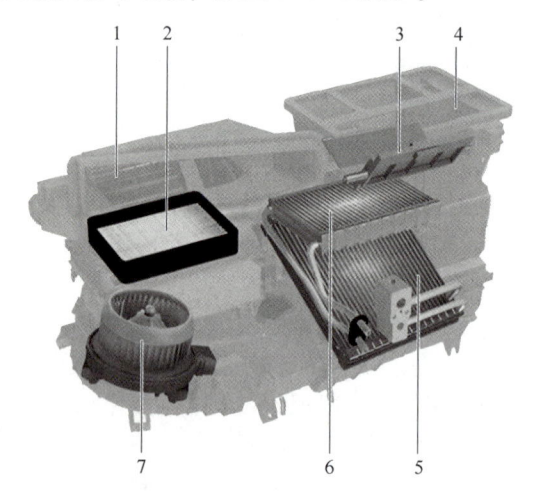

图 3-3-6　通风系统的组成

1—进风道；2—过滤器；3—风门；4—出风道；5—蒸发器；6—散热器；7—鼓风机

五、空调通风系统的类型

汽车空调的通风方式一般有动压通风、强制通风和综合通风三种。

1. 动压通风

动压通风也称自然风，它是利用汽车行驶时对车身外部所产生的风压为动力，在适当的地方开设进风口和排风口，以实现车内的通风换气。轿车风洞试验的车身表面压力分布如图 3-3-7 所示，车身外部大多受到负压，只有在车前及前风窗玻璃周围为正压区。进风口应设置在正风压区，并且离地面尽可能高，以免引入此车行驶时的扬尘；排风口则设置在汽车车厢后部的负压区，并且应尽量加大排气口的有效流通面积，提高平排气效果，并注意防尘、噪声以及雨水的侵入。

2. 强制通风

如图 3-3-8 所示，强制通风是利用鼓风机强制将车外空气送入车厢内进行通风换气，进气口和排气口一般与自然通风的风口在相同的位置。在冷暖一体化的汽车空调上，大多采

(−)：正压力
(+)：负压力

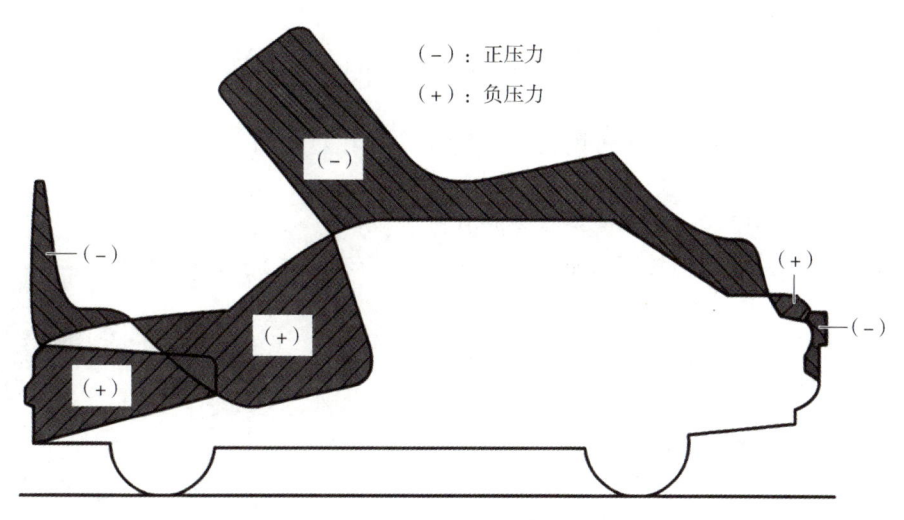

图 3-3-7　轿车风洞试验的车身表面压力分布

用通风、供暖和制冷的联合装置，将外气与空调冷暖空气混合后送入车内。

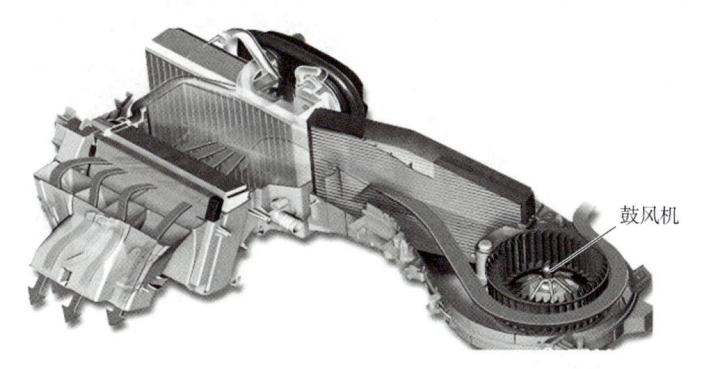

鼓风机

图 3-3-8　强制通风示意图

3. 综合通风

综合通风是汽车上同时采用动压通风和强制通风。综合通风系统结构复杂，但省电，经济性好，运行成本低。特别是在春秋季节的天气，用动压通风导入凉爽的外气，以取代制冷系统工作，同样可以保证舒适性要求。

六、汽车空调管路

汽车空调的各部件总成一般分散安装在汽车的各个部位，汽车空调管路可将这些部件总成连接起来，以组成一套完整的汽车空调系统。如果说压缩机是空调系统的心脏，则汽车空调管路就是空调系统的血管。汽车空调管路一般由铝管、空调胶管及其他管路附件组成。

空调管路的布置总则如下：

（1）空调管路应尽量布置在隐藏的空间，直接裸露在机舱的管路部分必须遵守横平竖直的原则，以达到布局美观的目的。

（2）连接固定件和运动件的空调管路必须采用橡胶软管进行软连接，以有效防振、降噪，其中橡胶软管的长度须大于 250 mm，弯曲半径须大于 100 mm。

（3）硬管在转弯处其弯角必须大于 90°，弯曲半径为管直径的 1.5~2.0 倍，弯管最小直线段应保证大于或者等于 15 mm。

（4）空调管路应远离高温区，当空调管路的工作环境温度大于 135°时，必须在管路上包裹防热辐射的隔热护套。

（5）空调管在穿过洞口或绕过锐角处或安全间隙无法保证时，必须在管路外加保护套，避免磨损。

（6）空调管与前壁板的连接须采取隔振措施。

（7）空调管路系统接插件布置必须考虑防水，应布置在泥水和油污溅不到的地方。

（8）视液窗必须布置在易于查看的位置。

（9）空调管路布置应考虑安装性和维修性。

空调空气通道保养维护

七、空调通风管路清洗

1. 取滤芯

（1）起动发动机，打开车窗。

（2）找到汽车空调的进风口，打开手套箱，拆下空调滤芯挡板，取出空调滤芯，如图 3-3-9 所示。

2. 清洗

（1）将空调打开，然后把风量调至中高挡。

（2）将软管插入空调清洗剂的喷嘴，保证接口处牢固，不要出现漏气或者脱落的情况。

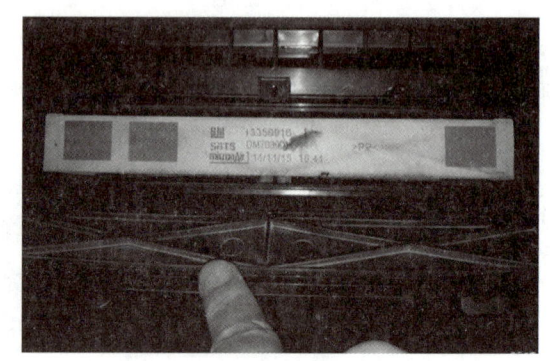

图 3-3-9 取下空调滤芯

（3）充分摇匀空调清洗剂，然后将软管伸进空调进气口，按下喷嘴进行清洗，如图 3-3-10 所示。

3. 清洗废液排除

将空调大风量运转 5 min，然后关闭空调和发动机，将空调滤芯放回进气口上，清洗废液从车底的空调排水口排出，如图 3-3-11 所示。

图 3-3-10　使用空调清洗剂

图 3-3-11　排除废液

八、制冷剂的回收与加注

1. 制冷剂回收

1）车辆准备

(1) 起动车辆，打开汽车空调，空调制冷 3~5 min，发动机转速保持在 1 500~2 000 r/min。

(2) 关闭发动机。

(3) 拆卸高压管接头保护盖，连接快速接头，顺时针旋入旋钮。

(4) 以同样方法安装低压快速接头，顺时针旋入旋钮。

(5) 打开电源开关。

(6) 选择制冷剂回收，打开高低压手阀，按确认键自动回收制冷剂。

(7) 当压力到达-10 in① 汞柱保持 1 min 时，按取消键，停止回收。

2）排油

(1) 按确认键排放冷冻油，如图 3-3-12 所示，排油完成后退出界面。

(2) 完成后等待一段时间，待废油无气泡后，查看排油瓶废油液面刻度并记录，计算排出的油量。

3）计算出制冷剂回收量

如图 3-3-13 所示，查看回收后工作罐制冷剂净重并记录，计算出制冷剂回收量。

2. 制冷剂的加注

1）第一次抽真空

按下抽真空键，显示抽真空时间 3 min，确认进行双管抽真空，抽至-90 kPa 后继续

图 3-3-12　排放冷冻油

---

① 1 in＝2.54 cm。

保持 1 min，如图 3-3-14 所示。

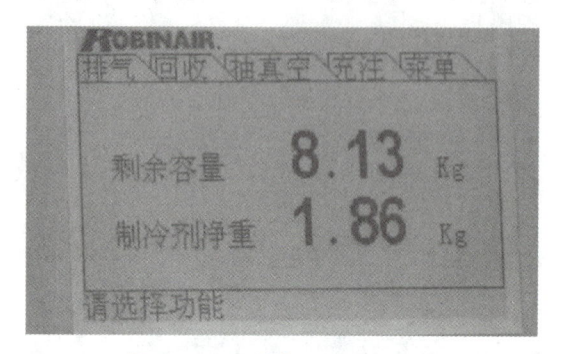

图 3-3-13　计算制冷剂回收量

图 3-3-14　第一次抽真空

2）保压

按下确认键进行保压检漏，时间为 1 min，观察系统压力是否变化。

3）加注冷冻油

关闭低压手阀，打开高压手阀，按下确认键进行冷冻油加注，加注时观察注油瓶刻度线，加注量满时，按暂停键取消结束注油，注油量等于排油量+20 mL。

4）第二次抽真空

打开低压手阀，关闭高压手阀，按下抽真空键，设置时间为 5 min。

5）加注制冷剂

按下制冷剂加注键，根据数据库资料设置加注量，打开高压手阀，关闭低压手阀，逆时针旋转低压管旋钮，按下确认键开始制冷剂的加注。

任务实施

实训一　空调通风管路清洗

一、任务准备

1. 组织方式

1）场地设施

别克威朗 4 台，标准保养场地工位 4 个（气鼓、举升机等）。

2）作业工具

世达工具 4 套，空调清洗剂，清洁布。

3）学生组织

分组进行，使用实车进行训练。

时间/min	任务	操作对象
0~10	组织学生讨论空调系统的作用	教师
11~30	空调通风管路的清洗	学生
31~40	讲师点评和讨论	教师

4）检查实训任务

以单人实操后完成下列工单内容，提交给指导老师，现场完成后老师给予点评作为本次实训的成绩计入学时。

实训工单内容如下。

空调通风管路清洗						
姓名		学号		班级			
指导教师		成绩		考试时间			
车辆信息正确记录：							
发动机型号			发动机排量			
车辆识别代码			行驶里程数			
实训内容							
空调通风管路常见的故障	（请写出具体操作步骤）					
空调通风系统的清洗方法	（请写出具体操作步骤）					
结果分析						

2. 技术参数准备

2016款威朗维修手册及行业维修标准等。

3. 核心技能点准备

（1）汽车空调管道隐藏在汽车内部，经过一年四季的洗礼，最容易滋生细菌和产生异味。

（2）正式清洗前将空调清洗剂摇匀，将包装内的软管套上，并将空调调至外循环风量开到最大，将清洗剂摇匀对准空调滤芯的位置，里面的吸力会将清洗剂吸入，从而进行空调管道的清洗。

4. 作业注意事项

（1）要在发动机怠速过程中进行汽车空调通风管路的清洗工作，否则蓄电池电量不足容易亏电。

（2）清洗剂的软管不要距离鼓风机太近，以防被吸入。

（3）用抹布及时地把出风口旁流出的泡沫清理干净，以免弄脏内饰。

二、操作步骤（建议结合维修手册组织开展，适当引入企业岗位规范）

（1）取出滤芯。

(2) 使用清洗剂清洗。

(3) 排除清洗的废液。

实训二　制冷剂的回收与加注

一、任务准备

1. 组织方式

1）场地设施

别克威朗 4 台，标准保养场地工位 4 个（气鼓、举升机等）。

2）作业工具

世达工具 4 套，制冷剂，制冷剂回收仪，清洁布。

3）学生组织

分组进行，使用实车进行训练。

时间/min	任务	操作对象
0~10	组织学生讨论制冷剂的作用	教师
11~30	制冷剂的回收与加注	学生
31~40	讲师点评和讨论	教师

4）检查实训任务

以单人实操后完成下列工单内容，提交给指导老师，现场完成后老师给予点评作为本次实训的成绩计入学时。

实训工单内容如下。

制冷剂的回收与加注				
姓名		学号		班级	
指导教师		成绩		考试时间	
车辆信息正确记录：				
发动机型号		发动机排量		
车辆识别代码		行驶里程数		
实训内容				
制冷剂的回收	（请写出具体操作步骤）			

·240·

制冷剂的加注	（请写出具体操作步骤）
结果分析	

2. 技术参数准备

2016 款威朗维修手册及行业维修标准等。

3. 核心技能点准备

（1）切勿将制冷剂 R12 和 R134a 混合在一起，即使极少量也不行，因为两者不相溶。

（2）在制冷剂加注量达到规定量时，歧管压力表的压力也应达到规定值。

4. 作业注意事项

（1）利用制冷剂注入阀和真空泵加注制冷剂。

（2）加注制冷剂时需适量。如果制冷剂加注量过度，则冷凝器中液体过多，导致冷凝压力过高及蒸发器回液而可能损坏制冷压缩机。

二、操作步骤（建议结合维修手册组织开展，适当引入企业岗位规范）

1. 制冷剂回收

（1）车辆准备。

（2）排油。

（3）计算出制冷剂回收量。

2. 制冷剂加注

（1）第一次抽真空。

（2）保压。

（3）加注冷冻油。

（4）第二次抽真空。

（5）加注制冷剂。

任务评价

序号	评价项目	评价内容	分值	学员互评（40%）	教师评价（60%）
1	专业能力（70分）	掌握汽车空调系统的功用和工作原理	5		
2		掌握汽车通风系统的组成	5		
3		正确选用工具并清点	5		
4		正确完成准备工作	5		
5		正确进行空调通风管路的清洗	20		
6		正确进行制冷剂的加注与回收	20		
7		清点、检查、维护工具和耗材，清扫和整理现场	5		
8		工单填写	5		
9	职业素养（30分）	严格遵守操作规程，严禁违规作业	5		
10		责任意识，工作态度端正	5		
11		团队合作意识，互相协作良好	5		
12		从业人员的安全意识	5		
13		严谨扎实的工作作风	5		
14		精益求精的工匠精神	5		
		得分	100		
姓名：		学号：	总得分：		评价人：

子任务二　空调滤清器更换

任务描述

一位车主在夏天开车时，开启汽车空调，发现车内出现了明显的异味。经4S店维修技师对汽车空调系统进行检查后发现空调滤清器已经出现严重脏污现象，需要更换空调滤清器。你能根据维修手册，独立完成该任务吗？

空调滤清器更换

任务目标

（1）能说出汽车空调系统的特点；
（2）能描述空调滤清器的功用；
（3）能阐述空调滤清器对空调系统的影响，以及更换的必要性；
（4）能根据维修手册正确更换空调滤清器；
（5）坚持走中国特色自主创新道路，推动我国科技实力上升；
（6）牢固树立环保意识和社会责任感。

知识准备

一、汽车空调系统特点

1. 抗冲击能力强

汽车空调安装在运动中的车辆上，承受剧烈、频繁的振动和冲击，如图3-3-15所示。因此汽车空调的各个零部件应有足够的强度和抗振能力，接头牢固并防漏。汽车空调制冷系统极易发生制冷剂的泄漏，破坏整个空调系统的工作条件，甚至破坏制冷系统的部件。

图3-3-15　行驶在不良路面上的汽车

2. 动力源多样

轿车、轻型汽车及中型客车，其制冷所需的动力来自汽车驱动用发动机，这种空调系统叫非独立空调系统。对于大型客车、冷藏车，由于所需制冷量比较大，采用专用发动机驱动，故称为独立式空调系统。

3. 电力控制源多样

汽车空调系统电气控制所需的电力有所不同，一般车辆采用 12 V（单线制）作为电源，大型车辆则采用 24 V（单线制）作为电源，而高级豪华轿车采用 5 V（双线制）作为电力源。

4. 制冷效果强

汽车在野外工作，直接受太阳的辐射，产生热量较多，要使汽车空调能迅速降温，在最短时间内达到舒适的环境，要求制冷系统的制冷量特别大，这就导致压缩机输送的制冷剂流量变化大，但其不能无限制放大，如果过大，则会导致汽车空调设计困难，制冷效果不佳，而且会引起压力过高或压缩机产生液击现象，使得故障频繁。

5. 控制方式不一样

由于车辆的性能要求不同，故汽车空调的控制方式也就多样。一般车辆采用手动控制，高级豪华型轿车则采用自动控制或气动控制。

6. 结构紧凑、质量小

由于汽车车身的特点，要求汽车空调结构紧凑，能在有限的空间进行安装，而且安装了空调后不至于使汽车增重太多，影响其他性能。

二、汽车空调系统的工作模式

1. 制冷模式

当驾乘人员将空调操作面板上的温度调节旋钮旋至制冷挡位，同时按下"A/C"按钮、旋动鼓风机挡位旋钮时，空调控制器接收到触发制冷系统工作的触发信号，制冷系统空调压缩机随即运行，空调制冷系统开始制冷；通过鼓风机将车厢内空气（空调内循环）吹向蒸发器，流经蒸发器的空气流热量被蒸发器中的制冷剂带走，冷空气通过相关模式风门出口吹出，经通风管道进入车厢内实现降温，如图 3-3-16 所示。

图 3-3-16 空调系统制冷模式

2. 制热模式

在汽车空调的制热系统中，热量并非是由空调系统产生的，而是由发动机冷却液产生的。发动机起动后由于不停地运转做功，故会产生大量的热量，这部分热量由发动机的冷却液迅速吸收从而达到冷却发动机的目的。

如果此时空调温度选择拨杆选在制热的位置，那么热交换器与发动机冷却水箱被接通，热交换器将在发动机内吸热后的部分高温冷却液引入车厢内，车厢内的空气在鼓风机的作用下不断流过热交换器，与流过热交换器的冷却液不停地进行热交换，从而达到制热的目的。如果不需要空调制热，则冷却液的热量经散热器直接散入大气中，如图3-3-17所示。

图3-3-17　空调系统制热模式

三、汽车空调滤清器

1. 功用

汽车空调滤清器的作用是保持车内空气，以及风扇、加热器和仪表板相关部件的清洁，使风窗玻璃不易雾化。空调滤清器的主要组成部分是滤芯和机壳，其中滤芯是过滤部分，承担着气体的过滤工作。

2. 类型

空调滤清器一般分为两类，即普通型空调滤清器和活性炭系列空调滤清器，如图3-3-18所示。

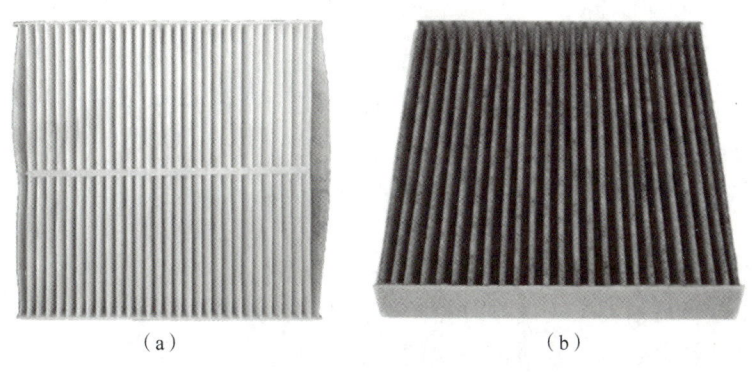

（a）　　　　　　　（b）

图3-3-18　空调滤清器的类型

（a）普通型空调滤清器；（b）活性炭系列空调滤清器

1）普通型空调滤清器

普通滤纸型空调滤芯，主要指过滤层为普通滤纸或无纺布材质的滤芯，通过将白长丝无纺布折叠，形成一定厚度的褶皱，从而实现对空气的过滤。由于其不具备其他吸附或过滤材料，只是利用无纺布对空气进行单纯的过滤，所以这种滤芯并不能对有害气体或PM2.5颗粒有很好的过滤效果。

2）活性炭系列空调滤清器

活性炭系列空调滤清器采用三层结构，两层滤纸夹杂着一层活性炭。空调滤清器的两层滤纸材质是不一样的，迎风面一侧的滤纸纤维细密，可有效过滤车内空气的杂质；而背风面一侧的滤纸纤维较为稀疏，主要在不降低空气流量的情况下起到固定活性炭夹层的作用。

活性炭系列空调滤清器能在空气经过阻流的很短时间段里利用颗粒活性炭本身的物理性能，吸附空气中其他的微小物和更多的有害物质，而普通型的空调滤清器就只能起到抑制灰尘和颗粒物进入的作用，所以活性炭系列空调滤清器的效果要比普通的滤清器好很多。

四、空调滤清器对空调系统的影响

如果发现空调系统有异常，则应综合考虑的因素如下：

（1）空调的挡位已经开到了足够大，但是制冷或制热的出风量很小，可能的原因是使用的空调滤清器通风效果差，或是空调滤清器使用时间过长，未及时更换。

（2）空调工作时吹出的风有异味，原因可能是空调系统已过久未使用，内部系统和空调滤清器因受潮发霉。建议清洗空调系统，更换空调滤清器。

（3）即使刚更换了空调滤清器，开内循环也无法去除来自外界和内部的空气异味，原因可能为使用的是普通型空调滤清器，建议用活性炭系列的空调滤清器。

德国汉诺威医学院的研究人员经过研究发现，汽车空调系统能够除去来自车外的80%以上的细菌、真菌孢子和颗粒物，对于有呼吸道疾病和过敏症状的人来说颇有益处。但研究人员同时强调，实验对象内的空调系统一直得到合理的维护、保养，空气过滤器定期得到更换。他们建议车主在闻到可疑气味时应尽快检查空调系统。

五、空调滤清器更换

1. 拆卸空调滤清器

打开副驾驶门，找到空调滤清器安装位置，用手按压盖板两侧的固定卡扣，滑动盖板并将其取下，再轻轻取出旧的空调滤清器，如图3-3-19所示。

检查与更换空调滤芯

2. 安装新的空调滤清器

（1）安装空调滤清器前仔细查看新的空调滤清器，并与原来旧的空调滤清器做对比，确保新旧一致，如图3-3-20所示。

（2）查看空调滤清器安装方向，如图3-3-21所示。

（3）将新的空调滤清器按正确方向轻轻安装到位，如图3-3-22所示。

（4）将空调滤清器盖板卡槽对准空调滤清器卡槽位置，并将盖板推至极限位置，关闭车门，完成操作。

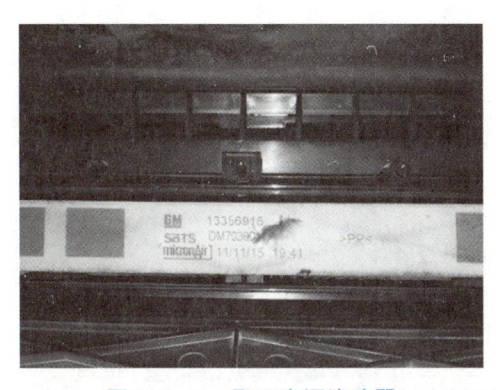

图 3-3-19　取下空调滤清器　　　　　　图 3-3-20　对比新旧空调滤清器

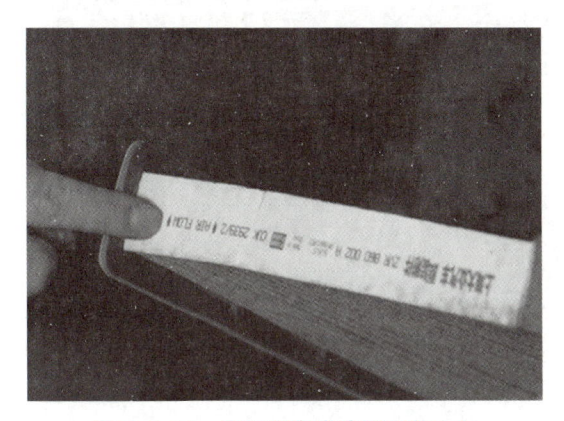

图 3-3-21　查看空调滤清器安装方向　　图 3-3-22　安装空调滤清器

任务实施

一、任务准备

1. 组织方式

1）场地设施

别克威朗 4 台，标准保养场地工位 4 个（气鼓、举升机等）。

2）作业工具

世达工具 4 套，原装空调滤清器，清洁布。

3）学生组织

分组进行，使用实车进行训练。

时间/min	任务	操作对象
0~10	组织学生讨论空调滤清器对空调系统的作用	教师
11~30	空调滤清器的更换	学生
31~40	讲师点评和讨论	教师

4）检查实训任务

以单人实操后完成下列工单内容，提交给指导老师，现场完成后老师给予点评作为本次实训的成绩计入学时。

实训工单内容如下。

空调滤清器更换				
姓名		学号		班级
指导教师		成绩		考试时间
车辆信息正确记录：				
发动机型号		发动机排量		
车辆识别代码		行驶里程数		
实训内容				
空调滤清器的拆卸方法	（请写出具体操作步骤）			
空调滤清器的安装方法	（请写出具体操作步骤）			
结果分析				

2. 技术参数准备

2016款威朗维修手册及行业维修标准等。

3. 核心技能点准备

（1）空调滤芯就像是汽车的"口罩"，可以过滤外界空气中的污染物，包括尾气、废气、灰尘、粉尘、花粉、细菌等，使车内空气洁净度提高，保护车内人员身体健康，同时还能防止玻璃雾化。

（2）长期不更换空调滤清器，留在空调滤芯上的杂质会霉变产生细菌和异味，容易导致空调制冷、制热效果下降，减少空调使用寿命，还会危害驾驶员和乘客的身体健康，甚至诱发呼吸道疾病。

4. 作业注意事项

（1）更换空调滤芯时一定要关掉汽车发动机方可以进行。

（2）空调滤芯在安装的过程中需要注意进、出风方向，不可安装反了，否则过滤作用会大大减弱。

（3）买滤芯的时候要对比一下外观和尺寸，避免买了之后装不上。

二、操作步骤（建议结合维修手册组织开展，适当引入企业岗位规范）

（1）拆卸空调滤清器。

（2）检查空调滤清器。

（3）安装空调滤清器。

任务评价

序号	评价项目	评价内容	分值	学员互评（40%）	教师评价（60%）
1	专业能力（70分）	了解空调系统的特点	5		
2		掌握空调滤清器的功用	5		
3		掌握空调滤清器的更换步骤及注意事项	5		
4		正确选用工具并清点	5		
5		正确完成准备工作	5		
6		空调滤清器的拆卸	5		
7		空调滤清器的安装	15		
8		清点、检查、维护工具和耗材，清扫和整理现场	15		
9		工单填写	10		
10	职业素养（30分）	严格遵守操作规程，严禁违规作业	5		
11		责任意识，工作态度端正	5		
12		团队合作意识，互相协作良好	5		
13		从业人员的安全意识	5		
14		严谨扎实的工作作风	5		
15		精益求精的工匠精神	5		
		得分	100		
姓名：		学号：	总得分：	评价人：	

学习任务四

辅助电器系统

工作情境描述

一辆别克威朗轿车，车主反映电动天窗夏季漏雨。经维修人员对密封部分进行检查之后，发现是电动天窗存在故障。

根据车主反映及维修人员的初步检查情况，需要对电动天窗进行进一步检查，分析具体原因，制定详细的保养计划并开展实际维修操作。

子任务一　车窗、天窗检查及初始化

任务描述

车主王先生驾驶车辆时，发现车辆驾驶员侧电动车窗无法升降，随后到4S店进行维修。维修技师在对电动车窗进行一番检查之后，发现电动车窗线路存在故障，需要进一步检查电动车窗。你能根据维修手册，独立完成该任务吗？

车窗、天窗检查及初始化

任务目标

1. 能说出电动车窗的组成；
2. 能描述天窗的功用；
3. 能根据维修手册正确检查车窗及天窗；
4. 能根据维修手册正确进行车窗和天窗初始化；
5. 牢固树立努力学习科学文化知识、勇于创新的精神。

知识准备

一、电动车窗的功用

电动车窗由伺服电动机驱动玻璃的升降，它取代了传统的转动摇柄升降玻璃，使得玻璃的升降更加轻松，如图3-4-1所示。装有电动车窗的车，在各个车门都装有玻璃升降开关，向上按玻璃上升，向下按玻璃下降。在驾驶员侧的车门上，还有一个总开关，可以控制各个车门玻璃的升降，并可关闭全车的玻璃升降机构。

图3-4-1　电动车窗

二、电动车窗的组成

电动车窗主要由车窗玻璃、电动机、升降器、控制开关等组成，如图3-4-2所示。

1. 电动机

电动车窗上电动机的作用是为车窗玻璃的升降提供动力。它是双向的，有永磁型和双绕组型两种。每个车门各有一个电动机，通过开关控制电动机中的电流方向从而控制玻璃的升降。

2. 升降器

升降器是电动车窗的核心部件，它带动车窗玻璃的升降。常见的电动车窗升降机构有单导轨式、交叉臂式等。

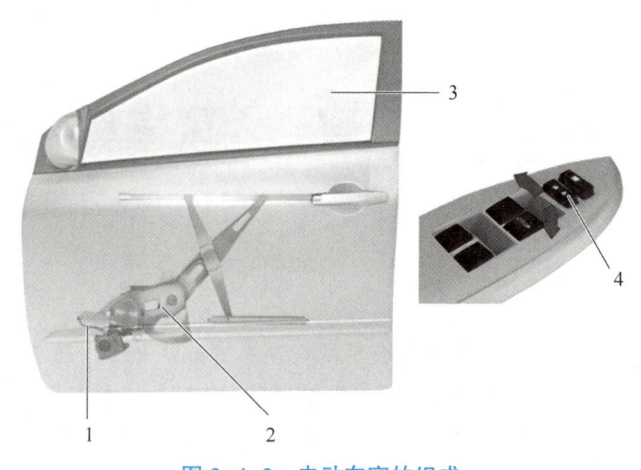

图 3-4-2　电动车窗的组成

1—电动机；2—升降器；3—车窗玻璃；4—控制开关

3. 控制开关

控制开关一般有两套，一套为总开关，装在仪表盘或驾驶员侧的车门上，这样驾驶员就可以控制每个车窗的升降，如图 3-4-3 所示；另一套为分开关，分别安装在每个车窗上，这样乘客也可以对各个车窗进行升降控制。由于所有车窗的电动机都要通过总开关搭铁，所以如果总开关断开，则分开关就不能起作用。

图 3-4-3　电动车窗总开关

电动车窗工作原理

电动车窗系统的主要部件和工作原理

三、电动车窗的工作原理

当接通点火开关后，门窗继电器触点闭合，电动门电路与电源接通，将组合开关或分开关与"上"位接通，电流流进车窗电动机，电动机旋转带动升降器，使门窗玻璃上升；将组合开关或分开关与"下"位接通，流进车窗电动机的电流改变方向，电动机的旋转方向因而改变，升降器带动门窗玻璃下降。当门窗玻璃上升或下降到终点时，断路开关切断一段时间，然后再恢复到接通状态，图 3-4-4 所示为电动车窗工作电路图。

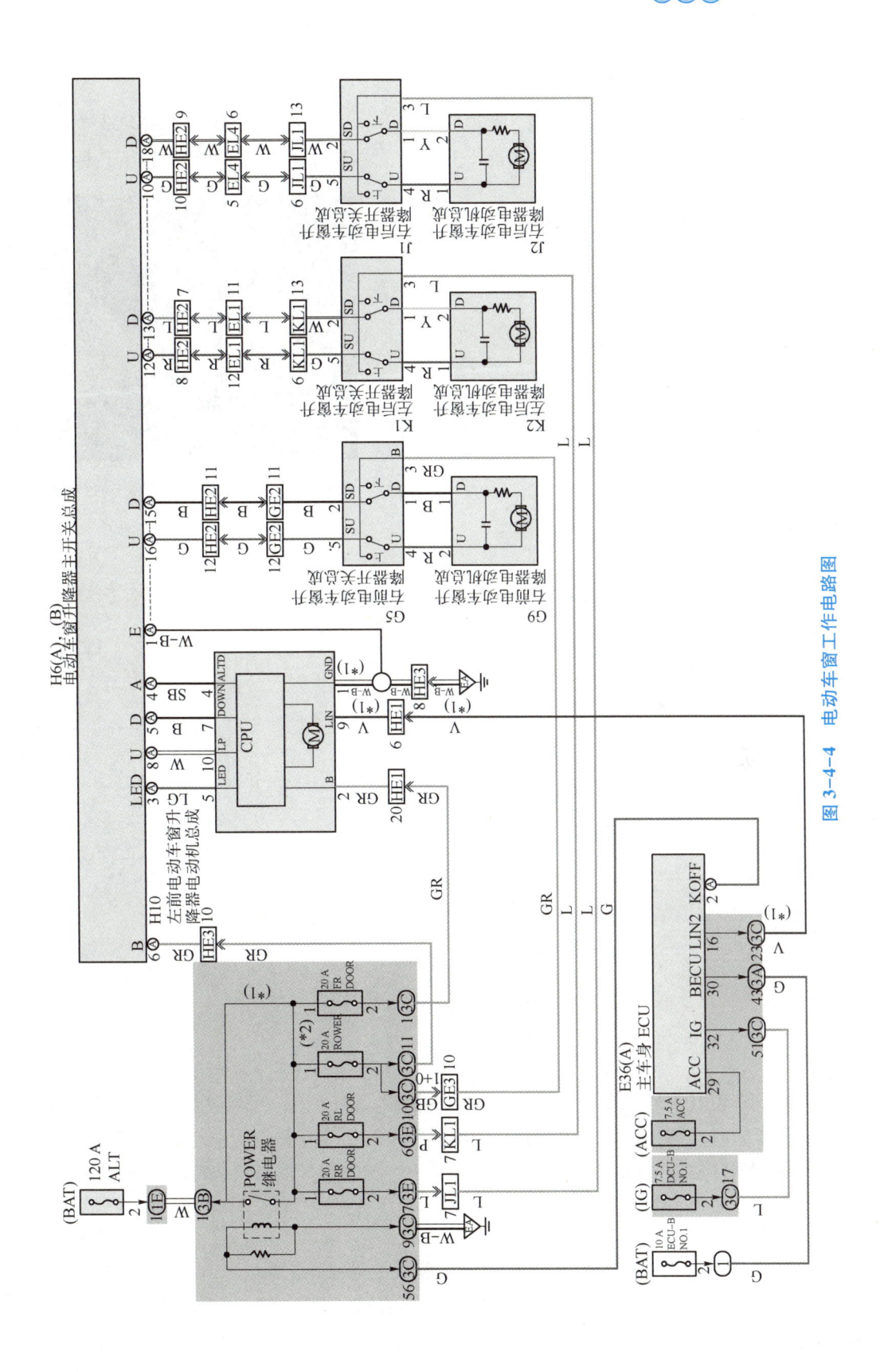

图 3-4-4 电动车窗工作电路图

四、电动车窗常见故障

车窗不升降是电气中的常见问题,在检测过程中,应遵循故障诊断原则与排除思路,进行所有可能原因的分析。当发现电动车窗不升降时,主要的故障原因可能有以下几种:

(1) 电动车窗电路故障。
(2) 电动车窗开关故障。
(3) 电动机故障。

五、车窗检查

1. 电动车窗的检查

1) 电动车窗主开关控制其他车窗升降的检测

识读驾驶员侧电动车窗系统电路,如图3-4-5和图3-4-6所示。

图3-4-5 驾驶员侧电动车窗开关

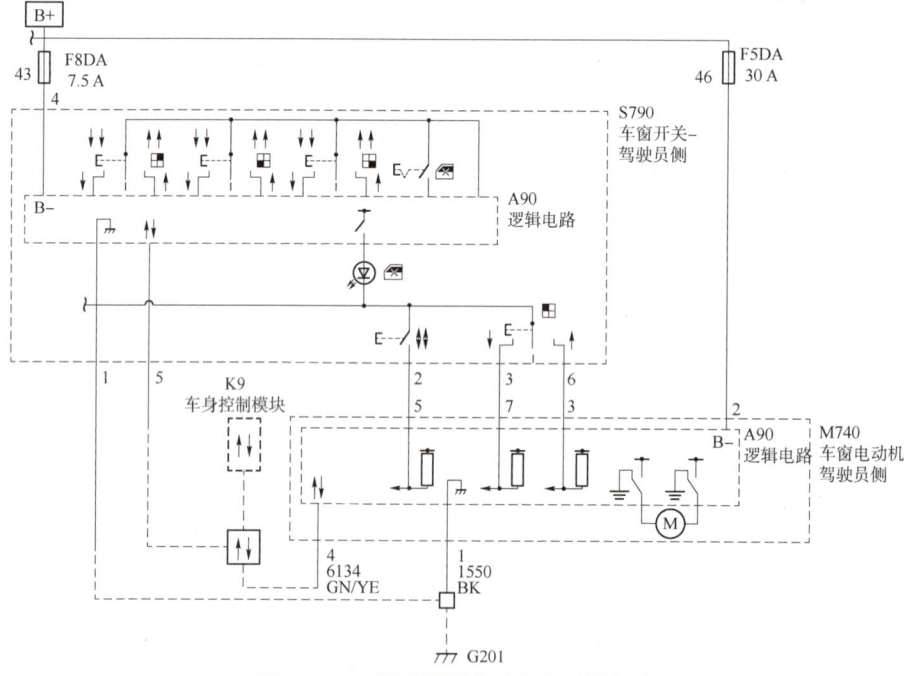

图3-4-6 驾驶员侧电动车窗系统电路

驾驶员侧车窗开关通过串行数据电路与车身控制模块通信,当驾驶员想要控制乘客侧、左后或右后车窗时,驾驶员将使用驾驶员侧车窗开关的相应开关。使用此开关后,请求车窗电动机指令的串行数据信息将发送至车身控制模块,随后车身控制模块将向相应车窗开关发送串行数据信息指令,车窗将按要求的方向移动。

具体操作如下:

(1) 连接通用车系专用诊断仪GDS2,读取相关故障码并记录。
(2) 参照表3-4-1,操作驾驶员侧车窗开关是否能正常运作,同时查看诊断仪中相关数据流是否符合要求。

表 3-4-1 驾驶员侧车窗开关

执行动作		对应数据	参数标准
前排乘客侧	下降	前排乘客侧车窗主控下降开关	激活 （松开操作后，参数变为"未激活"）
	快速	前排乘客侧车窗主控快速开关	
	上升	前排乘客侧车窗主控上升开关	
左后	下降	左后车窗主控制下降开关	
	上升	左后车窗主控制上升开关	
右后	下降	右后车窗主控制下降开关	
	上升	右后车窗主控制上升开关	

2）电动车窗分开关的检测

所有的电动车窗分开关（前乘客侧、左后侧、右后侧）都可使用同样的方法检测其导通性，当不按开关时，端子 1-3、2-4 导通；当按下上升开关时，端子 1-3、2-5 导通；当按下下降开关时，端子 2-4、3-5 导通。若结果不符合规定，则更换分开关总成。

3）电动车窗电动机的检测

拆下电动车窗电动机连接器，将蓄电池正极和负极直接连接电动机的两端子，电动机应能转动；当蓄电池反向连接电动机两端子时，电动机应反向运转。若不符合要求，则更换电动车窗电动机。

2. 汽车电动车窗的初始化设定

汽车电动车窗采用多路传输通信控制，电动车窗 ECU 通过霍尔式位置传感器的脉冲信号计数以检测车窗位置，并通过脉冲信号相位差确定车窗运动方向，从而实现电动车窗的自动升降和防夹功能。电动车窗的初始化设定就是对位置传感器的初始化设定。

电动车窗初始化设定后应进行自动下降、点动上升和点动下降的检查。

1）设定条件

有下列任意情况出现时必须对电动车窗电动机进行初始化设定。

（1）断开蓄电池负极端子。

（2）更换或拆下驾驶人侧电动车窗主开关、电动车窗各个分开关（内有控制 ECU）、线束、电动车窗升降调节器或电动车窗电动机。

（3）更换电动车窗控制系统相关熔断丝或继电器。

2）设定方法

（1）打开点火开关，操作电动车窗开关将电动车窗升到一半位置。

（2）完全推上开关直到电动车窗完全关闭，并在电动车窗完全关闭后将开关继续保持 2 s 以上，随后按下开关直到电动车窗完全下降到底，并在电动车窗完全下降到底后将开关继续保持 2 s 以上。

（3）检查各电动车窗是否有自动升降功能和防夹功能。若检查不成功，则重新对电动车窗进行初始化。

五、电动天窗的功用

现在越来越多的中、高档轿车都装备了电动天窗，如图 3-4-7 所示，汽车电动天窗是依靠汽车在行驶过程中气流在汽车顶部的快速流动，有效地使车内空气流通，增加新鲜空气进入，为车主带来健康、舒适的享受。

图 3-4-7 电动天窗

六、电动天窗的组成

电动天窗主要由天窗控制开关、限位开关、天窗电动机、天窗控制模块等组成。

1. 天窗电动机

天窗电动机通过传动装置向天窗的开闭提供动力，能双向转动，即通过改变电流的方向以改变电动机的旋转方向，实现天窗的开闭。

2. 控制开关

控制开关主要包括滑动开关和斜升开关。滑动开关有滑动打开、滑动关闭和断开3个挡位；斜升开关也有斜升、斜降和断开3个挡位。通过操作这些开关，可令天窗驱动机构的电动机实现正反转，在不同状态下正常工作。

3. 限位开关

限位开关主要是用来检测天窗所处的位置。限位开关靠凸轮转动来实现断开和闭合。凸轮安装在驱动机构的动力输出端，当电动机将动力输出时，通过驱动齿轮和滑动螺杆减速以后带动凸轮转动，于是凸轮周边的凸起部位触动开关使其开闭，以实现对天窗的自动控制。

4. 控制模块

控制模块是一个数字控制电路，并设有定时器、蜂鸣器和继电器等，其作用是接受开关输入的信息，通过数字电路进行逻辑运算，确定继电器的动作，控制天窗开闭。

七、电动天窗的检查及初始化

1. 电动天窗的检查

1）倾斜操作

瞬时按下倾斜开关的后侧，天窗将自动倾斜打开，如图3-4-8所示，在开启的过程中再次按下开关任一侧，则天窗将停止动作。

2）滑动操作

将车顶天窗打开到任何位置，按下滑动开关的后侧到需要打开的位置时释放滑动开关，如图3-4-9所示；按下滑动开关的前侧到需要的位置时释放滑动开关或者在天窗完全关闭时释放滑动开关。

图 3-4-8　倾斜操作　　　　　　　　　　　图 3-4-9　滑动操作

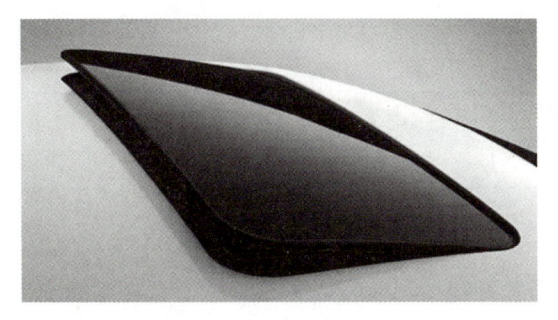

3）关闭天窗

按住倾斜开关或滑动开关的前侧（车头一侧），关闭天窗。

2. 电动天窗的初始化

（1）确保天窗电机和机械组必须处于"零"位。

（2）拆卸驱动罩盖。

（3）插入或移除所述电动机控制单元的插头，插入或删除的延迟时间应在 3 s 以上，然后按照第一齿轮开关连接，再连接电源。

（4）旋转挡位开关。从关闭位置以一定角度（约15°）顺时针旋转，并在电动机开始运行前快速将开关返回至关闭位置，然后按下挡位开关的一端（此操作与紧急关闭功能相同，应在开关返回关闭位置后 5 s 内完成），天窗开始初始化过程，即开关自动关闭并打开，完成关闭操作。

（5）天窗关闭后，齿轮开关被释放，初始化结束。

任务实施

一、任务准备

1. 组织方式

1）场地设施

别克威朗4台，标准保养场地工位4个（气鼓、举升机等）。

2）作业工具

世达工具4套，清洁布。

3）学生组织

分组进行，使用实车进行训练。

时间/min	任务	操作对象
0~10	组织学生讨论日常维护车窗、天窗的维护	教师
11~30	车窗、天窗检查及初始化	学生
31~40	讲师点评和讨论	教师

4) 检查实训任务

以单人实操后完成下列工单内容，提交给指导老师，现场完成后老师给予点评作为本次实训的成绩计入学时。

实训工单内容如下。

<table>
<tr><td colspan="6" align="center">车窗、天窗检查及初始化</td></tr>
<tr><td>姓名</td><td></td><td>学号</td><td></td><td>班级</td><td></td></tr>
<tr><td>指导教师</td><td></td><td>成绩</td><td></td><td>考试时间</td><td></td></tr>
<tr><td colspan="6">车辆信息正确记录：</td></tr>
<tr><td colspan="2">发动机型号</td><td colspan="2"></td><td>发动机排量</td><td></td></tr>
<tr><td colspan="2">车辆识别代码</td><td colspan="2"></td><td>行驶里程数</td><td></td></tr>
<tr><td colspan="6" align="center">实训内容</td></tr>
<tr><td colspan="2">车窗的检查及初始化</td><td colspan="4">（请写出具体操作步骤）</td></tr>
<tr><td colspan="2">天窗的检查及初始化</td><td colspan="4">（请写出具体操作步骤）</td></tr>
<tr><td colspan="2">结果分析</td><td colspan="4"></td></tr>
</table>

2. 技术参数准备

2016款威朗维修手册及行业维修标准等。

3. 核心技能点准备

（1）电动车窗升降的过程中，由于力矩较大，常常会因为电流过大或者使用不当导致熔断丝、电动机、线路及控制开关的损坏。

（2）在确定天窗电动机有故障（天窗电机本身除外）之前，首先应进行天窗电动机和天窗机械总成的"零位位置"检查，然后在电动机上执行必要的初始化操作。

4. 作业注意事项

（1）在进行车窗初始化时，用各自车窗开关对各电动车窗电动机进行初始化，不能用遥控操作来初始化。

（2）为防止强电流从导线中流过，不要同时对 2 个或 2 个以上的电动车窗进行初始化。

（3）在开天窗时，要注意天窗轨道有没有小砂石、树枝枝条等杂物，以免刮伤天窗。

（4）电动机初始化后，可进行正常的天窗操作。如果后续运行过程中出现异常现象，则应检查天窗机械总成。

二、操作步骤（建议结合维修手册组织开展，适当引入企业岗位规范）

1. 车窗的检查及初始化

（1）电动车窗主开关控制其他车窗升降的检测。

（2）电动车窗分开关的检测。

（3）电动车窗电动机的检测。

（4）电动车窗的初始化设定。

2. 天窗的检查及初始化

（1）倾斜操作。

（2）滑动操作。

（3）关闭天窗。

（4）电动天窗的初始化设定。

任务评价

序号	评价项目	评价内容	分值	学员互评（40%）	教师评价（60%）
1	专业能力（70分）	了解电动车窗、天窗的组成及作用	5		
2		掌握日常车窗、天窗的维护	5		
3		掌握车窗、天窗检查及初始化的步骤和注意事项	5		
4		正确选用工具并清点	5		
5		正确完成准备工作	5		
6		车窗的检查及初始化	5		
7		天窗的检查及初始化	15		
8		清点、检查、维护工具和耗材，清扫和整理现场	15		
9		工单填写	10		
10	职业素养（30分）	严格遵守操作规程，严禁违规作业	5		
11		责任意识，工作态度端正	5		
12		团队合作意识，互相协作良好	5		
13		从业人员的安全意识	5		
14		严谨扎实的工作作风	5		
15		精益求精的工匠精神	5		
		得分	100		
姓名：		学号：	总得分：	评价人：	

子任务二　中央门锁、刮水器、座椅、信息娱乐系统检查

任务描述

一位车主客户李先生反映自己在按动驾驶员侧车门上的锁按钮，锁闭车门后，按钮开关内的连锁指示灯不亮，经维修技师检查后发现，中央门锁系统无法正常工作，需要进一步检查中央门锁。你能根据维修手册，独立完成该任务吗？

中央门锁、雨刮、座椅、信息娱乐系统检查

任务目标

1. 能说出中央门锁的功用；
2. 能说出刮水器的功用；
3. 能根据维修手册正确检查中央门锁；
4. 能正确进行信息娱乐系统检查；
5. 牢固树立"敬业""诚信""友善"的精神；
6. 筑牢学生为"交通强国"勇于献身的信念。

知识准备

中央门锁基本工作原理

一、中央门锁系统的功能

（1）中央控制。当驾驶员锁止或开锁车门时，其他车门能同时锁止或开锁。

（2）单独控制。为了方便，除中央控制外，乘员仍可以利用车门的机械式弹簧锁开闭车门。

（3）速度控制。当车速达到一定数值时，能自动将所有车门锁止。

（4）两级开锁功能。在钥匙联动开锁功能中，一级开锁操作只能以机械方法开钥匙所插入的车门，两级开锁操作则能同时打开其他车门。一般来说，所有车门均可以通过左前或右前侧车门上的钥匙来同时打开和关闭。

（5）安全功能。为了防止有人用棒或类似物从车门玻璃和车窗框之间的缝隙操作门锁控制开关来开启车门，可用门钥匙或发射机（无线门锁遥控器）设置门锁安全功能并且使门锁控制开关的开锁操作无效。

（6）电动车窗延时断电功能。驾驶员和乘客的车门都关上，点火开关断开后，电动车窗仍可以进行升降操作 60 s。

（7）自动功能。当用钥匙或遥控器将车门打开或锁上时，电动车窗玻璃会自动升降。

（8）无钥匙进入功能。当轿车钥匙在有效工作范围内时，只需将手对准车门拉手传感器或按压行李舱盖上的按钮，无钥匙进入系统即认可该钥匙的遥控功能，从而不动用钥匙即可实现开启或关闭功能。

二、中央门锁的组成

汽车中央门锁系统主要由控制开关、门锁控制器和门锁执行机构等组成。

1. 控制开关

控制开关主要有门锁控制开关、钥匙控制开关、行李舱门开启器开关、门控开关、门锁开关等。

1）门锁控制开关

门锁控制开关安装在前左门和右门的扶手上，将开关推向前门是锁门，推向后门是开门。

2）钥匙控制开关

钥匙控制开关安装在每个前门的钥匙门上，当从外面用钥匙开门和关门时，钥匙控制开关便发出开门或锁门的信号给门锁 ECU。

3）行李舱门开启器开关

行李舱门开启器开关用来开启行李舱，拉动此开关便能打开行李舱门。

4）门锁开关

门锁开关用于检测车门的开闭情况，当车门关闭时，门锁开关断开；车门开启时，门锁开关接通。

2. 门锁控制器

门锁控制器为门锁执行机构提供开锁和闭锁脉冲电流，主要有晶体管式门锁控制器、电容式门锁控制器和车速感应式门锁控制器。

3. 执行器

汽车电子门锁的执行机构一般采用电磁铁或电动机控制，如图 3-4-10 所示。

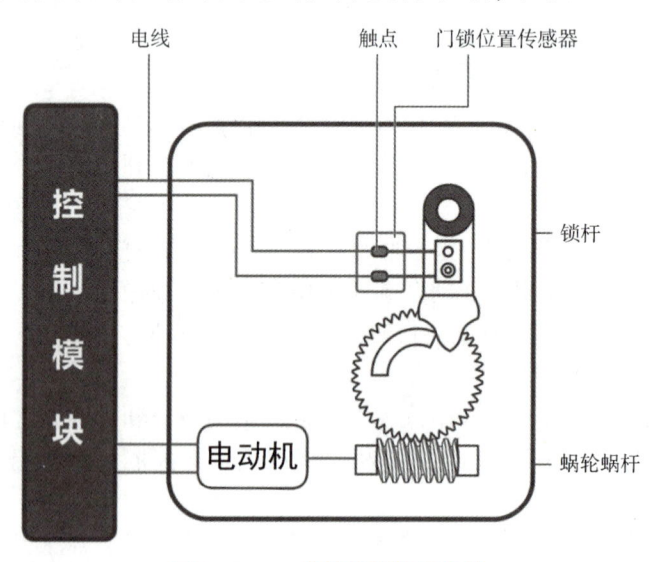

图 3-4-10 中控门锁执行机构

1）电磁铁式门锁执行机构

当给锁门线圈通电时，衔铁带动连杆左移，即锁门；当给开门线圈通电时，衔铁带动连杆右移，即开锁。

2）电动机式门锁执行机构

电动机式门锁执行机构由双向永磁电动机以及齿轮和齿条等组成，电动机旋转带动齿条伸出或缩回，以完成开锁和闭锁动作。

三、中央门锁常见的故障及检查方法

中控门锁常见故障及检修见表3-4-2。

表3-4-2　中控门锁常见故障及检修

故障现象	应检查电路
门锁控制系统不工作	1. ECU 电源电路； 2. 执行器电源电路； 3. 行李舱门开启电路； 4. 门锁马达电路； 5. 门锁控制继电器
用门锁控制开关和钥匙操纵开关不能控制所有车门或部分车门锁住或打开	1. 门锁马达； 2. 门锁控制继电器
门锁控制开关不能控制车门锁住或打开 （用钥匙操纵开关锁门和开门正常）	1. 门锁控制开关电路； 2. 门锁控制继电器
用钥匙操纵开关不能锁门或开门 （用门锁控制开关锁门或开门正常）	1. 钥匙操纵开关电路； 2. 门锁控制继电器
不执行钥匙禁闭预防功能	1. 钥匙未锁警告开关电路； 2. 位置开关电路（前）； 3. 点火开关电路

四、中央门锁的检查

1. 门锁控制开关的检查

拆下主开关，结合图3-4-11检查门锁控制开关的导通性。

门锁开关端子检查如图3-4-11所示。

2. 左前门门锁总成

用蓄电池的正、负极直接连接端子4和端子1，检查门锁电动机的工作情况。

左前门锁端子的检查如图3-4-12所示。

端子号	开关位置	标准状态
1—5	LOCK	导通
—	OFF	不导通
1—8	UNLOCK	导通

测量条件	标准状态
蓄电池"+"—端子4 蓄电池"-"—端子1	上锁
蓄电池"+"—端子1 蓄电池"-"—端子4	开锁

图3-4-11　门锁开关端子检查　　图3-4-12　左前门锁端子的检查

3. 遥控门锁及遥控器的检修

（1）遥控器基本功能可按以下方法检查。

①当钥匙上的任何开关按 3 次时，检查发射器的发光二极管是否亮 3 次。若发光二极管不能闪烁，则说明遥控器缺电，需更换电池。

②检查能否用遥控器锁上和打开所有的车门：按下"LOCK"开关时，检查警告灯应闪烁一次，同时锁上所有的车门；按下"UNLOCK"时，检查警告灯应闪烁两次，同时打开所有的车门；按下"PANIC"开关时长不少于 1.5 s 时，检查防盗警报器应该鸣叫，警告灯开始闪烁。再次按下"UNLOCK"开关或"PANIC"开关时，声音和闪烁应停止。

五、刮水器的功用与组成

1. 功用

刮水器是汽车常用的车身附件，安装在风窗玻璃前面，主要用于清扫风窗玻璃上的雨、雪或尘土，保证在雨雪天气时驾驶员有良好的视线，确保行驶安全，如图 3-4-13 所示。

雨刮电机的变速原理

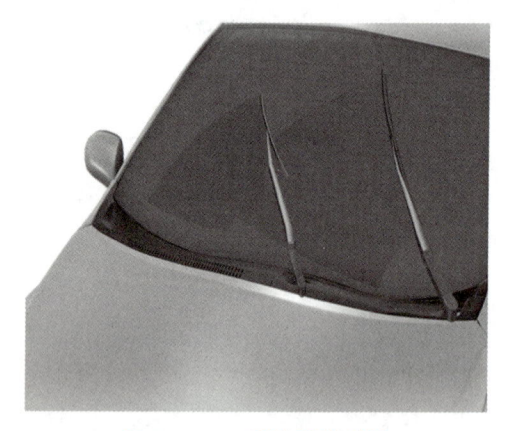

图 3-4-13 刮水器的功用

2. 组成

电动刮水器主要由直流电动机、涡轮箱、曲柄、连杆、摆杆和刮水片等组成，如图 3-4-14 所示。电动机和涡轮箱共同组成了刮水器电动机的总成；曲柄、连杆和摆杆等杆件可以把蜗杆的旋转运动转化为摆臂的往复运动，使摆臂上的刮水片实现刮水动作。

图 3-4-14 刮水器的组成
1—刮水臂；2—刮水片；3—电动机；4—传动机构

六、座椅的功用与组成

1. 功用

汽车座椅为驾驶员提供便于操作、舒适而又安全的驾驶位置,为乘员提供不易疲劳且舒适而又安全的乘坐位置。座椅调节的目的就是使驾驶员和乘员乘坐舒适。通过调节座椅还可以变动坐姿,减少乘员长时间乘车的疲劳。

现代汽车普遍采用电动座椅,驾驶员通过操纵电动座椅开关按钮,可以将座椅调整到最佳的位置上,使驾驶员获得最好的视野,便于操纵转向盘、踏板、变速杆等,还可以获得最舒适和最习惯的乘坐角度。汽车乘客也能通过操纵电动座椅开关按钮调整乘坐姿势,使乘坐更加舒适,如图3-4-15所示。

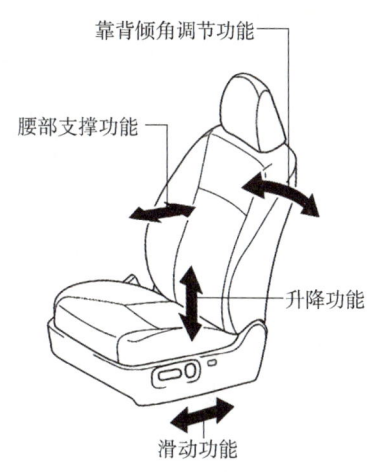

图3-4-15 电动座椅的功用

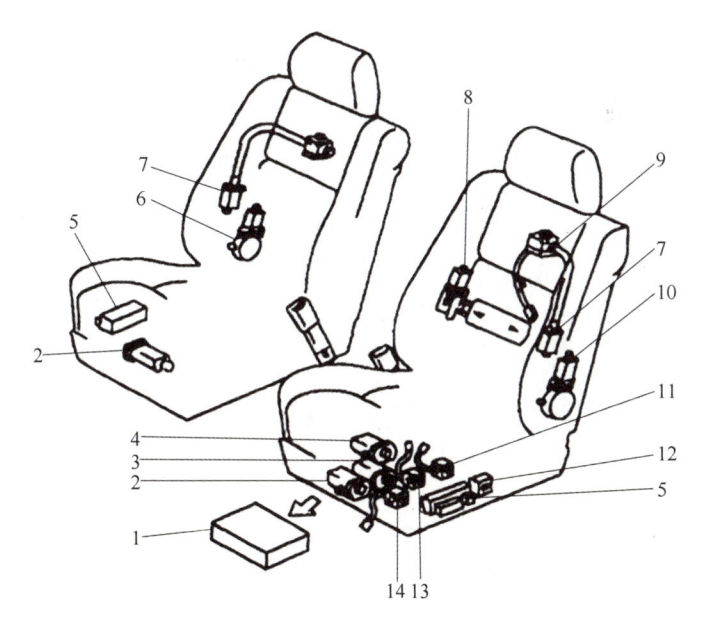

2. 组成

电动座椅一般由双向电动机、传动机构和电动座椅开关等组成,如图3-4-16所示。双向电动机产生动力,传动机构可以把动力传至座椅,通过控制开关实现座椅不同位置的调节。

图3-4-16 电动座椅的组成

1—电动座椅控制器;2—滑动电动机;3—前垂直电动机;4—后垂直电动机;5—电动座椅开关;6—倾斜电动机;7—头枕电动机;8—腰垫电动机;9—位置传感器(头枕);10—倾斜电动机和位置传感器;11—位置传感器(后垂直);12—腰垫开关;13—位置传感器(前垂直);14—位置传感器(滑动)

七、音响系统的组成

汽车音响系统的组成形式多种多样,汽车音响系统组成及安装位置如图3-4-17所示,主要包括天线、接收装置、扬声修正、可听频率增幅及扬声器系统 5 个部分。

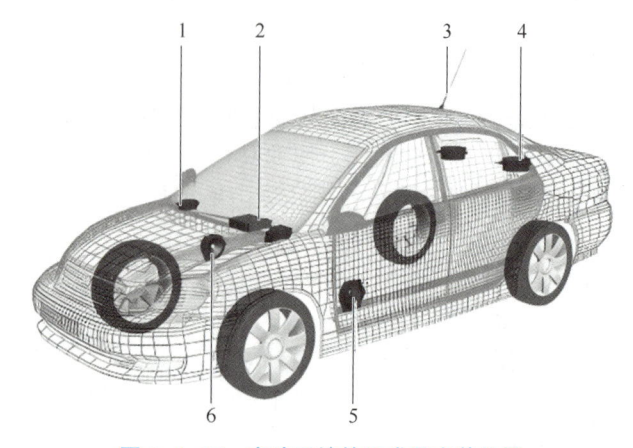

图 3-4-17 音响系统的组成及安装位置
1—前扬声器；2—收放机；3—天线；4—后扬声器；5，6—车门扬声器

1. 天线

天线的作用是接收广播电台的发射电波，通过高频电缆向无线电调频装置传送。天线可分为在车身外体上伸出的金属柱式天线（又称拉杆天线）和装在车身上的玻璃天线两种，如图 3-4-18 所示。

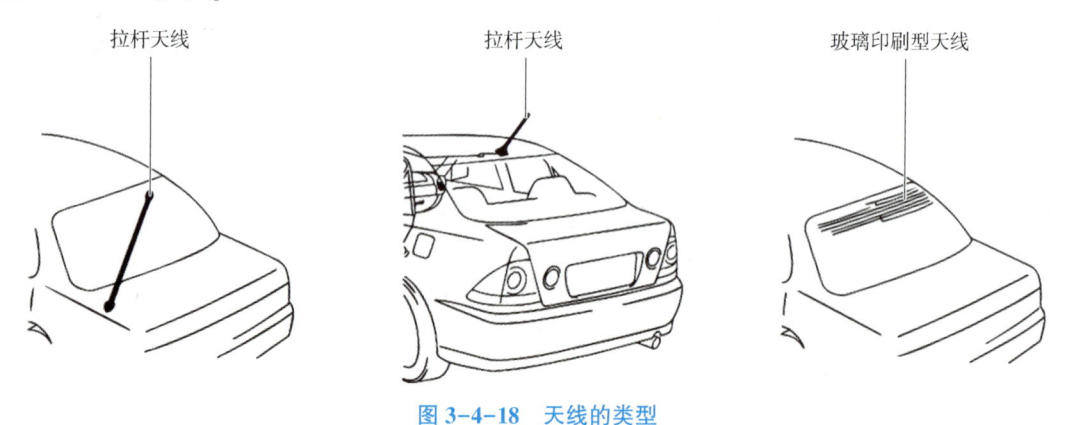

图 3-4-18 天线的类型

2. 接收装置

接收装置的作用是由无线电调谐装置将电台发射的高频电磁波有选择地接收，并解调为音频电信号。其主要包括收音机、磁带放音机和激光唱机，如图 3-4-19 所示。磁带放音机现在已经很少使用，现代汽车一般将收音机和激光唱机甚至放大器都集成在一起，成为音响主机。

3. 扬声修正

扬声修正用于调节声音（音乐）信号的特性，以适应汽车音效环境。

4. 可听频率增幅

可听频率增幅可增强可听频率的模拟电压，加大喇叭音量，通常由放大器来实现。放大器可将各种节目信号进行电压放大和功率放大，然后推动喇叭发出声音。放大器主要包括前置放大器、功率放大器及环绕声放大器。

· 266 ·

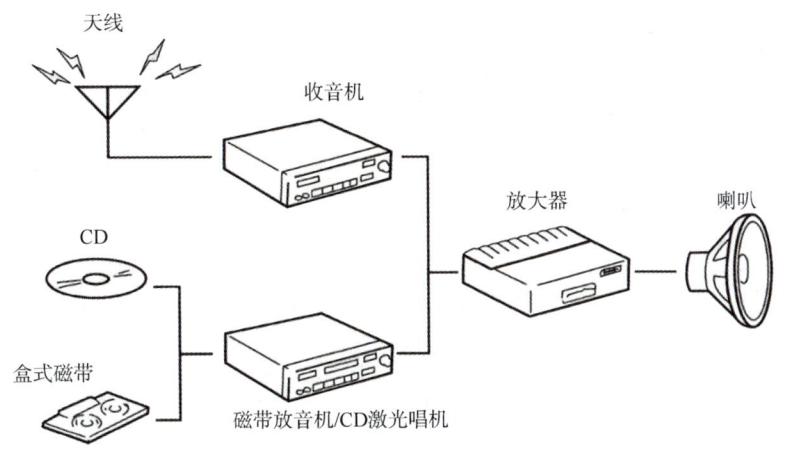

图 3-4-19　信号源设备

5. 扬声器系统

扬声器系统主要包括主喇叭、环绕喇叭等，是汽车音响系统的终端，最终决定车厢内的音响性能。主喇叭通常由低音喇叭、中音喇叭和高音喇叭以及分频网络组成。一般环绕声只重放 7 kHz 以下的反射声，故只需一个中低音喇叭即可。喇叭口径大小和在车上的安装方法、位置是决定音响性能的重要因素。为了欣赏立体声音响，车上一般最少安装两个喇叭。

任务实施

一、任务准备

1. 组织方式

1）场地设施

别克威朗 4 台，标准保养场地工位 4 个（气鼓、举升机等）。

2）作业工具

世达工具 4 套，清洁布。

3）学生组织

分组进行，使用实车进行训练。

时间/min	任务	操作对象
0~10	组织学生讨论辅助电器系统的组成	教师
11~30	中央门锁的检查	学生
31~40	讲师点评和讨论	教师

4）检查实训任务

以单人实操后完成下列工单内容，提交给指导老师，现场完成后老师给予点评作为本次实训的成绩计入学时。

实训工单内容如下。

<table>
<tr><td colspan="6" align="center">中央门锁的检查</td></tr>
<tr><td>姓名</td><td></td><td>学号</td><td></td><td>班级</td><td></td></tr>
<tr><td>指导教师</td><td></td><td>成绩</td><td></td><td>考试时间</td><td></td></tr>
<tr><td colspan="6">车辆信息正确记录：</td></tr>
<tr><td colspan="2">发动机型号</td><td></td><td colspan="2">发动机排量</td><td></td></tr>
<tr><td colspan="2">车辆识别代码</td><td></td><td colspan="2">行驶里程数</td><td></td></tr>
<tr><td colspan="6" align="center">实训内容</td></tr>
<tr><td colspan="2">中央门锁常见的故障</td><td colspan="4">（请写出具体操作步骤）</td></tr>
<tr><td colspan="2">中央门锁的检查方法</td><td colspan="4">（请写出具体操作步骤）</td></tr>
<tr><td colspan="2">结果分析</td><td colspan="4"></td></tr>
</table>

2. 技术参数准备

2016 款威朗维修手册及行业维修标准等。

3. 核心技能点准备

（1）各个车型的中控门锁电路区别较大，因此在检修时要结合具体的维修手册进行。

（2）中控门锁和摇窗机通常由一个控制模块控制，该控制模块有两个电源：一个是蓄电池的常供电源；另一个是点火开关置于"ON"时的工作电源，在检测中控门锁系统控制模块时应该注意这一点。

4. 作业注意事项

（1）在检查遥控门锁的工作情况时应注意电动门锁系统的工作是否正常。

（2）检查遥控门锁的工作情况时所有的车门均应关闭，若有任意一个门开着，则其他的门无法锁上。

（3）中控门锁一般采用永磁双向电动机驱动，如果电动机内部短路或断路，门锁将不能打开。因此，在手动按压门锁按键之后，要及时放松按键（即让门锁电动机断电），如果疏忽这一点，门锁机构长时间通电，容易烧毁可逆转式门锁电动机。

二、操作步骤（建议结合维修手册组织开展，适当引入企业岗位规范）

（1）门锁控制开关的检查。

（2）左前门门锁总成。

（3）遥控门锁及遥控器的检修。

任务评价

序号	评价项目	评价内容	分值	学员互评（40%）	教师评价（60%）
1	专业能力（70分）	了解刮水器、座椅以及信息娱乐系统的功用	5		
2		掌握辅助电器系统的组成	5		
3		掌握中央门锁的检查步骤及注意事项	5		
4		正确选用工具并清点	5		
5		正确完成准备工作	5		
6		遥控门锁及遥控器的检修	5		
7		中央门锁的检查	15		
8		清点、检查、维护工具和耗材，清扫和整理现场	15		
9		工单填写	10		
10	职业素养（30分）	严格遵守操作规程，严禁违规作业	5		
11		责任意识，工作态度端正	5		
12		团队合作意识，互相协作良好	5		
13		从业人员的安全意识	5		
14		严谨扎实的工作作风	5		
15		精益求精的工匠精神	5		
		得分	100		
姓名：		学号：	总得分：		评价人：

倒车影像系统工作原理

模块四　新能源汽车维护

学习任务一

新能源汽车维护安全操作

🛠 工作情境描述

李先生的爱车比亚迪秦 EV 纯电动汽车需要进行维修保养,作为 4S 店维修人员需要制定详细的保养计划并开展实际维修操作。那在保养时,在安全操作方面需要注意并做到哪些呢?

子任务一　高压电安全防护措施

任务描述

车主王先生的比亚迪秦纯电动汽车需要进行维修保养。在保养时，需要进行高压电安全防护措施，作为4S店维修人员，你能根据实训要求，做好纯电动汽车的高压安全防护工作吗？

高压电安全防护措施

任务目标

1. 能说出高压防护的重要性；
2. 能说出高压电对人体的伤害形式；
3. 能说出常见的高压防护用品；
4. 能根据维修手册正确穿戴高压防护设备；
5. 树立珍爱生命的观念；
6. 培养高压防护意识。

知识准备

一、高压防护的重要性

随着科技的进步，电动汽车越来越普遍，因此它的安全性也越来越受到人们的关注。电动汽车在充电及运行过程中，可能会出现意外事故，造成动力系统的窜动、挤压、短路、开裂、漏电、热冲击、爆炸、燃烧等，由此对乘员产生机械伤害、电伤害、化学伤害、电池爆炸伤害以及燃烧伤害等，并可能引发更大的连发性事故以及二次伤害。电动汽车的安全性及其防范技术正在引起世界各国相关专家的高度重视。

人体能够承受的安全电压是指一定强度的电流通过人体而没有引起任何伤害事故的电压，因此安全电压的大小取决于人体允许通过的电流和人体电阻。根据国家有关安全标准规定，人体允许电流不能超过30 mA，在某些特殊场合下将更小。电动汽车动力系统在危险工况下，避免人体电伤害的安全电流应小于30 mA。由于动力蓄电池在危险工况下可能会出现短路，短路的巨大电流会使短路处甚至使整个电路过热，从而使导线的绝缘层燃烧起来，并引燃周围的可燃物，乘员也可能因接触带电体而发生电伤害。因此，需要高压安全防护。

二、高压电对人体的伤害形式

能够最终对人体产生伤害的是电流，电流对人体的伤害有三种形式：电击、电伤和电磁场伤害。

（1）电击是指电流通过人体，破坏人的心脏、肺及神经系统的正常功能。

（2）电伤是指电流的热效应、化学效应和机械效应对人体的伤害，主要指电弧烧伤、熔化金属溅出烫伤等。

（3）电磁场生理伤害是指在高频磁场的作用下，人会出现头晕、乏力、记忆力减退、失眠、多梦等神经系统的症状。

三、高压防护用品种类

因为新能源汽车布置有高压部件，因此良好的绝缘对于保证电气设备与线路的安全运行，防止人身触电事故的发生是最基本和最可靠的手段。

防止触电的个人防护装备主要有安全帽、绝缘手套、护目镜、绝缘鞋，以及非化纤材质的衣服，如图4-1-1所示。

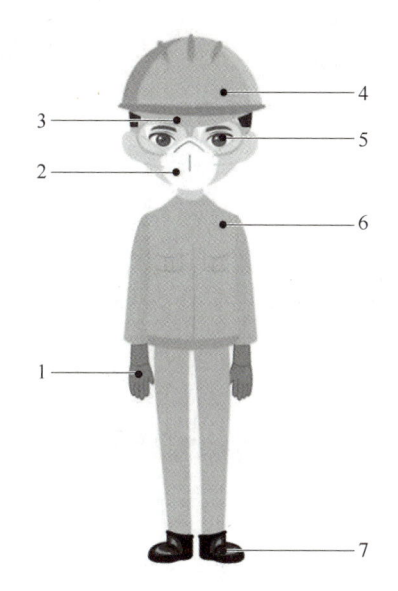

图4-1-1　个人防护装备穿戴

1—绝缘手套；2—口罩；3—防护服帽子；4—安全帽；5—护目镜；6—防护服；7—绝缘鞋

1. 安全帽

如图4-1-2所示，安全帽是工作人员在进行底盘检查时，防止物体打击、坠落时头部碰撞或防止掉落的高压线漏电击中头部的防护装置。

2. 绝缘手套

绝缘手套又叫高压绝缘手套，如图4-1-3所示，是用天然橡胶或乳胶制成，用绝缘橡胶或乳胶经压片、模压、硫化或浸模成型的五指手套，主要用于电工作业，对手及人体起保护作用。

图4-1-2　安全帽　　　　图4-1-3　绝缘手套

3. 绝缘安全鞋

如图 4-1-4 所示，绝缘安全鞋（靴）的内底和外底之间有绝缘层，可耐规定电压，绝缘性能可靠。其作用是使人体与地面绝缘，防止电流通过人体与大地之间构成通路，对人体造成电击伤害，把触电时的危险降低到最小。

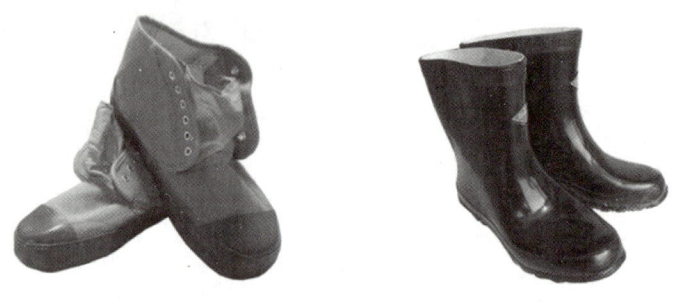

图 4-1-4　绝缘安全鞋（靴）

4. 护目镜

如图 4-1-5 所示，高压电车辆维修用的护目镜应该具有侧面防护功能，维修过程中应戴上合适的眼部防护护目镜，以防止电池电解液的飞溅伤害眼睛。

图 4-1-5　护目镜

5. 高压防护服

图 4-1-6 所示为高压防护服，维修高电压系统时必须穿非化纤类的工作服，因为化纤类的工作服会产生静电，并且当发生火灾事故时，化纤会在高温环境下粘连人体皮肤，导致维护人员产生严重的二次伤害。

图 4-1-6　高压防护服

四、高压防护用品功用

1. 安全帽的防护作用

(1) 防止飞来物体对头部的打击,如图 4-1-7 所示。
(2) 防止从高处坠落时头部受伤害,如图 4-1-8 所示。

图 4-1-7　防止飞来物体打击　　　　图 4-1-8　防止高空坠物

(3) 防止头部遭电击,如图 4-1-9 所示。
(4) 防止头发被卷进机器或暴露在粉尘中,如图 4-1-10 所示。

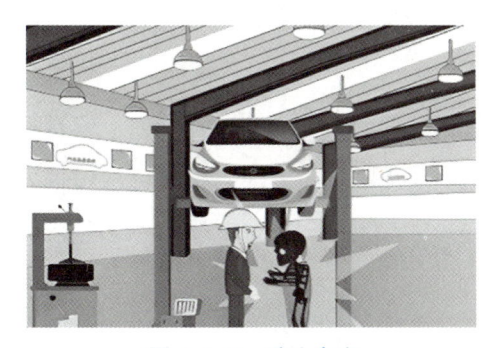

图 4-1-9　防止电击　　　　图 4-1-10　防止头发卷进机器

(5) 防止在易燃易爆区内因头发产生的静电引爆危险。

2. 绝缘手套的作用

绝缘手套区别于一般的劳动保护用的安全防护手套,要求具有良好的电气性能、较高的机械性能,并具有柔软良好的服用性能,其主要作用如下:

(1) 防止高压电的伤害。
(2) 防止电磁与电离辐射的伤害。
(3) 防止化学物质的伤害。
(4) 防止撞击、切割、擦伤、微生物侵害以及感染。

3. 绝缘胶鞋的作用

(1) 防止触电伤害,如图 4-1-11 所示。
(2) 防止静电伤害。

图 4-1-11　防止触电

4. 高压防护服作用

高压防护服能有效屏蔽高压电场，在穿用高压防护服后，可使处于高压电场中的人体外表面各部位形成一个等电位屏蔽面，从而防护人体免受高压电场及电磁波的危害，如图 4-1-12 所示。

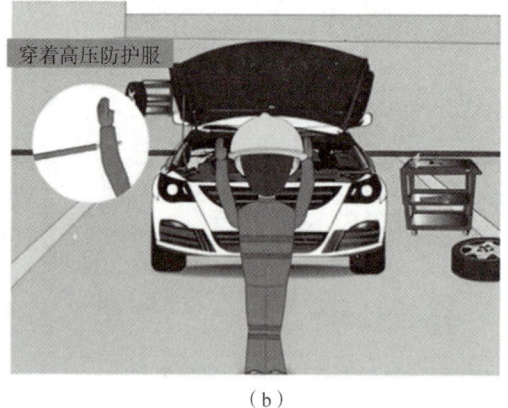

（a）　　　　　　　　　　　　　　　　　（b）

图 4-1-12　防护服作用

(a) 未穿防护服；(b) 穿着防护服

五、高压安全防护用品穿戴

1. 外观检查

（1）检查绝缘服表面。绝缘服应完好无损，无深度划痕和磨损，厚度应均匀且无明显小孔。

（2）检查安全帽的外观是否有裂纹、碰伤痕迹、凹凸不平、磨损，帽衬是否完整，帽衬的结构是否处于正常状态，如图 4-1-13 所示。

（3）检查绝缘手套外表，如图 4-1-14 所示，手套应无磨损、破漏、划痕并且贴有合格证。

图 4-1-13　检查安全帽　　　　　　图 4-1-14　检查绝缘手套

（4）检查护目镜是否有裂痕，如图 4-1-15 所示。

（5）检查绝缘鞋外表面，不能有刻痕、切割、磨损或化学污染，应定期检查，鞋底和跟部不应有金属勾心等部件，如图4-1-16所示。

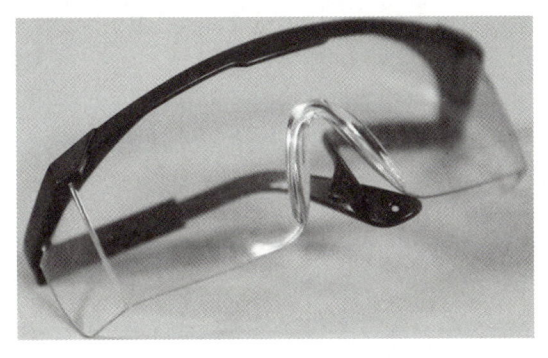

图4-1-15 检查护目镜　　　　图4-1-16 检查绝缘安全鞋

2. 穿戴防护用品

（1）脱掉自己的鞋子。
（2）穿防护服。胳膊伸入防护服袖子中后先不要拉上拉链以及戴上帽子。
（3）穿绝缘鞋，系好鞋带。
（4）戴口罩。一只手托着口罩，扣于面部适当的部位，另一只手将口罩带戴在合适的部位，压紧鼻夹，紧贴于鼻梁。
（5）佩戴护目镜，根据自己的佩戴感受调整好护目镜。
（6）戴上防护服帽子，从下向上拉上拉链，粘贴拉链门襟。
（7）戴上安全帽。要将安全帽戴正、戴牢，不能晃动，要系紧下颚带，调节好后箍以防安全帽脱落。
（8）戴上防护手套。

任务实施

一、任务准备

1. 组织方式

1）场地设施

比亚迪秦EV 4台，标准保养场地工位4个（气鼓、举升机等）。

2）作业工具

新能源汽车专用工具4套，高压防护服，绝缘靴，安全帽，护目镜，绝缘手套，口罩，清洁布。

3）学生组织

分组进行，使用实车进行训练。

时间/min	任务	操作对象
0~10	组织学生讨论穿戴防护用品的注意事项	教师
11~30	高压安全防护用品穿戴	学生
31~40	讲师点评和讨论	教师

4）检查实训任务

以单人实操后完成下列工单内容，提交给指导老师，现场完成后老师给予点评作为本次实训的成绩计入学时。

实训工单内容如下。

高压安全防护用品穿戴					
姓名		学号		班级	
指导教师		成绩		考试时间	
车辆信息正确记录：					
车辆识别代码			行驶里程数		
实训内容					
高压安全防护用品外观检查的方法	（请写出具体操作步骤）				
高压安全防护用品穿戴的方法	（请写出具体操作步骤）				
结果分析					

2. 技术参数准备

2020 款比亚迪秦 EV 维修手册及行业维修标准等。

3. 核心技能点准备

（1）应在有效期内使用安全帽，植物枝条编织的安全帽有效期为 2 年，塑料安全帽的有效期限为两年半，玻璃钢（包括维纶钢）和胶质安全帽的有效期限为 3 年半，超过有效期的安全帽应报废。

（2）绝缘手套区别于一般劳动保护用的安全防护手套，要求具有良好的电气性能、较高的机械性能，并具有柔软良好的服用性能。

（3）应时常留意安全鞋的使用时间及鞋面、鞋底的磨损状况，一般情况下，劳保安全鞋的使用时间以不超过 6 个月为宜。

（4）高压静电防护服在穿用一段时间后，应对其进行检验或更换，若防静电性能不符合标准要求，则不能再使用。

4. 作业注意事项

（1）防护服的裤脚要盖住脚踝和安全鞋的鞋帮。

（2）安全鞋禁止在污染鞋底材料的场所穿用。

（3）不能随意在安全帽上拆卸或添加附件。

（4）不要随意调节帽衬的尺寸。

（5）使用绝缘手套时应将衣袖口套入手套筒口内，同时注意防止尖锐物体刺破手套。
（6）绝缘手套弄脏时应用肥皂和水清洗，彻底干燥后涂上滑石粉，避免粘连。

二、操作步骤（建议结合维修手册组织开展，适当引入企业岗位规范）

1. 外观检查

（1）检查绝缘服表面。
（2）检查安全帽的外观。
（3）检查绝缘手套外表。
（4）检查护目镜。
（5）检查绝缘鞋外表面。

2. 穿戴防护用品

（1）脱掉自己的鞋子。
（2）穿防护服。
（3）穿绝缘鞋。
（4）戴口罩。
（5）佩戴护目镜。
（6）戴上防护服帽子。
（7）戴上安全帽。

任务评价

序号	评价项目	评价内容	分值	学员互评（40%）	教师评价（60%）
1	专业能力（70分）	了解安全防护用品的功用	5		
2		掌握穿戴防护用品的注意事项	5		
3		掌握高压安全防护用品穿戴步骤	5		
4		正确选用工具并清点	5		
5		正确完成准备工作	5		
6		高压安全防护用品外观检查	5		
7		高压安全防护用品穿戴	15		
8		清点、检查、维护工具和耗材，清扫和整理现场	15		
9		工单填写	10		
10	职业素养（30分）	严格遵守操作规程，严禁违规作业	5		
11		责任意识，工作态度端正	5		
12		团队合作意识，互相协作良好	5		
13		从业人员的安全意识	5		
14		严谨扎实的工作作风	5		
15		精益求精的工匠精神	5		
		得分	100		
姓名：		学号：	总得分：		评价人：

子任务二 高压电安全操作注意事项

任务描述

车主王先生的比亚迪秦纯电动汽车需要进行高压系统检修,检修前需断开车辆高压电,作为4S店维修人员,你能根据实训要求,说出高压电安全操作的注意事项有哪些吗?

高压电安全操作注意事项

任务目标

1. 能阐述新能源汽车高压防护的相关技术;
2. 能识别新能源汽车高压部件;
3. 能识别新能源汽车常用维修工具;
4. 能根据维修手册正确进行高压安全防护的操作规范;
5. 培养学生心系社会、勇于担当、勇于创新的科学精神;
6. 培养科技自立自强的意识。

知识准备

新能源汽车高压安全设计

一、新能源汽车高压输出安全管控

新能源汽车的高压来自动力电池包,电池包由多个低压电池模组串联而成,在串联的过程中不但设计了分压接触器,还在动力电池对外输出的母线端子上设置了主正和主负接触器。由于高压输出管控采用多个接触器的冗余设计,而接触器受电池管理系统(BMS)的控制,其默认状态为断开,即没有管理器的 12 V 电拉高控制,接触器不会吸合工作,从而有效地降低了因接触器发生粘接而脱离管控的概率。由此可知,动力电池的高压输出完全受控于 BMS,动力电池的高压对外输出并不容易。

在高压电流出动力电池去向高压部件的过程中,首先在线束接口处设计了高压互锁机构(High Voltage Inter-lock,HVIL),目的是在高压线束未插紧或松动时,BMS 因未检测到互锁波形而切断高压输出。之后,高压线束从电源到用电部件的物理连接都应最大可能地做好绝缘,并保证铜线不外露。为了防止出现高压漏电问题,又设计了漏电传感器来监控高压回路中的漏电状态。此外,高压维修开关(MSD)也集成了 HVIL 接口,如图 4-1-17 所示。

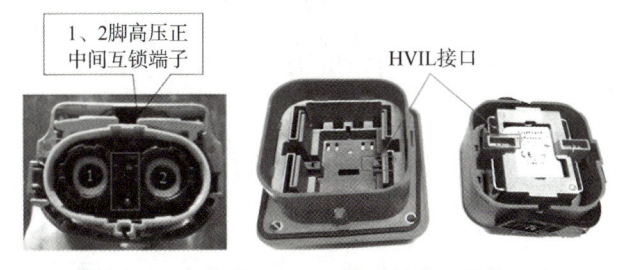

图 4-1-17 集成了 HVIL 接口的高压维修开关

另外，新能源汽车在设计时需要考虑碰撞时的安全，不但要考虑发生碰撞后避免乘员和救护者触电，而且还要在汽车遭受碰撞后将高压电部件和动力电池模组断开，以切断冒烟、失火的隐患。通过采用碰撞传感器，当碰撞水平超过一定强度值（指加速度值）时，安全气囊模块（SRS）通过专线通知 BMS 控制断开动力电池内的高压电路。

为了保障售后维修安全，还设计了开盖检测保护控制，即在整车高压回路接通的状态下，若高压配电箱盖被打开，BMS 会立即断开高压主回路的电气连接并激活主动泄放。

综上所述，高压输出安全管控保护有五种：碰撞断高压保护、漏电断高压保护、高压互锁保护、主动泄放保护、被动泄放保护。

二、高压互锁保护技术

新能源汽车的高压系统通常有 300 V 以上电压和数十安培的电流在高压部件内运行，这对于维修新能源汽车在安全方面是一个严重考验。为此，设计了高压互锁作为新能源汽车电气物理连接的安全保护机构。高压互锁分为结构互锁和功能互锁，其作用表现在以下三个方面。

（1）在车辆上电行车前发挥作用。若检测到电路不完整，则系统无法上电，避免因为虚接等问题造成事故。

（2）在碰撞断电中发挥作用。碰撞信号通过触发高压互锁信号，执行系统下电，以保障驾乘人员的安全。

（3）在售后维修中发挥作用。在进行高压部件的维修时，需要取下维修开关和高压部件，而维修开关中也集成了 HVIL 接口。这也意味着，取下维修开关或直接插拔高压线束会引起 HVIL 锁止，车辆无法上高压电，从而保障维修人员的安全。

1. 高压互锁回路的设计

高压互锁是用低压信号监视高压回路完整性的一种安全设计方法。高压互锁有两个方面需要考虑：一是低压系统要全面检测整个高压系统每个连接处的连接状态；二是实现低压检测回路的信息领先于高压回路断开的动作。在高压断开状态，低压回路被切断；在高压连接状态，低压回路被短接，从而形成完整的低压回路并保持必要的提前量。图 4-1-18 所示为高压互锁用于检测高压部件，低压端子回路比高压端子（实示为橙色）先接通、后断开。

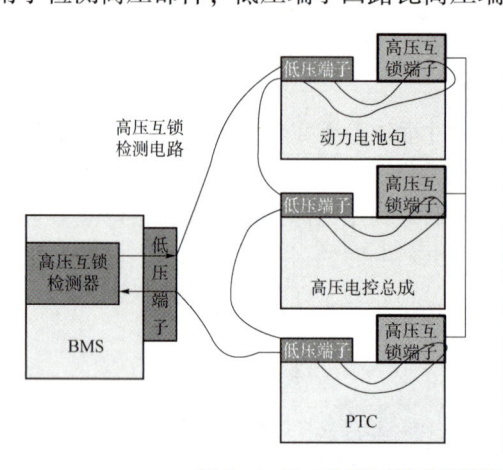

图 4-1-18　高压互锁主要用于检测高压部件

2. 2020 款比亚迪秦 EV 的高压互锁

2020 款比亚迪秦 EV 有两条高压互锁电路，如图 4-1-19 所示。

高压互锁电路 1：电池包的 BK51-30 号端子→电池管理器 BK45（B）-4 号端子→电池管理器 BK45（B）-5 号端子→充配电总成 B74-13 号端子→充配电总成 B74-23 号端子→电池包的 BK51-29 号端子。

高压互锁电路 2：电池管理器 BK45（B）-11 号端子→充配电总成 B74-15 号端子→充配电总成 B74-14 号端子→电池管理器 BK45（B）-10 号端子。

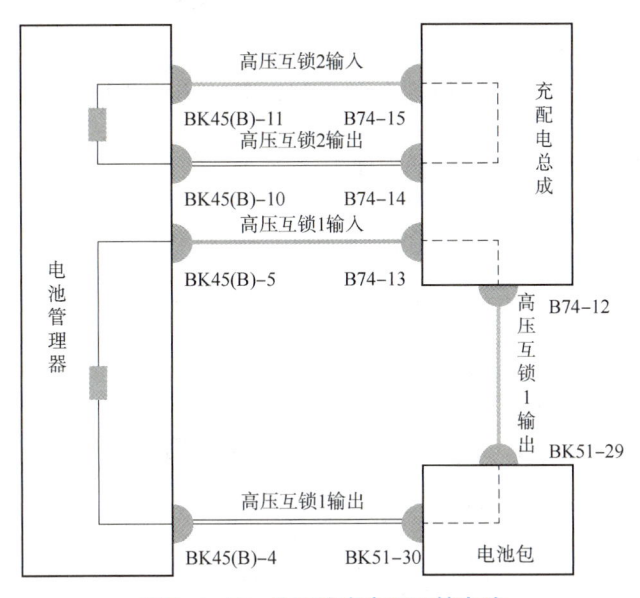

图 4-1-19　比亚迪秦高压互锁电路

三、漏电保护

当电池管理器报漏电故障时，整车上所有的高压控制单元、高压线束（实示为橙色）、漏电传感器及连接线束等部件均有可能产生高压漏电。BMS 接收到漏电信号后，会采取禁止充、放电等相关保护操作并报警，从而防止动力电池包及高压部件的高压电外泄，对人或物造成伤害和损失。

比亚迪秦 EV 的漏电传感器安装于高压电控总成内部，漏电传感器具有 CAN 通信功能，其上有一个 2 针的高压插接器和一个 12 针的低压插接器，具体电路连接和端子定义如图 4-1-20 所示。

2针高压插接器	
针脚	定义
1	（漏电检测）接电池包负极
2	（自检）接电池包负极
12针低压插接器	
针脚	定义
3	CAN-L
4	严重漏电
5	GND
6	12 V DC
9	CAN-H
10	一般漏电
12	GND

图 4-1-20　电路连接和端子定义

四、新能源汽车常用维修工具及检测设备

1. 绝缘工具的认识

绝缘工具是采用绝缘材料进行加工并适用于电气系统拆装等操作的工具。新能源汽车涉及高压部分零部件的拆装必须使用绝缘拆装工具。绝缘拆装工具必须装有耐压 1 000 V 以上的绝缘柄。

绝缘工具通常采用不导电的物质（绝缘材料）将工具隔离或包裹起来，以对触电起到保护作用。绝缘工具的绝缘材料除了上述作用外还起着其他作用：散热冷却、机械支撑和固定、储能、灭弧、防潮、防霉以及保护导体等。

常用的绝缘工具如下：

（1）扳手类，如图 4-1-21 所示。

图 4-1-21　绝缘扳手类工具
（a）开口扳手；（b）梅花扳手；（c）套筒扳手；（d）活动扳手；
（e）定扭式扭力扳手；（f）指针式扭力扳手；（g）内六角扳手

（2）螺钉旋具，如图 4-1-22 所示。

（3）手锤、手钳类，如图 4-1-23 所示。

图 4-1-22　十字螺丝刀

（a）　　　　　　　　（b）

图 4-1-23　手锤、手钳类工具

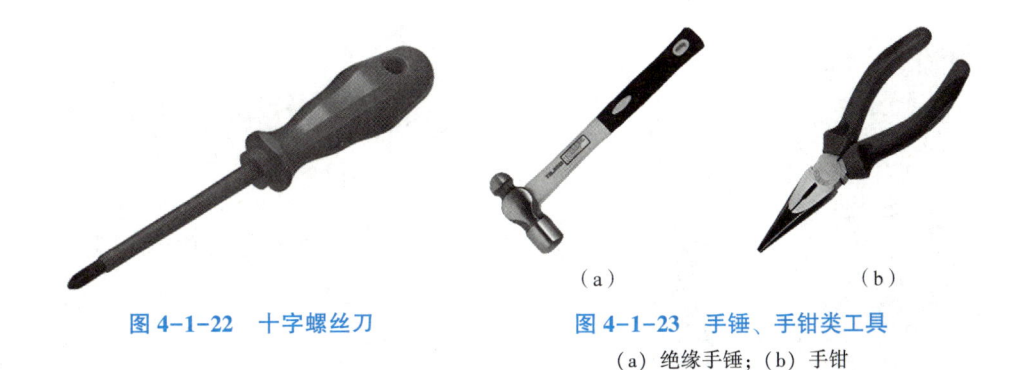

(a) 绝缘手锤；(b) 手钳

（4）绝缘剥线钳，如图 4-1-24 所示。
（5）绝缘电工脱皮刀，如图 4-1-25 所示。

图 4-1-24　鹰嘴剥线钳

图 4-1-25　绝缘电工脱皮刀

2. 检测仪表的认识

1）数字万用表

数字万用表应符合 CAT Ⅲ 安全级别的要求，图 4-1-26 所示为 Fluke 87 数字万用表。

万用表通常具备以下检测功能：交流/直流（AC/DC）电压、电流；电阻；频率（Hz）；温度；二极管；连通性；电容；绝缘测试（低压）。

2）绝缘电阻测试仪

常用的绝缘电阻表是手摇绝缘电阻表，又称摇表，如图 4-1-27 所示，是用来测量大电阻和绝缘电阻的检测仪表，计量单位是兆欧（MΩ），故又称兆欧表。绝缘电阻表的种类有很多，但其作用大致相同。

3）故障诊断仪

汽车电控系统诊断仪器用于对应车型的故障诊断，也称解码器、故障扫描仪等，不同车型采用的诊断仪器也不同。诊断仪器应能与被检测车辆的控制模块（电脑）通信。

图 4-1-26　Fluke 87 数字万用表　　　　图 4-1-27　手摇绝缘电阻表

五、新能源汽车高压安全操作规范要求

（1）严禁非专业人员对高压部件进行移除及安装。

（2）未经高压安全培训并取得许可证的维修人员，不允许对高压部件进行维修等操作。

（3）车辆在充电过程中不允许对高压部件进行拆装、维修等工作。

（4）维修前必须进行高电压禁用操作，确认车辆钥匙处于"LOCK"挡位并将 12 V 电源断开。

（5）服务人员进行高压系统检修时，必须佩戴齐全个人安全防护用品：高压绝缘防护手套、护目镜、绝缘安全鞋、非化纤工作服，并使用高压绝缘工具。

（6）开始作业前必须设置安全隔离，并放置安全警示牌。

（7）开始作业前必须对工位铺设的绝缘垫进行绝缘检测。

（8）必须用干净的布或塑料罩对车辆进行保护，以免损坏车辆。

（9）对于车辆维修过程中的高压配件必须立即标识明显的高压勿动警示，并禁止将带有高压电的部件放置于无人看管的环境下。

（10）在进行车辆维修期间，必须同时有两名持有上岗证的人员进行工作，其中一名人员作为工作的监护人，工作职责为监督维修的全过程。当发生触电事故时，监护人应立即采取有效措施执行急救。

（11）高压部件打开或插头断开后，使用万用表对其电压进行测量，电压大于 0 V 时应使用专用放电工具对该部件进行放电，当电压完全消失后方可进行下一步操作。

（12）对于高压系统，应使用专用的诊断和检测设备进行检查，任何设备的操作必须符合操作安全规程。

（13）拆卸、维修高压部件时，电控单元及高压系统部件的高压线束不可带电断开回路或插拔端子，必须严格执行高压系统的中止和检验流程，防止造成电控单元及高压系统部件损坏或影响人身安全。

（14）在拆装各类线束（缆）时，一定要注意各插接件应按要求进行断开与接合。

（15）更换高压部件后，测量搭铁是否良好，并检查电缆接口是否按照标准力矩拧紧。

（16）在进行动力电池拆装的过程中，举升车辆之前必须按操作规程进行相应的检查，必须严格注意动力电池举升车的举升高度及与动力电池的接触情况，车辆举升高度原则上不超过 1.7 m。

（17）动力电池、控制器、高压盒开盖检修时应注意防止工具、螺栓、螺母掉入水等液体中造成电路短路，引发事故。

（18）操作人员在进行作业时原则上不允许带高压电操作，除非电池包绝缘电阻测试时需要带高压电测量。带高压电测量时须单手操作。

（19）维修完毕，在上电前应确认车辆无人操作。

（20）车辆完成维修后，监护人应对高低压电器部件、系统及接插件进行检查，确认无误后方可上电。

高压安全防护的规范操作　　新能源汽车高压电的终止和检验（比亚迪秦）

六、高压安全防护的操作规范

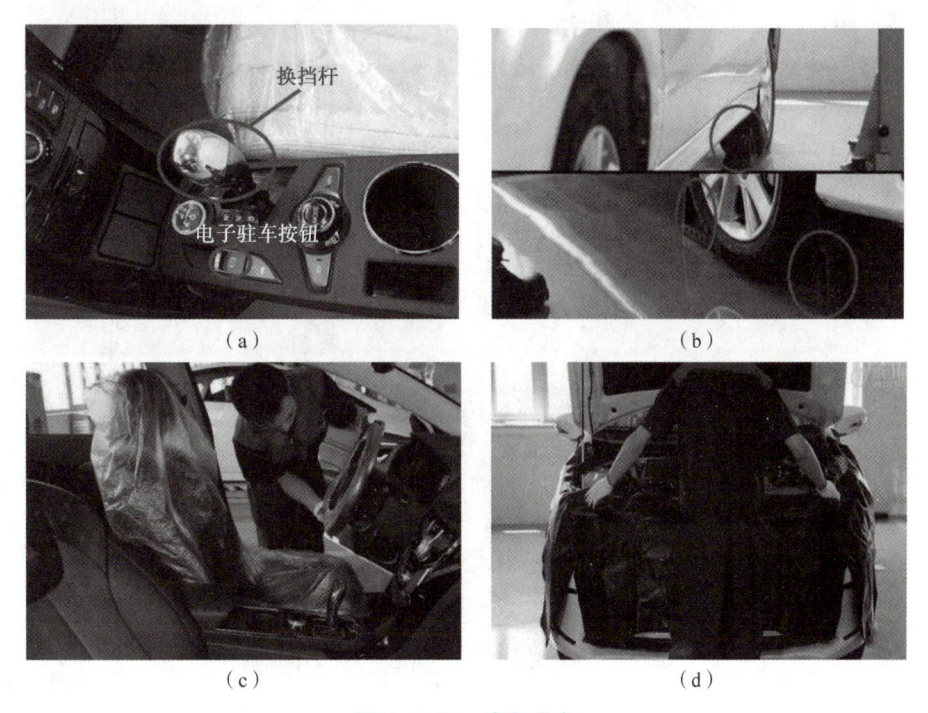

（1）车辆准备，如图 4-1-28 所示。

图 4-1-28　车辆准备

（a）挂"N"挡，打开电子驻车；（b）放置车轮挡块；（c）安装"三件套"；（d）安装翼子板布和前格栅布

（2）人员防护，如图 4-1-29 所示。

（3）断电操作，如图 4-1-30 所示。

图 4-1-29 人员防护

1—护目镜；2—绝缘手套；3—绝缘鞋

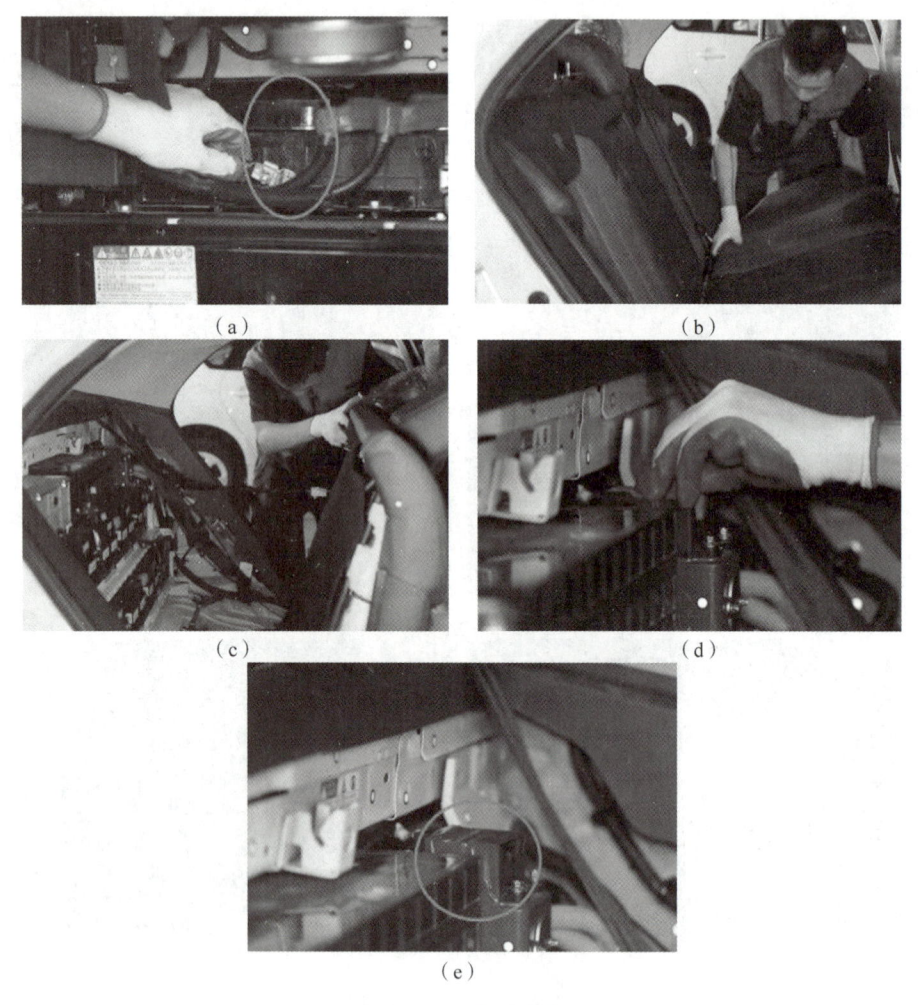

图 4-1-30 断电操作

(a) 断开 12 V 蓄电池负极电缆；(b) 拆下后排座椅垫；(c) 拆下后排座椅靠背；
(d) 拔出维修开关；(e) 用绝缘胶带封住维修开关槽

4. 放电、验电

高压断开后，如需进行其他高压相关操作，应等待至少 10 min，并使用仪器测量高压母线接头，确保高压器件完全放电。

任务实施

一、任务准备

1. 组织方式

1）场地设施

比亚迪秦 EV 4 台，标准保养场地工位 4 个（气鼓、举升机等）。

2）作业工具

新能源汽车专用工具四套，万用表，高压防护用具，三件套，翼子板布及前格栅布，清洁布。

3）学生组织

分组进行，使用实车进行训练。

时间/min	任务	操作对象
0~10	组织学生讨论高压电安全操作的注意事项	教师
11~30	高压安全防护的操作规范	学生
31~40	讲师点评和讨论	教师

4）检查实训任务

以单人实操后完成下列工单内容，提交给指导老师，现场完成后老师给予点评作为本次实训的成绩计入学时。

实训工单内容如下。

高压安全防护的操作规范				
姓名		学号		班级
指导教师		成绩		考试时间
车辆信息正确记录：				
车辆识别代码		行驶里程数		
实训内容				
人员防护的准备工作内容	（请写出具体操作步骤）			
断电、放电的操作方法	（请写出具体操作步骤）			
结果分析				

2. 技术参数准备

2020 款比亚迪秦 EV 维修手册及行业维修标准等。

3. 核心技能点准备

（1）放电是为了使高压部件内部的高压电容将剩余电量完全释放，以免在操作时因电容携带高压电而造成触电事故。

（2）测量后如有电压，可进行放电操作或等待一段时间后再次测量，确保高压母线无电。

4. 作业注意事项

（1）在进行新能源汽车高压维修操作时，至少需要两名人员，一人负责维修，一人负责监督。

（2）新能源汽车高压维修操作人员上岗不得佩戴金属饰物。

（3）新能源汽车维修使用的仪器设备必须做好检测，确保正常后方可使用。

二、操作步骤（建议结合维修手册组织开展，适当引入企业岗位规范）

（1）车辆准备。

（2）人员防护。

（3）断电操作。

（4）放电、验电。

任务评价

序号	评价项目	评价内容	分值	学员互评（40%）	教师评价（60%）
1	专业能力（70分）	正确识别新能源汽车高压部件	5		
2		识别新能源汽车常用维修工具	5		
3		掌握高压安全防护的操作规范步骤及注意事项	5		
4		正确选用工具并清点	5		
5		正确完成准备工作	5		
6		正确做好人员防护	5		
7		正确进行断电、放电操作	15		
8		清点、检查、维护工具和耗材，清扫和整理现场	15		
9		工单填写	10		
10	职业素养（30分）	严格遵守操作规程，严禁违规作业	5		
11		责任意识，工作态度端正	5		
12		团队合作意识，互相协作良好	5		
13		从业人员的安全意识	5		
14		严谨扎实的工作作风	5		
15		精益求精的工匠精神	5		
		得分	100		
姓名：		学号：	总得分：	评价人：	

学习任务二

新能源汽车专项维护

工作情境描述

一辆19款比亚迪秦EV汽车无法上"OK"电,仪表板报"请检查动力系统",车辆无法行驶。被拖车运至店内,经过维修技师检查后,确认为电机控制器故障,需要对电机控制器进行进一步检查。分析具体原因,制定详细的保养计划并开展实际维修操作。

子任务一　电机检查维护

任务描述

一辆比亚迪秦EV纯电动汽车行驶时突然失去动力，且仪表上的系统故障指示灯点亮，经4S店维修人员检查后，初步怀疑车辆驱动电机内部出现故障，你能根据实训要求，做好驱动电机的检查维护工作吗？

电机检查维护

任务目标

1. 能说出电机驱动系统的功用；
2. 能说出常见的电机类型；
3. 能指出电机驱动系统在车辆上的位置；
4. 能根据维修手册正确完成电机总成拆装任务；
5. 培养学生心系社会、勇于担当、勇于创新的科学精神；
6. 牢固树立绿色环保意识。

知识准备

一、电机驱动系统功用及位置

纯电动汽车的电机驱动系统是纯电动汽车的核心系统，是车辆行驶的主要执行机构，它可以根据驾驶员的操作意图、动力电池与驱动电机的状态控制车辆的行驶和停止，同时在汽车减速制动或者下坡时，实现电能再生。

新能源汽车电机驱动系统功用

纯电动汽车的电机驱动系统一般位于前机舱内，如图4-2-1所示，电机驱动系统完成驱动车辆任务的机械部件主要有产生驱动力的驱动电机和进行动能传递的机械减速装置。

图 4-2-1　电机驱动系统位置

二、电机驱动系统组成

电机驱动系统由驱动电机、驱动电机控制器以及变速器组成，设置在整车前舱。其中，

· 295 ·

驱动电机主要用于将驱动电机控制器提供的电能转化为机械能输出至变速器，以及将变速器输入的机械能转换为电能输出至驱动电机控制器；驱动电机控制器主要用于控制动力电池与驱动电机之间的能量传输；变速器主要用于实现对动力电机的减速增扭。

三、驱动电机

1. 功用

驱动电机是动力系统的执行机构，是电能与机械能之间的转化部件，如图 4-2-2 所示。驱动电机在新能源汽车中被要求承担着电动机和发电机的双重功能，即在正常行驶时发挥其主要的驱动电机功能，将电能转化为机械旋转能，通过传动装置驱动或直接驱动车轮；而在降速和下坡滑行驶时又能进行转换发电，将车辆的惯性动能转换为电能。

图 4-2-2　驱动电机

驱动电机工作原理
（北汽 EV160）

2. 结构

驱动电机主要由转子、定子、旋变传感器及温度传感器组成，如图 4-2-3 所示。

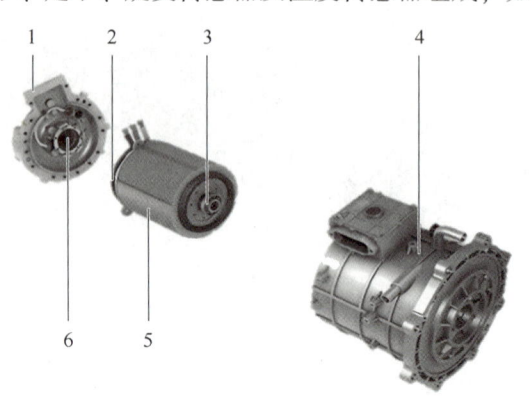

图 4-2-3　驱动电机的结构
1—端盖；2—温度传感器；3—定子；4—壳体；5—转子；6—旋变传感器

3. 类型

应用于纯电动汽车的驱动电机有各种类型，常见的主要有无刷直流电机、交流感应电机、永磁同步电机和开关磁阻电机，如图 4-2-4 所示。

图 4-2-4　驱动电机类型
(a) 开关磁阻电机；(b) 交流感应电机；(c) 永磁同步电机；(d) 直流电机

1）无刷直流电机

无刷直流电机用电子换向装置代替了有刷直流电机的机械换向装置，保留了有刷直流电机优良的调速性能，且体积小、质量轻、起动力矩大、再生制动效果好，是最理想的调速电机之一。

2）交流感应电机

交流感应电机是由定子绕组形成的旋转磁场与转子绕组中感应电流的磁场相互作用而产生电磁转矩驱动转子旋转的交流电机。其具有接近恒速的负载特性，且结构简单，制造、使用、维护方便，运行可靠性高等特点，但调速性能差。

3）永磁同步电机

所谓永磁，指的是在制造电机转子时加入永磁体，使电机的性能得到进一步的提升。而所谓同步，则指的是转子的转速与定子绕组的电流频率始终保持一致。因此，通过控制电机的定子绕组输入电流频率，电动汽车的车速将最终被控制。永磁同步电机功率因数大，效率高；调速性能好，精度高；输出转矩大，频率高；驱动灵活，可控性强。

4）开关磁阻电机

开关磁阻电机是一种新型调速电机，调速系统兼具直流、交流两类调速系统的优点，是继变频调速系统、无刷直流电机调速系统的最新一代无级调速系统。开关磁阻电机由双凸极的定子和转子组成，其定子、转子的凸极均由普通的硅钢片叠压而成。其可控参数多，调速性能好；结构简单，成本低；运转效率高，损耗小；起动转矩大，起动电流小。但开关磁阻电机振动和噪声相对较大，控制复杂。

四、驱动电机的要求

纯电动汽车在行驶过程中，经常频繁地起动/停车、加速/减速等，这就对驱动电机的使用和性能提出了更高的要求，具体如下：

1) 电压高

纯电动汽车驱动电机在允许的范围内应尽可能采用高电压，这样可以减小电动汽车驱动电机外形尺寸和导线等装备的尺寸，特别是可以降低功率变换器的成本。

2) 转速高

电动汽车所采用的感应电机的转速可以达到 8 000~12 000 r/min，满足短时加速或爬坡要求，同时，高转速电机的体积较小、质量较轻，有利于降低装车的装备质量。

3) 可靠性高

纯电动汽车驱动电机要耐高温和耐潮性能强，运行时噪声低，少污染，能够在高温、坏天气及频繁振动等恶劣环境下长期工作。

4) 较大的起动转矩和较大的调速范围

电动汽车的驱动电机要具有好的起动性能和加速性能，从而获得所需要的起动、加速、行驶、减速、制动等所需的功率与转矩。在恒转矩区，其在低速运行时需具有较大的转矩，以满足电动汽车起动和爬坡的工作要求；在恒功率区，其在低转矩时需具有较高的转速，以满足电动汽车在平坦路面能够高速行驶的要求。

5) 瞬时功率大和负载能力强

纯电动汽车的驱动电机要有较大的瞬时功率和较强的负载能力，这样可保证汽车带负载时起动性能好、加速性能强，并且使用寿命长。

6) 高效率、低损耗

纯电动汽车仅由动力电池作为驱动电机的能源，其容量有限。为了延长纯电动汽车的续航里程，要求驱动电机在整个运行范围内具有很高的效率，同时在车辆减速时能够实现再生制动，将能量回收并反馈给蓄电池，其再生制动回收能量能达到总能量的 10%~15%。

7) 安全规范

纯电动汽车驱动电机控制系统和电气系统的安全性都必须符合国家（或国际）有关车辆电气控制的安全性能标准和规定，必须装备有高压保护设备。

8) 成本低

要求纯电动汽车驱动电机结构简单坚固，适合批量生产，便于使用和维护，从而降低生产和使用成本，并且为了降低纯电动汽车的价格，驱动电机价格要尽量便宜，提高性价比。

9) 重量轻，体积小

驱动电机应尽量采用铝合金外壳，以降低驱动电机的质量，还要设法降低驱动电机控制器和冷却系统的质量。同时，在允许的范围内尽可能采用高电压，这样可以减小驱动电机的外形尺寸和导线等装备的尺寸，特别是可以降低功率变换器的成本。

五、电机总成的拆装

（1）排出齿轮油，如图 4-2-5 所示。在动力总成拆卸前，打开放油螺塞组件，将变速箱体内的润滑油排放干净，再带上放油螺塞组件，防止在拆卸过程中异物掉入变速箱腔体内。

（2）排出冷却液，如图 4-2-6 所示。在进水口用气枪将冷却水道内的水从出水口排出。

纯电动汽车动力系统维护保养（适用比亚迪 E5）

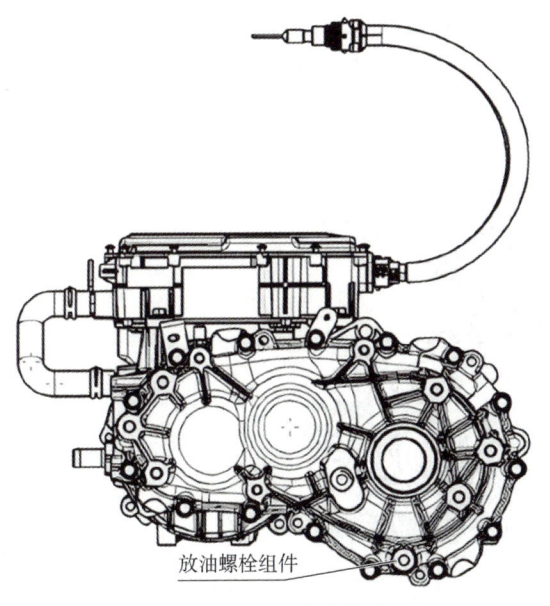

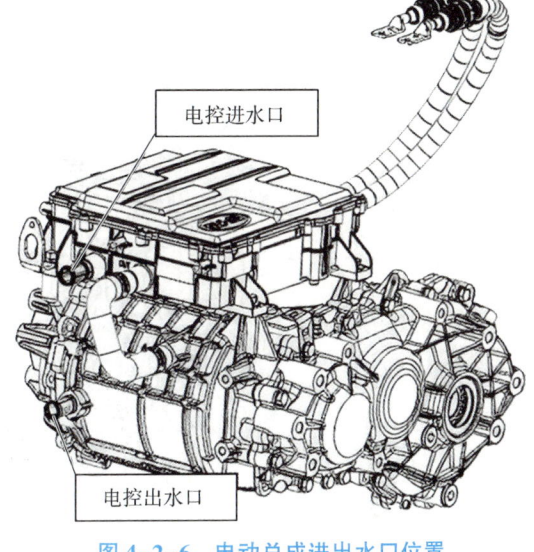

图 4-2-5 排出齿轮油

图 4-2-6 电动总成进出水口位置

（3）拆卸驱动电机控制器，如图 4-2-7 所示。在进水口用气枪将冷却水道内的水从出水口排出；拆开水管卡扣和水管；交错拧开用于固定电机端盖和盖板的 10 个 M5 螺栓，将盖板从总成上拆开；拆掉控制器与电机相连的三相线，并拆卸用于固定控制器箱体与电机端盖和变速器前箱体的螺栓，将控制器与电机和变速箱分离。

（4）拆卸驱动电机控制器与驱动电机相连的 3 个 M6 外六角三相线紧固螺栓（注：装配时力矩为 9 N·m±0.5 N·m），如图 4-2-8 所示，拔出旋变传感器及温度传感器接插件。

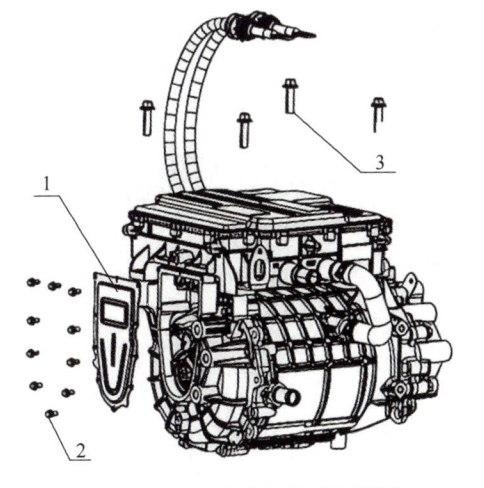

图 4-2-7 驱动电机控制器拆解
1—盖板；2，3—螺栓

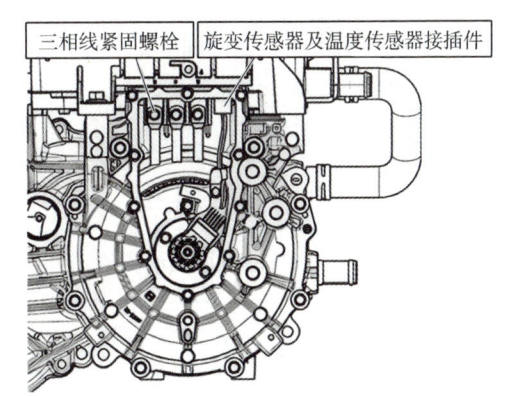

图 4-2-8 三相线紧固螺栓、旋变传感器及温度传感器接插件

（5）按相反顺序装配驱动电机总成，如图 4-2-9 所示。

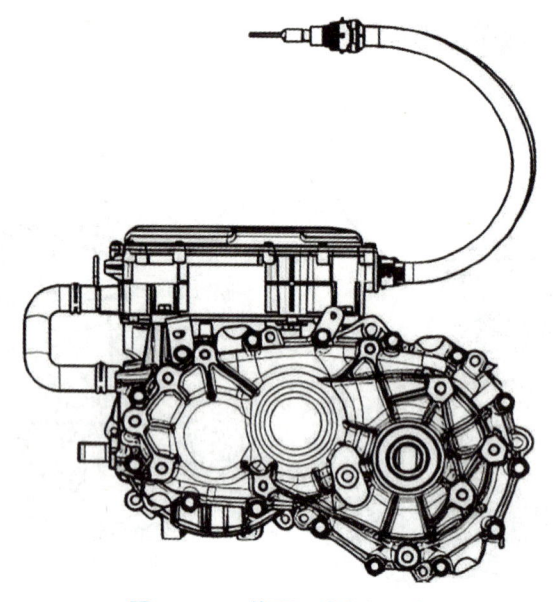

图 4-2-9　装配驱动电机总成

任务实施

一、任务准备

1. 组织方式

1）场地设施

比亚迪秦 EV 4 台，标准保养场地工位 4 个（气鼓、举升机等）。

2）作业工具

新能源汽车专用工具 4 套，绝缘靴，指针式扭力扳手，定扭扳手，清洁布。

3）学生组织

分组进行，使用实车进行训练。

时间/min	任务	操作对象
0~10	组织学生讨论驱动电机常见的故障原因	教师
11~30	电机总成的拆装	学生
31~40	讲师点评和讨论	教师

4）检查实训任务

以单人实操后完成下列工单内容，提交给指导老师，现场完成后老师给予点评作为本次实训的成绩计入学时。

实训工单内容如下。

电机总成拆装

姓名		学号		班级	
指导教师		成绩		考试时间	
车辆信息正确记录：					
车辆识别代码			行驶里程数		
实训内容						
电机总成的拆装方法	（请写出具体操作步骤）				
结果分析					

2. 技术参数准备

2020 款比亚迪秦 EV 维修手册及行业维修标准等。

3. 核心技能点准备

（1）在拆分过程中，应注意保护好所有零部件，做好收纳工作，防止零部件被意外损坏。

（2）在实训时，需按维修手册规定力矩紧固螺栓。

4. 作业注意事项

电机总成上的螺栓或螺母，以及驱动电机控制器和电机壳体上的螺栓，应按对角线松开和拧紧，如果螺栓有裂纹或者损坏，应及时更换。

二、操作步骤（建议结合维修手册组织开展，适当引入企业岗位规范）

（1）排出齿轮油。

（2）排出冷却液。

（3）拆卸驱动电机控制器。

（4）拆开驱动电机控制器与驱动电机相连的 3 个 M6 外六角三相线紧固螺栓，拔出旋变传感器及温度传感器接插件。

（5）按相反顺序装配驱动电机总成。

任务评价

序号	评价项目	评价内容	分值	学员互评（40%）	教师评价（60%）
1	专业能力（70分）	掌握电机驱动系统的功用	5		
2		识别常见的电机类型	5		
3		分析驱动电机常见的故障原因	5		
4		掌握电机总成的拆装步骤及注意事项	5		
5		正确选用工具并清点	5		
6		正确完成准备工作	5		
7		电机总成的拆卸	15		
8		电机总成的安装	15		
9		清点、检查、维护工具和耗材，清扫和整理现场	5		
10		工单填写	5		
11	职业素养（30分）	严格遵守操作规程，严禁违规作业	5		
12		责任意识，工作态度端正	5		
13		团队合作意识，互相协作良好	5		
14		从业人员的安全意识	5		
15		严谨扎实的工作作风	5		
16		精益求精的工匠精神	5		
		得分	100		
姓名：		学号：	总得分：	评价人：	

子任务二　充电接口及电池组检查及维护

任务描述

车主贾先生的比亚迪秦EV纯电动汽车，最近发现车辆充满电后，仪表电量出现急剧下降现象，需要对动力电池进行检查维护。作为4S店维修人员，你能根据实训要求，完成动力电池的检查及维护工作吗？

充电接口及电池组检查及维护

任务目标

1. 能识别直流、交流充电桩；
2. 能说出动力电池的组成；
3. 能解决充电桩的常见故障；
4. 能根据维修手册正确进行动力电池的检查及维护；
5. 激励学生勇于抵抗人生路上的各种艰难困苦，努力奔向成功的远方；
6. 树立科技自立自强的意识。

知识准备

一、直流充电桩

1. 主要特性

直流充电桩是固定安装于电动汽车外，与交流电网连接，可以为电动汽车动力电池提供直流电源的充电装置。直流充电桩的输入电压采用三相四线 AC380×(1±15%) V，频率为50 Hz，输出为可调直流电，直接为电动汽车的动力电池充电。由于直流充电桩采用三相四线制供电，故可以提供足够的功率，输出的电压和电流调整范围大，可以实现快充的要求。它有以下几点特性：

（1）一般是大电流，短时间内充电量更大，桩体较大，占用面积大。

（2）适用车型：适用于电动大巴、中巴、混合动力公交车、电动轿车、出租车、工程车等。

（3）应用场合：固定在地面，中、大型充电桩安装在公共建筑和居民小区。

（4）快速充电：直流充电桩 30 min 能够充电 80%，超过 80% 后为保护电池安全，充电电流逐渐变小，充到 100% 的时间略微延长。

2. 结构

直流充电桩基本构成如图 4-2-10 所示，由充电指示灯、显示屏、刷卡区、紧急启停按钮、充电枪、散热通风口及充电桩体组成。

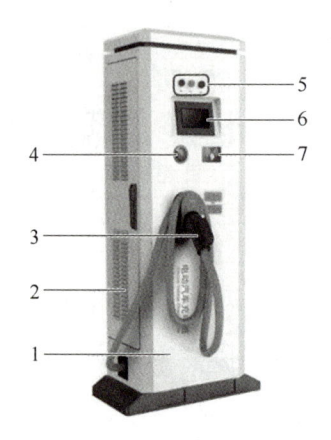

图 4-2-10　直流充电桩结构

1—充电桩体；2—散热通风口；3—充电枪；4—紧急启停按钮；5—充电指示灯；6—显示屏；7—刷卡区

在出现紧急情况时，按下紧急启停按钮后可强行终止充电。充电指示灯中红色电源指示灯亮起，说明设备上级电源已正常供电，设备进入带电状态；绿色充电指示灯闪烁，说明车辆正在充电；绿色充电指示灯常亮，说明充电完成。黄色指示灯为故障指示灯，当其闪烁时说明设备故障；黄色故障指示灯熄灭则说明设备运行正常。

二、交流充电桩

1. 主要特性

交流充电桩，又称"慢充"，固定安装在电动汽车外，与交流电网连接，是为电动汽车车载充电机提供交流电源的供电装置。交流充电桩只提供电力输出，没有充电功能，需连接车载充电机为电动汽车充电，相当于只是起了一个控制电源的作用。它有以下几点特性：

（1）一般是小电流，桩体较小，安装灵活。

（2）适用车型：适用于小型乘用电动车。

（3）应用场合：多应用于公共停车场、大型购物中心、社区车库以及交通枢纽等，家用充电桩也多为交流充电桩。

（4）充电情况：充电功率较小，完全放电后通过交流充电桩充满需要 8 h。

2. 结构

交流充电桩基本结构与直流充电桩相同，由急停按钮、充电指示灯等组成，如图 4-2-11 所示。

3. 类型

交流充电桩有落地式和壁挂式两种，采用传导方式为具有车载充电机的电动汽车提供交流电能，提供人机操作界面和交流充电接口，并具备相应测量保护功能的专用装置，如图 4-2-12 所示。交流充电桩可应用于各种大、中、小型电动汽车充电站中，充电功率较小，由于其输出充电电流小，电池充电时间较长，故可充分利用用电低谷时段为电动汽车进行充电。

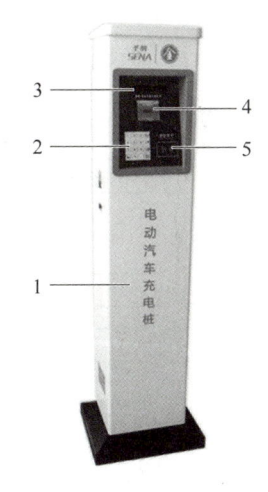

图 4-2-11　交流充电桩结构
1—充电桩体；2—按键区；3—充电指示灯；
4—液晶显示屏；5—刷卡区

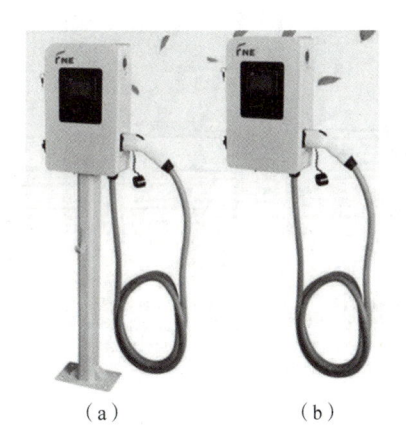

图 4-2-12　交流充电桩类型
（a）落地式；（b）壁挂式

三、充电桩常见故障

（1）充电枪插上去后，界面没有显示已连接或没有显示"开始充电"按钮。

检查充电枪是否连接可靠，充电枪的卡扣是否卡紧；检查充电枪连接后，车辆仪表是否有电（充电桩会给车辆提供电源）。如已连接可靠，则可联系充电桩厂家查看是否是硬件或软件通信问题。

（2）（刷卡）进入充电后，过了一会儿自动停止充电。

此处一般为电池 BMS 与桩的通信问题，可刷卡结束后，重新拔插测试充电。另请自行记录，如出现反复，即应上报与充电桩厂家联系解决。

（3）锁卡现象。

①充电结束/停止后一定要记得刷卡。除非出现故障无法刷卡，否则都要进行刷卡结算，以免被锁卡。

②在充电过程中不可直接断电，或停止充电后不可直接拔枪走人。锁卡后需要到指定办公点进行解锁操作。

四、动力电池组

作为纯电动汽车最核心的零部件之一，动力电池与车辆的续航里程、整备质量、动力表现、操控性能等息息相关。在纯电动汽车的制造成本方面，电池的占比也最高，普遍在 30% 以上，这导致了电动汽车较高的售价以及后期较高的维护成本。

动力电池系统组成

高压蓄电池原理（比亚迪秦）

因此，降低电池的单位成本，以及增加电池的能量密度，一直是电动汽车技术发展的主要方向。

比亚迪秦 EV 动力电池是由电池模组、动力连接片、连接电缆、采集器、采样线、电池组固定压条和密封条构成的，如图 4-2-13 所示。

比亚迪秦 EV 动力电池组由 13 个电池模组串联组成，动力电池的高压接口在 1 号电池模组负极、13号电池模组正极，如图4-2-14所示。

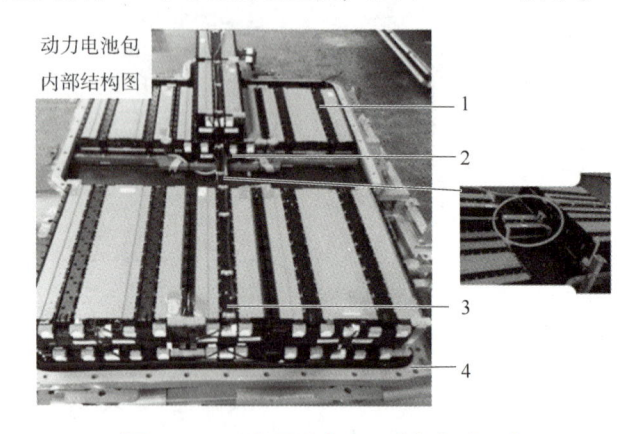

图 4-2-13　比亚迪秦 EV 动力电池组成
1—电池组固定压条；2—采集器-BIC；3—采样线束-黑色；4—白色密封条

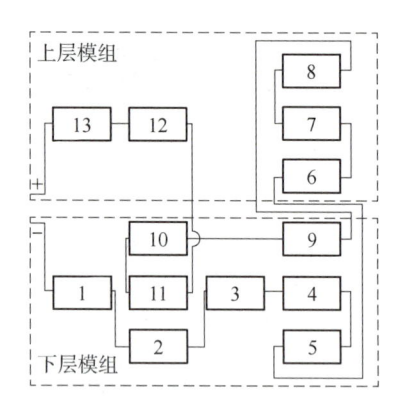

图 4-2-14　动力电池组的布置

五、电动汽车对动力电池的要求

电动汽车要求动力电池满足以下特征：

（1）高能量（EV 用电池）和高功率（HEV 用电池）。

（2）高能量密度。在美国先进电池联合会（USABC）制定的电动汽车电池中长期目标中，质量比能量要达到 80~100 W·h/kg（中期）和 200 W·h/kg（长期）。

（3）高倍率部分。荷电状态下（HRPSOC）可循环使用（HEV 用电池）。

（4）工作温度范围宽（-30~65 ℃）。

（5）使用寿命长，一般为 5~10 年。

（6）安全可靠。

六、动力电池日常维护

1. 日常管理的规范性

在动力电池的日常维护工作中，要做到日常管理的周到、细致和规范性，保证设备（包括主机设备）处于良好的运行状况，从而延长使用年限；保证直流母线上的电压和动力电池处于正常运行范围；保证动力电池运行安全。

2. 每年进行一次完全充放电

正常情况下，动力电池处于反复充放电状态，但并不是每次都能达到理想的充放电条件。这种情况下应至少每年进行一次完全充放电。放电前应先对动力电池组进行均衡充电，以达到全组动力电池的均衡。同时在放电前要清楚动力电池组中已存在的落后动力电池单元，放电过程中如有一只达到放电终止电压，应停止放电，待消除落后动力电池单元后再继续放电。

3. 选择、标示动力电池单元

每组动力电池中至少应有几只动力电池单元作标示动力电池单元，作为了解全动力电池组工作情况的参考，对标示动力电池电源应定期进行测量并做好记录。

4. 及时更换有问题的电池

当在动力电池组中发现有电压反极性、压降大、压差大等现象时，应及时采取相应的方法恢复或修复。对不能恢复或修复的电池及使用寿命已过期的动力电池组要及时更换，以免影响到整车系统的运行。

七、动力电池维护

（1）基本检查，如图 4-2-15 所示。

①检查动力电池外观，如图 4-2-15（a）所示。

②检查动力电池插接件，如图 4-2-15（b）所示。

纯电动汽车电源系统维护

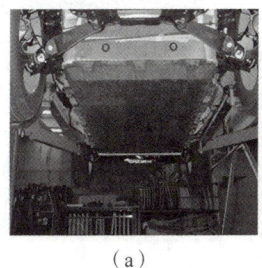

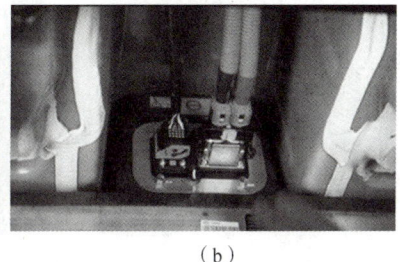

（a）　　　　　　　　　　（b）

图 4-2-15　动力电池基本检查

（a）检查动力电池外观；（b）检查动力电池插接件

（2）高压母线绝缘检测，如图 4-2-16 所示。

①断开动力电池高、低压插头，如图 4-2-16（a）所示。

②黑表笔连接车身搭铁，如图 4-2-16（b）所示。

③红表笔连接高压母线正极端子，如图 4-2-16（c）所示。

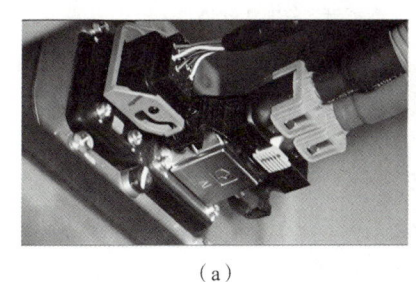

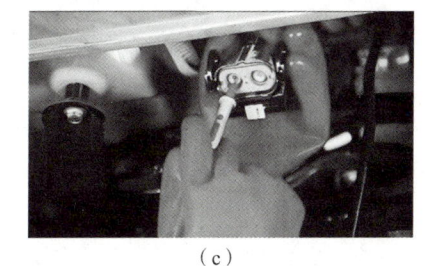

（a）　　　　　　　　　　（b）

（c）

图 4-2-16　连接万用表

（a）断开动力电池插头；（b）黑表笔连接车身搭铁；（c）红表笔连接高压母线正极端子

④打开数字兆欧表，并将其调至 1 000 V 测试挡。
⑤按下测试按钮，检测动力电池包高压母线正极绝缘电阻值。
⑥使用同样的方法测量动力电池包高压母线负极绝缘电阻值。
⑦安装动力电池包低压及高压插头，并确保安装牢靠。
（3）高压维修塞检测。
①打开万用表，调至欧姆挡。
②校表。确认万用表是否正常可用，校表的标准值应小于 0.5 Ω，如图 4-2-17 所示。
③将红、黑表笔分别连接高压维修塞保险丝的两端，读取电阻值，如图 4-2-18 所示。

图 4-2-17　校表　　　　　　　　　图 4-2-18　测量保险丝电阻值

任务实施

一、任务准备

1. 组织方式

1）场地设施

比亚迪秦 EV 4 台，标准保养场地工位 4 个（气鼓、举升机等）。

2）作业工具

新能源汽车专用工具 4 套，万用表，绝缘手套，清洁布。

3）学生组织

分组进行，使用实车进行训练。

时间/min	任务	操作对象
0~10	组织学生讨论日常维护动力电池的具体内容	教师
11~30	动力电池维护	学生
31~40	讲师点评和讨论	教师

4）检查实训任务

以单人实操后完成下列工单内容，提交给指导老师，现场完成后老师给予点评作为本次实训的成绩计入学时。

实训工单内容如下。

动力电池维护				
姓名		学号		班级
指导教师		成绩		考试时间
车辆信息正确记录：				
车辆识别代码			行驶里程数	
实训内容				
目视检查动力电池的方法	（请写出具体实操步骤）			
高压母线绝缘检测及高压维修塞检测的方法	（请写出具体实操步骤）			
结果分析				

2. 技术参数准备

2020款比亚迪秦EV维修手册及行业维修标准等。

3. 核心技能点准备

（1）为了保证动力电池总是处于良好的工作状态，对长期搁置不用的动力电池必须每隔一段时间充电一次，以达到激活动力电池的目的，尽可能恢复动力电池原有的容量数。

（2）在实际应用中，随着动力电池使用时间的延长，总会有部分动力电池电源的充放电性能减弱，进入恶化状态。因此应定期对每个动力电池单元做充放电测量，检查动力电池的蓄电能力和充放电特性，对不合格的动力电池要给予更换。

4. 作业注意事项

（1）需在断开低压蓄电池负极及高压维修塞的情况下进行动力电池维护。

（2）拆卸高压维修塞时，需佩戴高压绝缘手套，以免发生触电危险。

（3）拆卸高压维修塞后，应将其锁在工具车内，以免他人误操作导致高压电意外接通。

二、操作步骤（建议结合维修手册组织开展，适当引入企业岗位规范）

（1）基本检查。

（2）高压母线绝缘检测。

（3）高压维修塞检测。

任务评价

序号	评价项目	评价内容	分值	学员互评（40%）	教师评价（60%）
1	专业能力（70分）	识别直流、交流充电桩	5		
2		掌握动力电池的组成	5		
3		分析充电桩常见故障产生的原因	5		
4		掌握动力电池维护具体内容及注意事项	5		
5		正确选用工具并清点	5		
6		正确完成准备工作	5		
7		目视检查动力电池	15		
8		高压母线绝缘检测及高压维修塞检测	15		
9		清点、检查、维护工具和耗材，清扫和整理现场	5		
10		工单填写	5		
11	职业素养（30分）	严格遵守操作规程，严禁违规作业	5		
12		责任意识，工作态度端正	5		
13		团队合作意识，互相协作良好	5		
14		从业人员的安全意识	5		
15		严谨扎实的工作作风	5		
16		精益求精的工匠精神	5		
得分			100		
姓名：		学号：	总得分：		评价人：

子任务三　冷却液的更换

任务描述

一辆行驶 50 000 km 的比亚迪秦 EV 纯电动汽车被送至 4S 店进行维修，车主反映该车在行驶过程中出现驱动电机过热的信号，经 4S 店维修人员检查后发现冷却系统中冷却液出现严重脏污现象，需要更换冷却液。作为 4S 店维修人员，你能根据实训要求完成更换冷却液的任务吗？

冷却液更换

任务目标

1. 能说出电机冷却系统的功用；
2. 能说出电机冷却系统的类型；
3. 能阐述冷却液的作用及组成；
4. 能根据维修手册正确更换冷却液；
5. 贯彻自立自强的理念，坚定认真、求实、精益求精、严谨的态度；
6. 牢固树立生态优先、绿色低碳的高质量发展道路。

知识准备

一、新能源汽车热源发热机理

新能源汽车电机内部由铁芯和绕组线圈组成，电机通电运行会有不同的发热现象。如果驱动电机得不到有效的冷却，电机内部的温度不断升高，将导致电机效率下降，如果温度过高，就会造成电机内部线圈烧蚀甚至导致线圈短路而使电机损坏。电机冷却系统的好坏将直接影响电机的安全运行和使用寿命。

此外，新能源汽车动力电池作为汽车的动力源，充放电的发热会一直存在。动力电池的性能和电池温度密切相关，如果电动汽车电池组在高温下得不到及时通风散热，将会导致电池组系统温度过高或温度分布不均匀，降低电池充放电循环效率，影响电池的功率和能量的输出，严重时还将导致热失控，影响电池的安全性与可靠性。

二、电驱冷却系统

1. 作用

电机冷却系统主要用于保证驱动电机和电机控制器在规定的温度范围内工作，使其具有良好的工作性能。纯电动汽车在运行过程中，电机驱动系统中的驱动电机和电机控制器会产生热量而使其温度上升。当温度上升到一定程度时，驱动电机的绝缘材料会发生本质的变化，最终使其失去绝缘能力，同时也会使驱动电机相对运转的金属部件因温度升高而变形或膨胀，从而使其强度、硬度降低，甚至会影响部件的润滑，最终大大降低驱动电机相关部件的使用寿命；电机控制器温度过高会导致电机控制器中的半导体结点烧坏、电路损坏，甚至烧坏元器件，从而引起电机控制器失效。

2. 类型

电驱系统在工作过程中，可以通过驱动电机外壳和周围介质不断将热量散发出去，这个散发热量的过程就称为冷却。电机驱动系统的主要冷却方式有自然冷却、风冷却和液体冷却。

1）空气冷却

空气冷却是采用空气作为冷却介质的冷却系统，这种冷却系统是利用吸入或者压入的冷空气和电机的发热部分接触，进行热交换，从而带走电机的热量实现冷却的。

空气冷却系统结构简单、费用低廉、维护方便，但是会造成电机的磨损消耗，使电机的效率降低。空气冷却广泛用于水轮发电机中。

2）水冷却

水冷是将冷却液通过管道和通路引入定子或壳体内部的冷却水道，通过循环水不断的流动，带走电机转子和定子产生的热量，同时间接冷却电机轴承，确保电机在高效率区间稳定运行，图4-2-19所示为水冷电驱散热流程图。

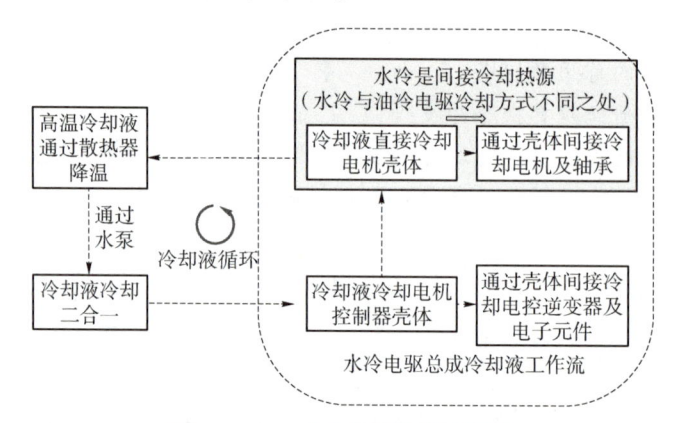

图4-2-19 水冷电驱散热流程图

水冷却系统冷却效果好、运行噪声低，但是结构和维护复杂，且使用过程中产生的水垢及空心铜线氧化产生的物质沉积容易造成水路堵塞，使得局部绕组不能得到良好冷却，造成过热而烧毁。同时，水接头和密封的泄漏也带来了短路和漏电等安全隐患。因此水冷电机的管路堵塞和泄漏是其主要缺点。

纯电动汽车多采用水冷却。

3）自然冷却

自然冷却依靠驱动电机铁芯自身的热传导，散去驱动电机产生的热量，热量通过封闭的机壳表面传递给周围介质，即其散热面为机壳的表面，为增加散热面积，机壳表面可加冷却筋。图4-2-20所示为自然冷却的驱动电机机壳。

自然冷却系统结构简单，不需要辅助设施就能实现冷却。但效率差，仅适用于转速低、负载转矩小、发热量较小的小型电机。

3. 组成

纯电动汽车的电驱冷却系统通常采用水冷式冷却系统，这里介绍水冷式电驱冷却系统的组成。

图 4-2-20 自然冷却的驱动电机机壳

水冷式电驱冷却系统主要由电动水泵、散热器、电动风扇、储液罐和驱动电机内冷却管道等组成，如图4-2-21所示。此外，还包括冷却循环管路，其中有些冷却循环管路要经过电机控制器底部和驱动电机壳体，以便于冷却电机控制器和驱动电机。

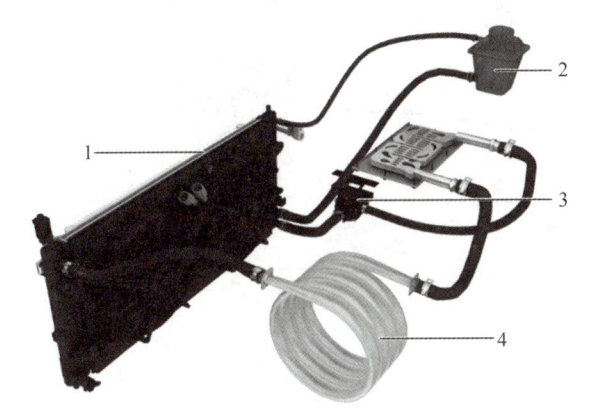

图 4-2-21 电机冷却系统组成
1—散热器及电动风扇；2—冷却液储液罐；3—电动水泵；4—驱动电机内冷却管道

纯电动汽车电池冷却系统工作原理

三、冷却液

1. 作用

冷却液又叫防冻液，用于新能源汽车的电池、电机、高压电控总成等发热部件的冷却，是新能源汽车正常工作的重要物质。正确使用冷却液，可起到防腐蚀、防水垢和防冻结等作用，能够使冷却系统始终处于最佳的工作状态，保证驱动电机的正常工作温度。透明的驱动电机系统冷却液储液罐位于机舱内，如图4-2-22所示。在冷却系统处于冷状态测量时，罐内冷却液的高度应保持在两条标记线之间。

图 4-2-22 电机冷却液储液罐

2. 组成

（1）水：水是冷却液的重要组成成分，因为水具有良好的导热性和较大的比热容。

(2) 防冻剂：加入防冻剂可起到降低冷却液的冰点的作用。

(3) 添加剂：在冷却液中加入缓蚀剂、缓冲剂、防垢剂、消泡剂、着色剂等添加剂。

3. 未及时更换冷却液的危害

电动汽车行驶和充电过程中，若是冷却液不足，电池无法及时降温，对电池的损耗相当大，甚至会引起爆炸。此外，电机温度升高将造成短路，甚至烧毁。

冷却液需定期更换，长期不更换冷却液，不仅会使冷却液变质，还会产生水垢，导致散热器、管路损坏，一旦引起泄漏，造成电池短路起火，会危及人员安全。

因此，及时更换优质的冷却液必不可少。

四、冷却液的检查与更换

1. 冷却液的检查

(1) 观察副水箱中冷却液的液位，确认液位处于 MAX（最高）标记（A）和 MIN（最低）标记（B）之间，如图 4-2-23 所示。

检查与更换冷却液

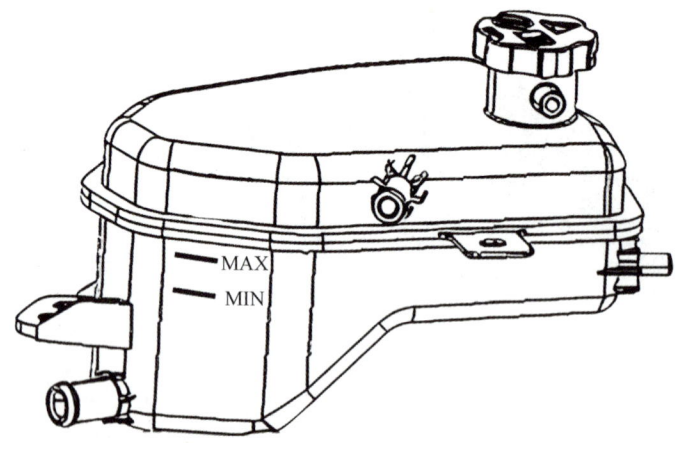

图 4-2-23　打开副水箱盖

(2) 如果副水箱中冷却液的液位处于或低于 MIN 标记，则应向副水箱中添加冷却液，直至 MAX 标记，并检查冷却系统有无泄漏。

2. 冷却液更换

(1) 用手触摸副水箱箱体，确认副水箱内部冷却液已冷却。

(2) 沿逆时针方向慢慢转动副水箱盖，释放冷却系统中的残余压力。

(3) 取下副水箱盖，拆掉散热器出水管路（冷却管总成1），排尽冷却液。排出的冷却液应储存于合适的容器内。

(4) 待冷却液排净后，装配好散热器出水管。

(5) 将指定的冷却液倒入副水箱，直至达副水箱 MAX 线，液位不再下降为止。上电让水泵运转约 5 min，运转过程中如副水箱液位下降，则同步向副水箱加注冷却液，直至加注至 MAX 线不再降低为止，断电停车。

(6) 重复上电、断电至少三个循环，每个循环水泵上电运转 5 min，同步观察副水箱内冷却液液位，并补加冷却液至 MAX 线不再下降为止。冷却系统的容量约为 4 L。

(7) 盖上副水箱盖并旋至最终停止位，彻底拧紧。

任务实施

一、任务准备

1. 组织方式

1）场地设施

比亚迪秦 EV 4 台,标准保养场地工位 4 个(气鼓、举升机等)。

2）作业工具

新能源汽车专用工具 4 套,绝缘靴,棉布手套,冷却液,清洁布。

3）学生组织

分组进行,使用实车进行训练。

时间/min	任务	操作对象
0~10	组织学生讨论因冷却液造成的故障现象	教师
11~30	冷却液的检查与更换	学生
31~40	讲师点评和讨论	教师

4）检查实训任务

以单人实操后完成下列工单内容,提交给指导老师,现场完成后老师给予点评作为本次实训的成绩计入学时。

实训工单内容如下。

冷却液的检查与更换				
姓名		学号		班级	
指导教师		成绩		考试时间	
车辆信息正确记录:				
车辆识别代码			行驶里程数		
实训内容				
冷却液的检查方法	(请写出具体操作步骤)			
冷却液的更换方法	(请写出具体操作步骤)			
结果分析				

2. 技术参数准备

2020 款比亚迪秦 EV 维修手册及行业维修标准等。

3. 核心技能点准备

（1）不同品牌的冷却液不能混合使用，否则可能严重损坏驱动电机和冷却系统。

（2）当冷却系统仍处于烫热状态时，不能打开散热器盖，否则热的蒸汽或沸腾的冷却液会从散热器中飞溅出来对人体造成伤害。

4. 作业注意事项

（1）冷却液必须装在封闭容器内，以防止他人中毒。

（2）严寒气候条件下，为确保冷却液的防冻能力，应根据环境温度更换合适的冷却液，否则冷却液可能冻结，导致车辆损坏。

（3）若冷却液储液罐中混入了其他冷却液，则必须尽快更换冷却液。

（4）必须按环境保护法规收集和处理废冷却液。

二、操作步骤（建议结合维修手册组织开展，适当引入企业岗位规范）

1. 冷却液的检查

（1）观察副水箱中冷却液的液位，确认液位处于 MAX（最高）标记（A）和 MIN（最低）标记（B）之间。

（2）如果副水箱中冷却液的液位处于或低于 MIN 标记，则应向副水箱中添加冷却液，直至 MAX 标记，并检查冷却系统有无泄漏。

2. 冷却液更换

（1）用手触摸副水箱箱体，确认副水箱内部冷却液已冷却。

（2）沿逆时针方向慢慢转动副水箱盖，释放冷却系统中的残余压力。

（3）取下副水箱盖，拆掉散热器出水管路（冷却管总成），排尽冷却液。排出的冷却液应储存于合适的容器内。

（4）待冷却液排净后，装配好散热器出水管。

（5）将指定的冷却液倒入副水箱，直至达副水箱 MAX 线，液位不再下降为止。上电让水泵运转约 5 min，运转过程中如副水箱液位下降，则同步向副水箱加注冷却液，直至加注至 MAX 线不再降低为止，断电停车。

（6）重复上电、断电至少三个循环，每个循环水泵上电运转 5 min，同步观察副水箱内冷却液液位，并补加冷却液至 MAX 线不再下降为止。冷却系统的容量约为 4 L。

（7）盖上副水箱盖并旋至最终停止位，彻底拧紧。

任务评价

序号	评价项目	评价内容	分值	学员互评（40%）	教师评价（60%）
1	专业能力（70分）	了解电机冷却系统的功用	5		
2		掌握电机冷却系统的类型	5		
3		分析冷却液造成的故障现象	5		
4		掌握冷却液检查与更换的具体内容及注意事项	5		
5		正确选用工具并清点	5		
6		正确完成准备工作	5		
7		冷却液检查	15		
8		冷却液更换	15		
9		清点、检查、维护工具和耗材，清扫和整理现场	5		
10		工单填写	5		
11	职业素养（30分）	严格遵守操作规程，严禁违规作业	5		
12		责任意识，工作态度端正	5		
13		团队合作意识，互相协作良好	5		
14		从业人员的安全意识	5		
15		严谨扎实的工作作风	5		
16		精益求精的工匠精神	5		
得分			100		
姓名：		学号：	总得分：		评价人：

学习任务三

智能网联系统专项维护

工作情境描述

　　一辆智能网联汽车在倒车时，不小心撞到了旁边的行人，经车主反映，该车装有毫米波雷达传感器，但在当时毫米波雷达传感器并未起作用。经过维修技师检查后，确认为毫米波雷达传感器内部线路出现故障，需要进一步排查，分析具体原因，制定详细的保养计划并开展实际维修操作。

子任务　智能网联系统检查与维护

任务描述

一辆智能网联汽车行驶时突发毫米波雷达故障，自适应巡航系统不能正常工作，你能根据实训要求，做好毫米波雷达的检查与维护工作吗？

智能网联系统检查与维护

任务目标

1. 能说出智能网联汽车的含义；
2. 能说出智能网联汽车技术的架构；
3. 能规范完成毫米波雷达上电测试；
4. 能规范完成双目摄像头的检查；
5. 贯彻自立自强的理念，坚定认真、求实、精益求精、严谨的态度；
6. 牢固树立"为国分忧、为民族争气"的爱国主义精神和民族精神。

知识准备

一、智能网联汽车的内涵

1. 相关术语及定义

2016年6月，国家四部委在贯彻落实《中国制造2025》的《高端装备创新工程实施指南（2016—2020）》（以下简称《指南》）中，明确了节能和新能源汽车的三个重点发展方向：节能汽车、新能源汽车和智能网联汽车。《指南》首次将智能网联汽车提升到了国家战略的高度，那么究竟什么是智能网联汽车？

智能网联汽车的标准和技术内涵尚在发展之中，国内外研究机构和相关企业已提出了智能汽车、无人驾驶汽车、车联网、智能交通系统等与智能网联汽车相关的概念。

1）智能汽车

智能汽车是在一般的汽车上增加雷达、摄像头等先进传感器、控制器、执行器等装置，通过车载环境感知系统和信息终端实现与车、路、人等的信息交换，使车辆具备智能环境感知能力，能够自动分析车辆行驶的安全及危险状态，并按照人的意愿到达目的地，最终实现替代人来操作的目的，如图4-3-1所示。

智能汽车是智能交通的重要组成部分。智能汽车的初级阶段是具有先进驾驶辅助系统（Advanced Driver Assistance Systems，ADAS）的汽车，终极目标是无人驾驶汽车。

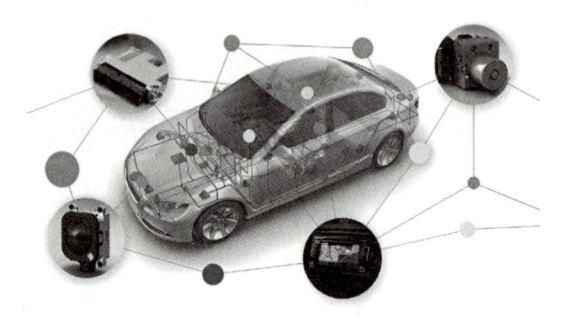

图 4-3-1　智能汽车

2）无人驾驶汽车

无人驾驶汽车即通过车载环境感知系统，感知道路和行车周边环境，自动规划和识别行车路线并控制车辆到达预定目的地的智能汽车。

无人驾驶汽车是传感器、计算机、人工智能、无线通信、导航定位、模式识别、机器视觉、智能控制等多种先进技术融合的综合体，如图 4-3-2 所示。与一般的智能汽车相比，其具有更先进的环境感知系统、中央决策系统以及底层控制系统，并全程监测交通环境，能够实现完全自动的控制并达成所有的驾驶目标。

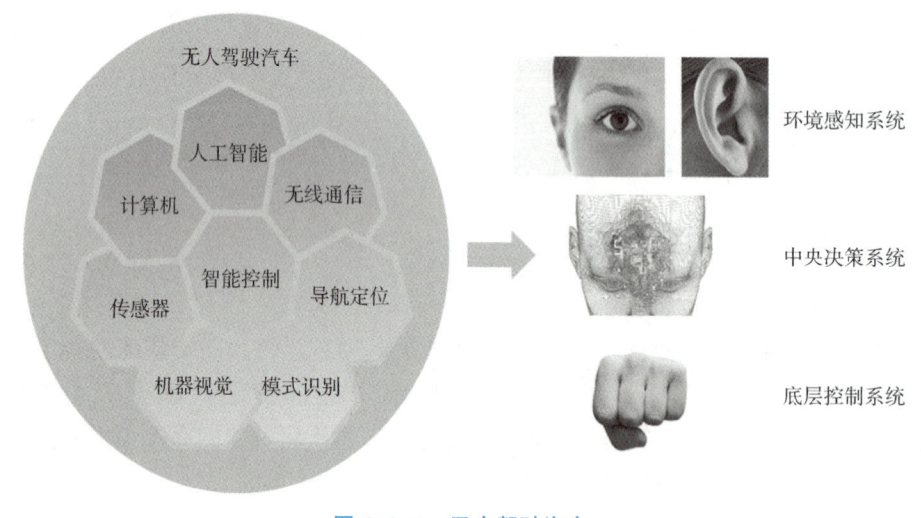

图 4-3-2　无人驾驶汽车

3）车联网

车联网（Internet of Vehicle，IOV）是物联网技术在智能交通系统领域的延伸，即以车内网、车际网和车载移动互联网为基础，按照约定的体系架构、通信协议和数据交互标准，实现 V2X（V 代表汽车，X 代表车、路、行人及应用平台等）无线通信和信息交换，从而实现智能化交通管理、智能动态信息服务和车辆智能化控制的一体化网络。

车内网是指通过应用成熟的总线技术建立一个标准化的整车网络；车际网是指基于特定无线局域网络的动态网络；车载移动互联网是指车载单元通过 4G/5G 等通信技术与互联网进行无线连接。三网融合是车联网的发展趋势，如图 4-3-3 所示。

车联网是智能交通系统与互联网技术发展的融合产物,是智能交通系统的重要组成部分,车联网的应用目前主要停留在导航和娱乐系统的基础功能阶段,在主动安全和节能减排方面的应用还有待开发。

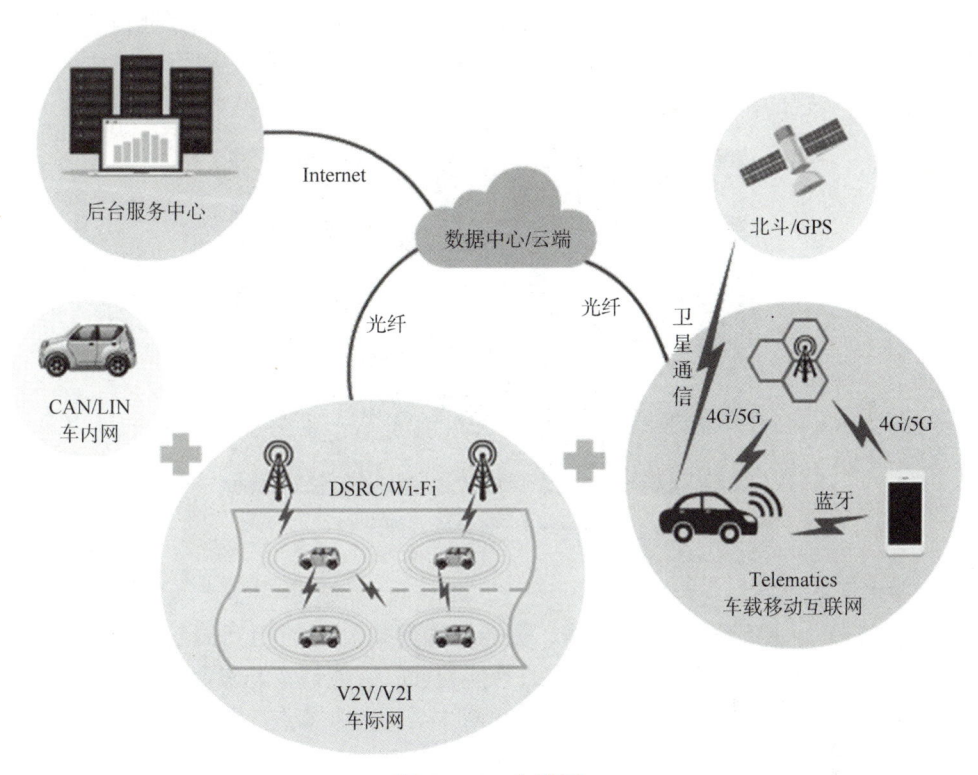

图 4-3-3　车联网

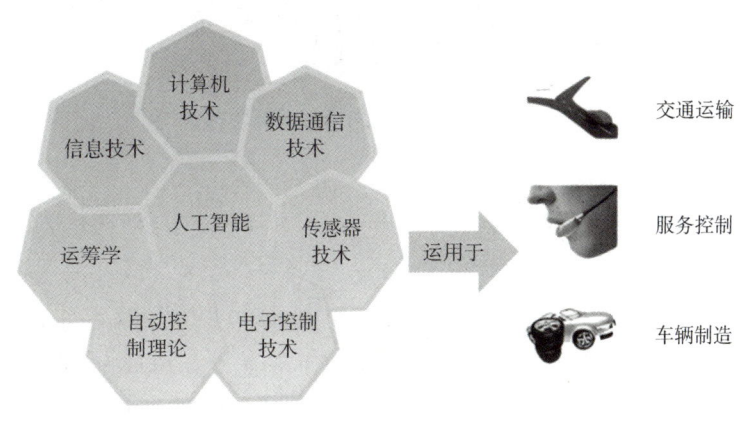

4）智能交通系统

智能交通系统（Intelligent Traffic System，ITS）又称智能运输系统,它将先进的科学技术（信息技术、计算机技术、数据通信技术、传感器技术、电子控制技术、自动控制理论、运筹学、人工智能等）有效地综合运用于交通运输、服务控制和车辆制造,加强了车辆、道路和使用者之间的联系,形成了保障安全、提高效率、改善环境、节约能源的综合运输系统,如图 4-3-4 所示。智能交通系统是车联网发展的终极目标。

图 4-3-4　智能交通系统

5）智能网联汽车

智能网联汽车（Intelligent Connected Vehicle，ICV）是车联网与智能驾驶汽车技术相结合的产物。车联网是依托信息通信技术，通过车内、车与车、车与路、车与人、车与服务平台的全方位连接和数据交换，提供综合信息服务，形成汽车、电子、信息通信、道路交通运输等行业深度融合的新型产业形态，如图 4-3-5 所示。智能驾驶是利用信息技术、计算机技术、控制技术实现的汽车性能的全面提升。

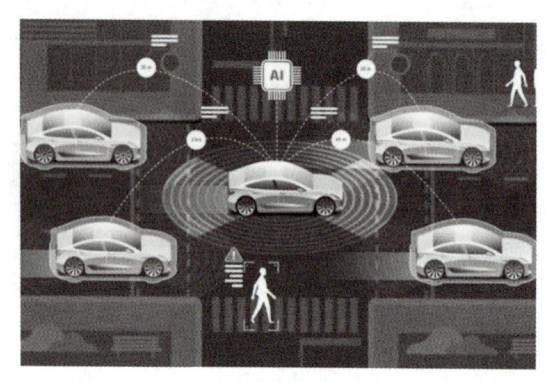

图 4-3-5　智能网联汽车

2. 相关术语的关系

智能网联汽车、智能汽车、车联网、智能交通等概念间的相互关系如图 4-3-6 所示。智能汽车隶属于智能交通，智能网联汽车是智能交通、智能汽车与车联网的交集；智能网联汽车是智能交通系统的核心组成部分，是车联网体系的一个节点。

智能网联汽车的聚焦点在于车本身，更侧重于解决安全、节能、环保等制约产业发展的核心问题，其终极目标是无人驾驶汽车；车联网的聚焦点在于建立一个较大的交通体系，发展目标是给汽车提供全面、准确的信息服务。

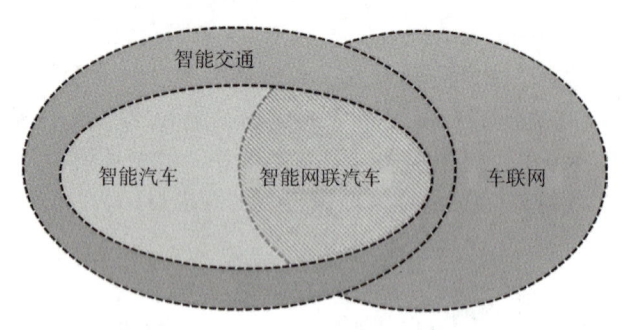

图 4-3-6　智能网联汽车相关概念关系

智能网联汽车的系统构成

二、智能网联汽车技术架构

1. "三横两纵"的技术架构

智能网联汽车涉及汽车、信息通信、交通等多领域技术，其技术架构较为复杂，可划分为"三横两纵"式技术架构。"三横"即车辆/设施、信息交互与基础支撑这三大技术领域，"两纵"即支撑智能网联汽车发展的车载平台以及基础设施条件，其中基础设施是指支撑智能网联汽车发展的所有外部环境条件，如道路、交通、通信网络等，如图4-3-7所示。

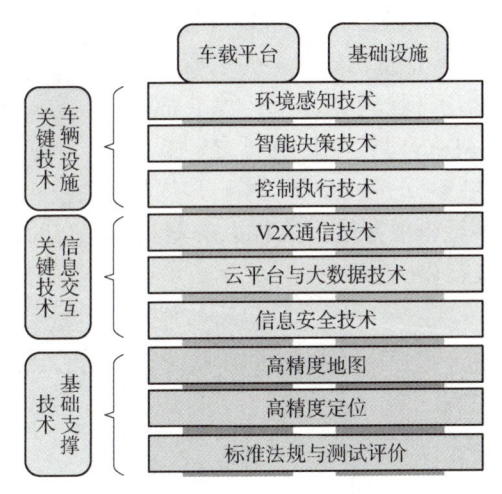

图 4-3-7　智能网联汽车"三横两纵"技术架构

2. "三横"技术体系分层

智能网联汽车的"三横"技术架构涉及的3个领域的关键技术可以细分为9种，重点介绍以下6种。

1）环境感知技术

环境感知技术包括利用机器视觉的图像识别技术、利用雷达（激光、毫米波、超声波）的周边障碍物检测技术、多源信息融合技术和传感器冗余设计技术等。

2）智能决策技术

智能决策技术包括危险事态建模技术、危险预警与控制优先级划分、群体决策和协同技术、局部轨迹规划、驾驶员多样性影响分析等。

3）控制执行技术

控制执行技术包括面向驱动/制动的纵向运动控制、面向转向的横向运动控制、基于驱动/制动/转向/悬架的底盘一体化控制、融合车联网通信及车载传感器的多车队列协同和车路协同控制等。

4）V2X通信技术

V2X通信技术包括车辆专用通信系统、实现车间信息共享与协同控制的通信保障机制、移动自组织网络技术、多模式通信融合技术等。

5）云平台与大数据技术

云平台与大数据技术包括智能网联汽车云平台架构与数据交互标准、云操作系统、数据高效存储和检索技术、大数据的关联分析和深度挖掘技术等。

6）信息安全技术

信息安全技术包括汽车信息安全建模技术、数据存储、传输与应用三维度安全体系、汽车信息安全测试方法、信息安全漏洞应急响应机制等。

三、毫米波雷达的概述

毫米波雷达，是指工作在毫米波波段探测的雷达。与普通雷达相似，其也是通过发射毫米波信号（波长 1~10 mm，频率 30~300 GHz），并从目标物接收反射信号，对接收到的信号进行处理，进而探测物体之间的距离、方位和相对速度等信息，如图 4-3-8 所示。

车载毫米波雷达是高级驾驶辅助系统（Advanced Driving Assistance System，ADAS）核心传感器之一，主要用于实现自适应巡航、碰撞预警和盲区检测等功能，其具有较强的穿透性，能够轻松地穿透保险杠上的塑料，所以常被安装在汽车的保险杠内。

图 4-3-8 毫米波雷达

1. 毫米波雷达的特点

毫米波雷达具有波长短、频带宽（频率范围大）、穿透能力强的特点，这些特点形成了毫米波雷达的优势。

1）对环境适应性强

毫米波具有很强的穿透能力，其测距精度受雨、雪、雾、阳光等天气因素和杂声、污染等环境影响较小，可以保证车辆在任何环境下正常运行，具有全天候适应性的特点。

2）探测距离较长

车载毫米波雷达一般的探测距离为 150~200 m，有些毫米波雷达探测距离甚至能达到 300 m，能够满足高速行驶环境下对较大距离范围内的环境监测需要。

3）优异的探测性能

毫米波波长较短，并且汽车在行驶中的前方目标一般都由金属构成，会形成很强的电磁反射，其探测不受颜色与温度的影响。

4）快速的响应速度

毫米波的传播速度与光速一样，并且调制简单，配合高速信号处理系统可以快速地测量出目标的角度、距离和速度等信息。

5）抗干扰能力强

毫米波雷达一般工作在高频段，而周围的噪声和干扰处于中低频区，基本上不会影响毫米波雷达的正常运行，因此，毫米波雷达具有抗低频干扰特性。

2. 车载毫米波雷达传感器的结构

车载毫米波雷达的结构主要包括前盖、前端单片微波集成电路（又称 MMIC）、天线高频 PCB 板、连接器、散热底板等部件，如图 4-3-9 所示，其中前端单片微波集成电路和天线高频 PCB 板是车载毫米波雷达的核心硬件。

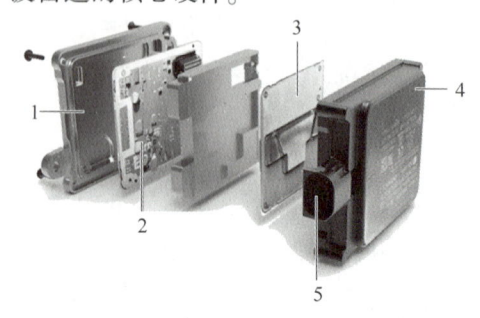

图 4-3-9 车载毫米波雷达结构示意图

1—散热底板；2—前端单片微波集成电路；3—天线高频 PCB 板；4—前盖；5—连接器

四、视觉传感器的概述

1. 视觉传感器的组成与功用

视觉传感器又叫摄像头，主要由光源、镜头、图像传感器、模数转换器、图像处理器、图像存储器等组成，如图 4-3-10 所示。

视觉传感器的主要功能是获取足够的机器视觉系统要处理的原始图像。把光、摄像机、图像处理器、标准的控制与通信接口等集成一体的视觉传感器常称为一个智能图像采集与处理单元。内部程序存储器可存储图像处理算法，并能使用计算机，利用专用组态软件编制各种算法并下载到视觉传感器的程序存储器中，视觉传感器将计算机的灵活性、PLC 的可靠性、分布式网络技术结合在一起，用这样的视觉传感器和 PLC 可以更容易地构成机器视觉系统。

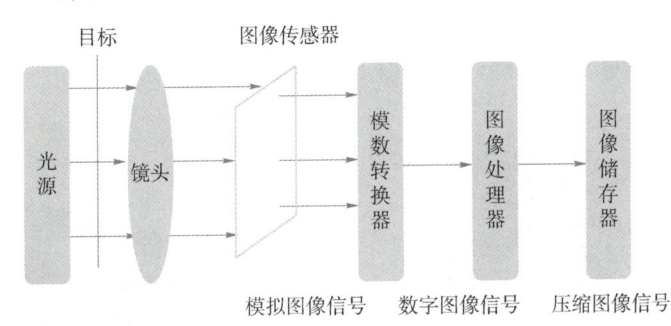

图 4-3-10 视觉传感器的组成

2. 视觉传感器的特点

（1）视觉图像的信息量极为丰富，尤其是彩色图像，不仅包含视野内物体的距离信息，而且还有物体的颜色、纹理、深度和形状等信息。

（2）在视野范围内可同时实现道路检测、车辆检测、行人检测、交通标志检测、交通信号灯检测等，信息获取面积大。当多辆智能网联汽车同时工作时，不会出现相互干扰的现象。

（3）视觉信息获取的是实时的场景图像，提供的信息不依赖于先验知识，比如 GPS 导航依赖地图信息，有较强的适应环境的能力。

（4）视觉传感器应用广泛，在智能网联汽车中可以前视、后视、侧视、内视和环视等。以前视为例，夜视、车道偏离预警、碰撞预警、交通标志识别等要求视觉系统在各种天气、路况条件下，能够清晰识别车道线、车辆、障碍物、交通标志等。

3. 视觉传感器的类型

视觉传感器在智能网联汽车上的应用是以摄像头的方式出现的，主要用于车道偏离预警系统、车道保持辅助系统、盲区监测系统、自动制动辅助系统中的障碍物检测和道路检测等。

摄像头一般分为单目、双目、三目和环视摄像头等。

1）单目摄像头

单目摄像头，如图 4-3-11 所示，一般安装在前风窗玻璃上部，用于探测车辆前方环境，识别道路、车辆、行人等，其先通过图像匹配进行目标识别（各种车型、行人、物体等），再通过目标在图像中的大小去估算目标距离。这就要求对目标进行准确识别，然后要建立并不断维护一个庞大的样本特征数据库，保证这个数据库包含待识别目标的全部特征数据。如果缺乏待识别目标的特征数据，则无法估算目标的距离，导致 ADAS 的漏报。

单目摄像头的优点是成本低廉,能够识别具体障碍物的种类,且识别准确;缺点是由于其识别原理导致其无法识别没有明显轮廓的障碍物,工作准确率与外部管线条件有关,并且受限于数据库,没有自学习功能。

2)双目摄像头

双目摄像头,如图4-3-12所示。它是通过对两幅图像视差的计算,直接对前方景物(图像所拍摄到的范围)进行距离测量,而无须判断前方出现的是什么类型的障碍物,即依靠两个平行布置的摄像头产生的视差,找到同一个物体所有的点,依赖精确的三角测距,就能够计算出摄像头与前方障碍物的距离,实现更高的识别精度和更远的探测范围。使用这种方案,需要两个摄像头有较高的同步率和采样率,因此技术难点在于双目标定及双目定位。相比于单目摄像头,双目摄像头没有识别率的限制,无须先识别,可直接进行测量,直接利用视差计算距离,精度更高,无须维护样本数据库。但因为检测原理上的差异,双目视觉方案在距离测算上相比于单目,其硬件成本和计算量级都大幅增加。

图4-3-11 单目摄像头

图4-3-12 双目摄像头

3)三目摄像头

三目摄像头,如图4-3-13所示,三目摄像头感知范围更大,但需同时标定三个摄像头,工作量较大。

4)环视摄像头

环视摄像头,如图4-3-14所示,一般至少要包括四个摄像头,实现360°环境感知。

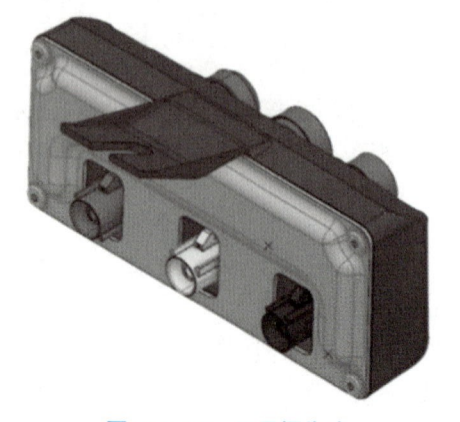

图4-3-13 三目摄像头

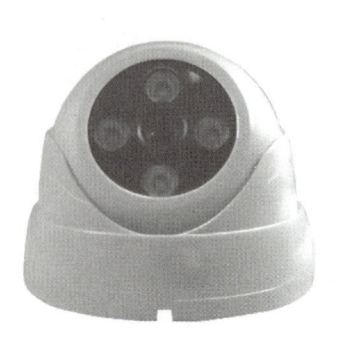

图4-3-14 环视摄像头

五、毫米波雷达上电测试

（1）将毫米波雷达上电，数字万用表调整到电压 20 V DC 挡位，验证 CAN_H、CAN_L 线束标识是否正确。

①将数字万用表红表笔与雷达线束 CAN_H 端对接，黑表笔与电源负极对接，观察电压表读数，若电压值为 2.5~3.5 V，则说明此端为 CAN_H。

②将数字万用表红表笔与雷达线束 CAN_L 端对接，黑表笔与电源负极对接，观察电压表读数，若电压值为 1.5~2.5 V，则说明此端为 CAN_L。

（2）使用 CAN 总线分析仪的配套 USB 线束将 CAN 总线分析仪和笔记本电脑连接。

（3）将毫米波雷达线束插件与雷达本体连接。

（4）毫米波雷达线束 CAN_H 端与 CAN 总线分析仪线束 CAN_H 端相连，毫米波雷达线束 CAN_L 端与 CAN 总线分析仪线束 CAN_L 端相连。

（5）开启直流稳压电源，将直流稳压电源输出电压调整到 12 V。

（6）毫米波雷达正极端线束与直流稳压电源正极柱对接，毫米波雷达负极端线束与直流稳压电源负极柱对接，线束连接如图 4-3-15 所示。

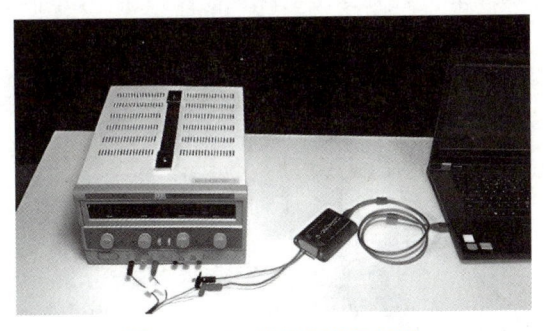

图 4-3-15　线束连接示意图

（7）打开毫米波雷达上位机软件 ARS_408，单击"操作"，单击"启动"，启动毫米波雷达上位机，如果此时上位机界面未报错且能显示探测到的目标物信息，则说明毫米波雷达工作正常。

（8）退出上位机软件 ARS_408，打开 CANtest 软件，单击"确定"并启动 CAN，单击"DBC"，进入"FrameAnalyzer"界面，单击"加载协议"，选择文件名为"ARS408_can_database_ch0-new"的 dbc 文件并打开，此时可以看到解析后的 CAN 报文。

（9）单击名为"RadarState"的报文，查看毫米波雷达的状态信息，如果没有错误状态显示，则说明毫米波雷达功能正常。

六、双目摄像头的检查

1. 双目摄像头外观检查

（1）取出双目摄像头，检查左右摄像头外观是否完好无破损。

注意事项：检查过程中，请勿用手触碰双目摄像头的镜头。

（2）打开摄像头后盖板，检查俯仰角调节螺丝是否完好，如图 4-3-16 所示；检查双目摄像头电源线 VCC 端与 ACC 端保险丝是否完好。

图 4-3-16　检查俯仰角螺丝

2. 双目摄像头功能验证

（1）开启直流稳压电源，将直流稳压电源输出电压调整为 12 V。
（2）将双目摄像头电源线接地端与直流稳压电源负极柱相连。
（3）VCC 端和 ACC 端线束与直流稳压电源正极柱相连，如图 4-3-17 所示。

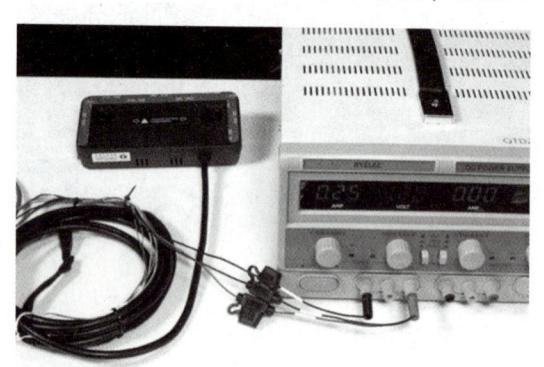

图 4-3-17　双目摄像头线束连接示意图

（4）用千兆以太网网线连接双目摄像头与笔记本电脑。
（5）使用双目摄像头上位机 fieldhelper 进行验证。
（6）在双目摄像头上位机 fieldhelper 中，配置笔记本电脑的 IP 与双目摄像头固有 IP 在同一网段内。

注意事项：
①双目摄像头固有 IP 为 192.168.1.251，除此之外，其他同一网段内的 IP 均可使用。
②使用 fieldhelper 时，请确保电脑处于联网状态。

（7）打开 fieldhelper 上位机，使用账号、密码进行登录，在新版本升级界面中选择"忽略"。
（8）登录后选择连接设备。

注意事项：首次连接，需输入双目摄像头固有 IP：192.168.1.251。

（9）单击"设备安装"，进入 fieldhelper 上位机主界面，在相机安装菜单中单击左相机及右相机，若可分别看到实时照片，并存在视差，则说明双目摄像头左、右摄像头均功能正

常，如图 4-3-18 所示。

图 4-3-18　检查左、右相机功能

（10）打开 smarteye 上位机。

注意事项：首次连接通过查询双目摄像头使用手册，输入双目摄像头固有 IP 地址：192.168.1.251。

（11）单击"设备信息"，查看双目摄像头的型号及固件版本号，单击"功能演示"，进入 smarteye 上位机主界面，如图 4-3-19 所示。

图 4-3-19　smarteye 上位机主界面

（12）分别单击左侧菜单左相机图像、视差图像、右相机图像，若可查看实时图像，则说明双目摄像头左、右摄像头功能均正常。

3. 双目摄像头工作电压范围测试

（1）开启直流稳压电源，调整直流稳压电源输出电压至摄像头的最低工作电压（9 V）。

（2）将双目摄像头电源接地端与直流稳压电源负极柱相连。

（3）VCC 端和 ACC 端与直流稳压电源正极柱相连。

（4）用千兆以太网线连接双目摄像头与笔记本电脑。

（5）开启双目摄像头上位机 smarteye，观察视差图像。

（6）调节直流稳压电源输出电压，从 9 V 升至 16 V，观察上位机视差图像。

（7）若有实时图像显示，则说明在 9~16 V 的电压范围内，双目摄像头均能正常工作。

（8）关闭电源，整理线束。

任务实施

实训一　毫米波雷达上电测试

一、任务准备

1. 组织方式

1）场地设施

毫米波雷达4个，标准保养场地工位4个（气鼓、举升机等）。

2）作业工具

毫米波雷达测试电脑4台，直流稳压电源，CAN总线分析仪，ARS_408上位机，万用表，清洁布。

3）学生组织

分组进行，使用实车进行训练。

时间/min	任务	操作对象
0~10	组织学生讨论智能网联汽车的应用	教师
11~30	毫米波雷达上电测试	学生
31~40	讲师点评和讨论	教师

4）检查实训任务

以单人实操后完成下列工单内容，提交给指导老师，现场完成后老师给予点评作为本次实训的成绩计入学时。

实训工单内容如下。

毫米波雷达上电测试						
姓名		学号		班级		
指导教师		成绩		考试时间		
车辆信息正确记录：							
车辆识别代码			行驶里程数			
实训内容						
毫米波雷达在汽车上的应用	（请写出具体操作步骤）					
毫米波雷达上电测试	（请写出具体操作步骤）					
结果分析						

· 330 ·

2. 技术参数准备

智能网联汽车维修手册及行业维修标准等。

3. 核心技能点准备

（1）不允许使用插线板插接随车充电设备。

（2）实训时严格按工艺要求操作，并穿戴相应防护装备（工作服、工作鞋、手套等），不准赤脚或穿拖鞋、高跟鞋和裙子作业，留长发者要戴工作帽。

4. 作业注意事项

（1）使用万用表前需校表。

（2）数字式万用表应当在清洁、干燥、环境温度适宜、无外界强电磁场干扰、没有振动和冲击的条件下使用。

二、操作步骤（建议结合维修手册组织开展，适当引入企业岗位规范）

（1）将毫米波雷达上电，数字万用表调整到电压 20 V DC 挡位，验证 CAN_H、CAN_L 线束标识是否正确。

（2）使用 CAN 总线分析仪的配套 USB 线束将 CAN 总线分析仪和笔记本电脑连接。

（3）将毫米波雷达线束插件与雷达本体连接。

（4）毫米波雷达线束 CAN_H 端与 CAN 总线分析仪线束 CAN_H 端相连，毫米波雷达线束 CAN_L 端与 CAN 总线分析仪线束 CAN_L 端相连。

（5）开启直流稳压电源，将直流稳压电源输出电压调整到 12 V。

（6）毫米波雷达正极端线束与直流稳压电源正极柱对接，毫米波雷达负极端线束与直流稳压电源负极柱对接。

（7）打开毫米波雷达上位机软件 ARS_408，单击"操作"，单击"启动"，启动毫米波雷达上位机，如果此时上位机界面未报错且能显示探测到的目标物信息，说明毫米波雷达工作正常。

（8）退出上位机软件 ARS_408，打开 CANtest 软件，单击"确定"并启动 CAN，单击"DBC"，进入"FrameAnalyzer"界面，单击"加载协议"，选择文件名为"ARS408_can_database_chO-new"的 dbc 文件并打开，此时可以看到解析后的 CAN 报文。

（9）单击名为"RadarState"的报文，查看毫米波雷达的状态信息，如果没有错误状态显示，则说明毫米波雷达功能正常。

实训二　双目摄像头的检查

一、任务准备

1. 组织方式

1）场地设施

双目摄像头 4 个，标准保养场地工位 4 个（气鼓、举升机等）。

2）作业工具

双目摄像头测试电脑 4 台，直流稳压电源，千兆以太网，smarteye 上位机，fieldhelper 上位机，清洁布。

3）学生组织

分组进行，使用实车进行训练。

时间/min	任务	操作对象
0~10	组织学生讨论双目摄像头的应用	教师
11~30	双目摄像头的检查	学生
31~40	讲师点评和讨论	教师

4）检查实训任务

以单人实操后完成下列工单内容，提交给指导老师，现场完成后老师给予点评作为本次实训的成绩计入学时。

实训工单内容如下。

双目摄像头的检查					
姓名		学号		班级	
指导教师		成绩		考试时间	
车辆信息正确记录：						
车辆识别代码			行驶里程数		
实训内容					
双目摄像头外观检查	（请写出具体操作步骤）				
双目摄像头的功能验证	（请写出具体操作步骤）				
双目摄像头工作电压范围测试	（请写出具体操作步骤）				
结果分析					

2. 技术参数准备

智能网联汽车维修手册及行业维修标准等。

3. 核心技能点准备

首次连接双目摄像头，应查询双目摄像头使用手册，输入双目摄像头固有 IP 地址。

4. 作业注意事项

（1）检查过程中，请勿用手触碰双目摄像头的镜头。

（2）使用 fieldhelper 时，请确保电脑处于联网状态。

二、操作步骤（建议结合维修手册组织开展，适当引入企业岗位规范）

（1）双目摄像头外观检查。

（2）双目摄像头的功能验证。

（3）双目摄像头工作电压范围测试。

任务评价

序号	评价项目	评价内容	分值	学员互评（40%）	教师评价（60%）
1	专业能力（70分）	说出智能网联汽车的含义	5		
2		说出智能网联汽车技术的架构	5		
3		正确选用工具并清点	5		
4		正确完成准备工作	5		
5		规范完成毫米波雷达上电测试	20		
6		规范完成双目摄像头的检查	20		
7		清点、检查、维护工具和耗材，清扫和整理现场	5		
8		工单填写	5		
9	职业素养（30分）	严格遵守操作规程，严禁违规作业	5		
10		责任意识，工作态度端正	5		
11		团队合作意识，互相协作良好	5		
12		从业人员的安全意识	5		
13		严谨扎实的工作作风	5		
14		精益求精的工匠精神	5		
得分			100		

姓名： 　　学号： 　　总得分： 　　评价人：

参考文献

[1] 闫亚林. 新能源汽车维护与故障诊断[M]. 北京：人民交通出版社，2023.
[2] 常鹤辉. 汽车维护项目教程 技能训练模块化工作手册[M]. 苏州：苏州大学出版社，2022.
[3] 熊其兴，肖琼. 汽车维护与保养[M]. 北京：机械工业出版社，2022.
[4] 夏长明. 汽车维护[M]. 北京：机械工业出版社，2019.
[5] 刘小伟. 新能源汽车维护课程项目教学法的探索与实践[J]. 汽车维护与修理，2023(02)：28-30.
[6] 陈立新. 基于"大思政"背景的课程思政教学思考与实践——以"汽车维护与保养"课程为例[J]. 江苏教育研究，2022(Z3)：8-12. DOI：10.13696/j.cnki.jer1673-9094.2022.z3.010.
[7] 周玲玲. 汽车维护与保养问题分析[J]. 湖北农机化，2020(14)：138-139.
[8] 龙俊波. 汽车使用维护保养教学的有效策略分析[J]. 时代汽车，2019(19)：37-38.
[9] 白丽敏. 汽车维护常见问题与对策[J]. 黑龙江科技信息，2016(10)：53.